선택의
조건

ICH WEISS NICHT, WAS ICH WOLLEN SOLL by Bas Kast
Copyright © 2012 by S. Fischer Verlag GmbH, Frankfurt am Main
Korean translation copyright © 2012 by The Korea Economic Daily & Business Publications, Inc.

All rights reserved.

This edition Published by arrangement with
S. Fischer Verlag GmbH through MOMO Agency, Seoul.

이 책의 한국어판 저작권은 모모에이전시를 통해
S. Fischer Verlag GmbH와의 독점계약으로 한국경제신문 ㈜한경BP에 있습니다.
신저작권법에 의해 한국 내에서 보호를 받는 저작물이므로 무단 전재와 복제를 금합니다.

선택의 조건

사람은 무엇으로 행복을 얻는가

바스 카스트 지음 | 정인회 옮김 | 정재승 추천

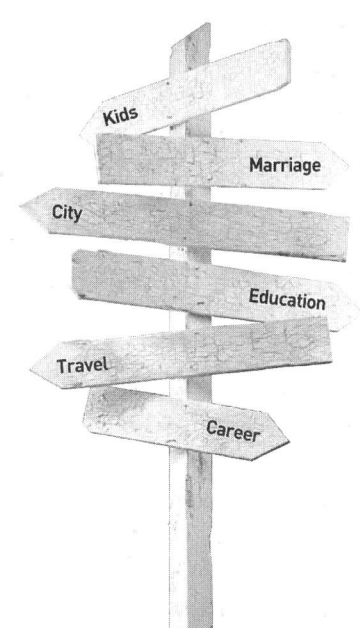

한국경제신문

적을수록

버릴수록

느릴수록

행복이 온다

| 추천의 글 |

갈등하는 노이로제형 현대인들의 선택 지침서

세상에는 두 종류의 사람이 있다. 백화점의 모든 매장을 뒤져서 가장 마음에 드는 청바지를 고르는 사람과 평소 가던 매장에서 마음에 드는 청바지를 발견하는 순간 돈을 지불하는 사람. 과연 이들 중 누가 더 행복할까?

    매장을 다 뒤져 청바지를 고른 사람이 쇼핑 만족도가 더 클 것 같지만, 《선택의 조건》의 저자 심리학자이자 저널리스트인 바스 카스트는 아니라고 단언한다. 모든 매장을 훑는 사람은 더 좋은 대안이 있을지 모른다는 불안감, 선택하지 않은 것에 대한 미련 때문에 오히려 자신이 고른 청바지에 대한 만족도가 떨어진다. 수많은 대안들이 무한정 기다리고 있는 현대사회에서 "이만하면 충분해"라는 말은 쉽게 나오지 않을 테니 말이다.

    이를 뒷받침해주는 또 다른 재미있는 실험 하나가 있다. 의사 결정을 연구하는 과학자들에겐 매우 유명한 이 실험은 콜럼비아 대 경영대학원 교수인 쉬나 아이엔가 교수가 뉴욕의 한 상점에서 실제로 했던 실험이다. 한 집단에는 여섯 가지 초콜릿을 맛보게 하고, 다른 집단엔 서른 가지를 맛보게 한다. 그리고 나서 실험 참가자들의 만족도를 조사해보면, 서른 개 초콜릿 쪽 집단보다 달랑 여섯 개 중에서 골라먹은 사람들이 더 만족스럽다는 대답을 했다.

우리는 선택의 폭이 넓을 때, 거기서 얻는 선택의 만족감도 더 커질 거라고 믿는다. 하지만 다양한 대안이 제시될수록 고민도 깊어지고 선택에 대한 확신도 줄어들어 미련이 커진다.

인간에 대한 통찰력이 뛰어난 재기 넘치는 저널리스트인 바스 카스트는 《선택의 조건》에서 이 불가사의한 '선택의 패러독스'를 조목조목 짚어낸다. 그는 의사결정의 순간 뇌에서 벌어지는 현상들을 흥미롭게 서술하며, 삶의 만족도, 지위 경쟁의 악순환 등에 관해 최신 연구 결과를 소개한다. 케이블 채널이 늘어나고 예전에 비해 TV의 볼거리는 더 풍성해졌지만, 한 프로그램을 진득하니 즐기지 못하고 어디선가 더 재미있는 프로그램을 하는 건 아닌지 끊임없이 리모컨을 눌러대는 우리들의 자화상이 이 책 안에는 고스란히 담겨 있다. 광고는 끊임없이 "골라먹는 재미가 있어요!"라고 외치지만, 사람들은 오늘 점심은 뭘 먹어야 할지, 골라

먹어야 하는 고통에 날마다 시달린다. 수없이 유혹하는 세상에서 프로작도 우리를 행복하게 해주지는 못한다.

　이 책은 선택지가 크게 늘어나고 풍요로운 삶에 놓이게 됐지만 결코 더 행복해지진 못하고 있는 현대인들의 삶을 통찰한다. 이 책의 가장 큰 미덕은 심리학자들의 실험 결과를 소개하는 데만 그치지 않고, 명쾌하게 진단과 처방을 내려준다는 것이다. 우리가 보다 행복하고 충족된 삶을 살기 위해 어떻게 선택해야 하는지 알려준다.

　내가 뭘 원하는지 나도 잘 몰라서, 수많은 대안들 앞을 서성이는 현대인들의 갈등을 심리학으로 풀어내고 진단한다. 내가 진정으로 하고 싶은 일이 뭔지 몰라서, 부모가 기대하는 삶, 세상이 기대하는 삶, 친구들과 비교하는 삶을 살아가고 있는 우리 시대 아픈 청춘들, 현재 다니고 있는 직장에 만족하지 못하지만, 다른 대안을 위해 딱히 노력하지는 않는 직장인들, 퇴직 후에 맞이하게 될 노년이 두렵지만 선배들이 거쳐간 다양한 삶 중에서 근사한 롤모델을 찾아 매진할 엄두도 내지 못하는 중년들에게, 이 책은 너무 많은 선택지가 당신들을 불행하게 한다고, 선택하지 않은 대안에 얽매이지 말고 마음이 시키는 대로 빨리 골라 실행해보면 어떻겠느냐고 제안한다.

　이 책은 불안과 갈등으로 점철된 현대인들, 방황하는 노이로제형 도시인들이 곁에 두고 읽어볼 만한 책이다. 20세기의 가장 뛰어난 사진작가로 꼽히는 앙리 카르티에 브레송은 이런 말을 남겼다.

"우리에게 두 가지 선택이 주어진다면, 후회가 남을 가능성도 두 가지다."

최고를 추구할 때보다 '충분히 좋은 것'을 선택할 때 더 행복해질 수 있다는 명제를 이 책을 덮는 순간 실천해보면 어떨까?

마지막으로 하나 더! 컵에 물이 반 정도 남아 있는 것을 보고 '아직 반이나 남아 있다'고 생각하면 낙천주의자, '이제 반밖에 없다'고 생각하면 비관주의자라고들 한다. 같은 상황이라도 개개인의 성격에 따라 전혀 다르게 인식한다. 행복은 바로 거기에서 시작된다. 하지만 물이 반만 찬 컵을 보며 미국의 코미디언 조지 칼린이 했던 반응을 혹시 아시는지!

"나는 컵이 너무 크다고 생각해!"

현대인들에게 필요한 건, 선택의 유머다! 너무 심각한 현대인들에게 유머러스한 지혜를 한 방 던지는 이 책의 매력에 당신도 다음 페이지를 넘기는 순간 흠뻑 빠지게 될 것이다.

정재승
KAIST 바이오및뇌공학과 교수,
《정재승의 과학콘서트》 저자

| 프롤로그 |

왜 우리는 거리에서 춤을 추지 않는가

왜 우리는 점점 부유해지는데 불만은 늘고 바빠지며 피로해지는가? 또 왜 우리는 자유로운데 원하는 대로 살지 못하는가? 왜 우리는 행복을 찾지 못하는가? 혹시 엉뚱한 곳에서 행복을 찾고 있는 것은 아닌가?

가령 이제 막 지구에 착륙한 외계인이 우리가 어떻게 살고 있는지 묻는다고 하자. 외계인은 매우 일상적인 일에 대해 알고 싶어 할 것이다. 이를테면, 먹을 것은 충분한지, 아니면 굶주리고 있는지, 부유하게 사는지, 아니면 노예제도에 시달리거나 억압당하고 있는지 등등.

아마도 우리는 이렇게 대답할 것이다.

"글쎄요. 부유하다는 게 뭘까요? 스크루지 영감처럼 돈에 벌벌 떨며 사는 사람은 거의 없습니다. 다른 나라 사람들과 비교해보면, 굶주리기는 드물죠. 대부분의 사람들이 웬만큼 안정된 삶을 누리고 있으니까요."

또 우리는 자유롭게 사는지, 아니면 억눌리며 사는지에 대해서도 이렇게 대답할 것이다.

"그런데 자유롭다는 건 뭘까요? 물론 우린 다행히 민주주의 사회에서 살고 있습니다. 이런 행운을 누리는 사람은 많지 않죠. 우리나라도 예전에는 이런 민주주의 국가가 아니었으니까요."

외계인은 아마도 감탄사를 연발하며 이렇게 외칠 것이다.

"와우! 당신들은 아주 행복하고 만족스러운 삶을 살고 있군요! 그렇지 않나요? 날이면 날마다 거리에서 춤을 추며 행복을 만끽하겠군요!"

하지만 우리는 이 말을 듣는 순간, 말문이 막힌다. 거리에서 춤을 춘다고? 행복을 만끽하며? 우리가? 이게 도대체 무슨 소리인가?

물론 이 외계인은 순진하다. 우리가 상대적으로 잘산다고 해서 아무런 문제가 없다거나 늘 잔치 분위기 속에서 사는 것은 아니기 때문이다. 하지만 그렇다고 이 외계인이 무조건 틀렸다고 말할 수는 없다. 만약 우리가 명백한 통계자료를 보여주면 외계인은 어떤 반응을 보일까?

"아닙니다. 거리에서 기쁘게 춤을 출 정도는 절대 아닙니다. 오히려 정반대입니다. 지난 수십 년에 걸쳐 우리의 개인적인 자유와 부는 풍요로워졌지만, 그에 반해 삶의 만족도는 낮아졌습니다. 이는 우리뿐만이 아닙니다. 다른 여러 부유한 나라들에서는 불안과 우울증, 스트레스, 무기력증 등이 더 큰 사회 문제로 대두되고 있습니다. 우리가 특권을 누리고 사는 것처럼 보이겠지만, 상황이 어떻든 한 가지 분명한 사실은, 특권을 가지고 있어도 제대로 누리지 못한다는 겁니다."

"뭐라고요? 아니 왜 특권을 제대로 누리지 못합니까?"

외계인은 의아해하며 되물을 것이다. 오늘날 우리가 객관적으로 볼 때는 상당히 좋은 여건에서 살아가면서도 심리적으로 어려움을 겪는 이유는 무엇일까? 지난 수십 년 동안 여러 선진국을 상대로 진행된 조사에서도 사람들의 행복도는 높아지지 않았다. 심지어 우리를 포함한 많은 나라 사람들의 행복도는 낮아졌다. 어떻게 이런 일이 일어날 수 있는가? 그동안 우리에게 어떤 일이 일어난 걸까? 더없이 풍요로운 사회에서 도대체 무엇이 부족하단 말인가?

나는 우리에게 어떤 일이 일어나고 있으며, 무엇이 우리를 행복하게 만드는지, 또한 반대로 무엇이 우리를 좌절시키는지 알려고 노력했다. 수많은 통계자료를 분석하고, 이를 바탕으로 심리학, 뇌과학, 경제학, 그리고 사회학에 이르기까지 방대한 연구들을 총동원했다.

그리고 이 과정에서 점점 더 명확해진 사실이 하나 있다. 자유와 복지 측면에서는 분명 큰 성과를 이루었지만 사람들의 불만은 수그러들지 않았으며, 심지어 점점 더 많이 정신질환이 발생하고 있다는 점이다.

이러한 사실이 얼핏 믿기 어렵고 쉽게 와 닿지 않는다고 느낄 수 있다. 하지만 간단한 예를 살펴보자. 이제 우리나라에서 굶주리는 사람은 거의 없다. 이는 의심할 여지 없는 사실이다. 그러나 반대로 다른 문제가 발생했다. 비만이 심각한 사회 문제로 나타난 것이다.

과거와 비교하면 우리는 감히 상상할 수 없을 만큼 많은 특권을 누리며 살고 있다. 하지만 그만큼의 위험과 부작용이 따른다는 것도 부인할 수 없는 사실이다. 이러한 새로운 위험과 부작용들은 이미 우리가 현실에서 실제로 느끼고 있으며, 결코 가볍게 넘길 수 없는 것들이다. 그런데 이런 새로운 문제들이 우리의 몸뿐만 아니라 정신세계로까지 뻗어가고 있는 것이다.

어떠한 생명체든 주어진 환경에서 살아남으려면 자신에게 주어진 도전에 직면해야 한다. 예를 들어 수백만 년 전 아프리카 초원에서 수렵 생활을 하던 조상들을 떠올려보자.

먹을 것을 잔뜩 넣은 배낭을 메고 여기저기 돌아다니다가 저녁 무렵 안락한 보금자리로 돌아와 휴식을 취할 수 있다면, 그보다 더 멋진 삶은 없을 것이다. 하지만 이런 여건이 주어지지 않을 때 초원은 살기에 상당히 불편한 곳이 되고 만다. 우리 조상들이 항상 굶주림에 직면했으리라는 것은 충분히 짐작할 수 있는 일이다. 살아남기 위해 혼자서든 소규모 공동체와 무리를 짓든 이런저런 식으로 머리를 써서 먹을거리를 구해야 했을 테니 말이다.

하지만 현대를 살아가는 도시인들은 전혀 다른 환경에 처해 있다. 우리의 뇌에는 아프리카 초원에서 단련된 생존 트레이닝이 각인되어 있지만, 우리의 주변 환경은 급격히 변화하여 아프리카 초원과는 정반대의 모습을 하고 있는 것이다.

현재 우리의 환경은 만성 결핍이 아닌 만성 과잉 상태에 놓여 있다. 여러 가지 생활을 하는 데에서 우리가 선택할 수 있거나 혹은 선택해야 하는 수많은 선택지가 있는가 하면, 우리가 행해야 하거나 행하길 원하는 많은 일들이 있다. 또한 우리에게는 수없이 밀려드는 다양한 정보들이 있으며 너무나도 많은, 그러나 우리가 모르는 사람들도 존재한다.

이러한 소비사회에서 개개인이 스스로의 힘으로 생존하는 것은 충분히 가능하다. 누구나 우선적으로 자기 자신을 위해 살아가기 때문이다. 그리고 그 결과, 물질적으로는 풍요롭지만 인간 상호간의 유대가 약화되는, 즉 서로에 대한 관심이나 서로를 위한 시간, 친밀감과 배려가 결핍되는 일이 너무나도 흔히 일어난다.

이 책은 그동안 힘겹게 쟁취한 자유와 부를 포기하라고 말하려는 것이 아니다. 이제 우리는 각자 현대사회를 살아가면서 자신의 행복을 찾을 방법과 전략을 모색해야 한다. 우리 사회는 그 어느 때보다도 풍요롭고 이상적이다. 따라서 우리 사회에서 성공적이고 행복한 삶을 살 기회는 무궁무진하다.

나는 이 책을 통해 우리 사회가 지닌 장점과 그늘, 그리고 심연을 파악하는 데 도움을 주고자 한다. 그리고 각자가 이 사회에서 행복하게 살아가는 길을 찾았으면 하는 간절한 마음이다.

| 차례 |

추천의 글 | 갈등하는 노이로제형 현대인들의 선택 지침서 • 012
프롤로그 | 왜 우리는 거리에서 춤을 추지 않는가 • 016

Part 1 • 왜 자유로운데도 원하는 대로 살지 못할까

1_ 과다한 선택지가 주는 고통 • 026
　눈물로 얼룩진 바비큐 파티 | 더 자유로워지면 더 행복해질까 | 여성이 우울할 수밖에 없는 까닭 | 잼의 종류가 많을수록 식욕이 떨어진다 | 무지개 현상 | 다른 걸 선택했더라면 | 결정할 수 없는 상황에서 결정해야 하는 상황으로 | 패배가 곧 실패는 아니다 | 결정하기 어려운 이유

2_ 왜 만족하며 살지 못하는가 • 075
　교환할 수 없을 때 만족도가 커진다 | 어떤 것도 포기할 수 없어 | 자유는 그 자체로 독을 가지고 있다 | 친밀한 관계가 불러오는 힘

Part 2 • 왜 부유한데도 행복하지 않을까

1_ 풍요 속 빈곤, 과잉 속 불만 • 106
경제는 호황, 행복은 불황 | 육체는 건강, 심리는 불안 | 왜 부유한 사람들이 더 외로울까

2_ 어떤 삶이 행복을 불러오는가 • 124
부가 친밀한 관계를 깨뜨린다 | 아미시파 사람들의 선택

3_ 돈은 어떻게 정신을 변화시키는가 • 140
자본주의는 사랑을 죽인다 | 관계의 단절이 돈 욕심을 부른다 | 돈과 칭찬은 욕망을 춤추게 한다 | 돈이 사랑을 대체할 수 없는 이유

4_ 가족 vs 사회 • 163
양립할 수 없는 행복의 조건 | 절대 다수가 느끼는 상대적 빈곤

Part 3 ● 왜 바쁠수록 더 불안할까

1_ 불안은 어떻게 생기는가 ● 184
자유롭고 풍족하지만, 스트레스에 시달리는 현대인 | 자유, 돈 그리고 분주함 | 불안은 어디에서 오는가

2_ 익명성이 분주함을 유발하는 이유 ● 208
로제토 마을의 기적 | 인정받기 위해 치러야 할 대가

3_ 주의력결핍 사회 ● 226
이제는 가장 어려워진, 친밀한 핸드폰 대화 | 정보의 홍수와 주의력결핍 | 집중력이 분산되지 않는 곳을 찾아라

4_ 방황하는 도시형 노이로제 환자 ● 243
여기서 할 수 있다면 어디서도 할 수 있어 | 도시가 커질수록 스트레스도 커진다 | 페이스북이 하나의 거대 도시라면

에필로그 | 행복을 어디에서 찾을 것인가 ● 264
주 ● 286

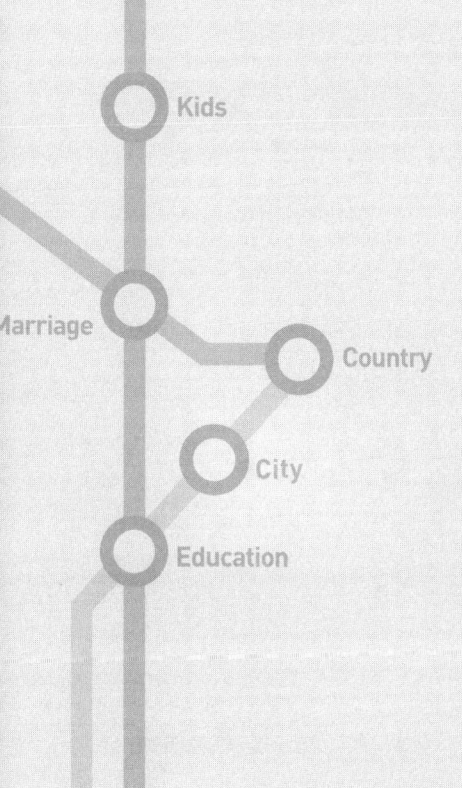

• PART 1 •

왜 자유로운데도
원하는 대로
살지 못할까

― 1 ―
과다한 선택지가 주는 고통

:: 눈물로 얼룩진 바비큐 파티

나는 지난 2009년 여름을 잊지 못한다. 그 당시 나는 베를린 외곽에 있는 허름한 농가에서 매주 금요일 저녁이면 친구들과 함께 바비큐 파티를 하며 지냈다. 이 바비큐 파티에는 항상 예닐곱 명이 참석했다. 아마도 금요일 저녁을 농가가 아닌 베를린에서 보냈다면 할 수 있는 일들이 더 많았을 것이다. 하지만 우리는 모두 이렇게 한적한 시골에서 시간을 보내고 싶어했다. 잠시나마 복잡한 도시를 벗어나 여유로운 시간을 보낼 수 있다는 것에 매력을 느꼈다.

이 바비큐 파티에는 나와 내 여자친구 외에도 농가 주인 부부인 율리아와 크리스티안이 참석했다. 이들은 이제 막 마흔을 넘겼는데, 율리아는 아동심리학자였고 크리스티안은 저널리스트였다. 30대 초반의 싱글인 타냐도 참석했는데, 그녀는 회의 참석차 세계를 돌아다니거나 데이트를 하느라 간혹 바비큐 파티에 빠지곤 했다. 반면 30대 중반인 소피와 니코는 항상 참석했다. 이 둘은 일자리가 자주 바뀌었는데도 장래 직업에 대해서는 아직 확고한 계획이 없었다.

그러던 어느 날, 소피가 니코 없이 혼자 나타나는 일이 벌어졌다. 늘 어김없이 함께 다니던 둘이었기에 우리는 놀라지 않을 수 없었다. 크리스티안과 내가 정원에서 고기를 굽느라 분주하게 움직이는 동안, 여자들은 소피를 데리고 방 안으로 들어가 한동안 밖으로 나오지 않았다. 그릴판 위에 올려놓은 고기가 먹음직스럽게 익어가자 크리스티안이 무슨 일이 있었는지 알아보기 위해 방으로 들어갔다.

몇 분이 지나 모두가 정원으로 나와서야 비로소 나는 무슨 일이 있었는지를 알아차렸다. 소피와 니코가 헤어졌다는 것이다. 이유는 간단했다. 소피는 아이를 갖기를 간절히 원했지만 니코는 아직 아이를 가질 마음의 준비가 되어 있지 않았다. 결국 인내심의 한계를 느낀 소피가 이별을 선언하고 만 것이다.

우리는 긴 나무탁자에 모여앉아 함께 먹고 마시며, 이야기를 나누며 소피를 위로했다.

"뻔한 스토리야."

한참 있다가 타냐가 내뱉은 말이었다.

"다들 불이 붙으면 미친 듯이 좋아하며 날뛰지. 하지만 구속받는 건 싫어해. 결국 손해를 보는 건 우리 여자들이야."

타냐는 대형 제약회시에서 일히며 당시로서도 고액 연봉인 7만 유로에서 8만 유로를 받고 있었다. 우리들 중에서는 단연 최고 연봉이었다. 타냐는 커플 중개 사이트에 고정 회원으로 등록해 남편감을 찾아 나섰다. 처음에는 까다로운 조건을 내걸었다가 점차 수준을 낮추었지만 아무런 성과도 거두지 못했다.

나는 타냐에게 남녀가 만나면 불이 붙는 건 당연하고, 여자들도 미친 듯이 날뛰며 좋아할 수 있는 거 아니냐고 물었다. 그러자 타냐는 기다렸다는 듯 바로 답했다.

"미친 듯이 좋아하는 건 너무도 멋진 일이야. 하지만 아무 구속도 없이 지내는 시간이 길어질수록 남자는 결국 달아나고, 그러면 여자들만 시간 낭비할 확률이 커지는 셈이지. 그러다 언젠가는 여자 혼자 남게 되고, 결국 혼기를 놓쳐 원하지도 않는 남자를 택하고 마는 거야."

그 말에 키가 크고 동작이 느린 크리스티안이 못마땅한 표정을 지으며 타냐에게 다시 물었다.

"그러면 넌, 남자는 유유자적 지낼 만큼 시간이 많다고 생각하니?"

타냐가 응수했다.

"많고말고. 찰리 채플린은 여든 살에도 아이를 얻었어."[1]

크리스티안은 고개를 설레설레 흔들었다.

"그래, 모든 게 아주 간단해서 좋군."

크리스티안의 비꼬는 듯한 말 한마디로 갑자기 분위기가 착 가라앉았다. 더 이상 말을 꺼내는 사람은 아무도 없었다. 타냐도 침묵했다. 그제야 비로소 타냐도 자신의 말이 크리스티안과 율리아를 자극했다는 것을 눈치챈 듯했다.

크리스티안과 율리아는 대학 졸업 후 오로지 일에만 몰두했다. 아이를 갖는 것은 그들의 인생 계획에 들어 있지 않았다. 한참 지나서야 계획을 바꿔 아이를 가지려 했지만, 이미 때는 늦은 뒤였다. 의사가 불임 선고를 내린 것이다. 이제 그들은 절차에 따라 입양 교육을 받고 있다.

우리들의 대화는 별이 반짝이는 자정을 넘어서까지 이어졌다. 집으로 돌아가는 차 안에서 나는 그날의 바비큐 파티와 우리 문제에 대해 여자친구와 이야기를 나누었다. 그러던 중 그녀가 다음과 같은 말을 던졌다.

"왜 우리는 어떤 일이든 제대로 하기가 이렇게 어려운 걸까? 왜 우리는 만족하지 못할까? 이전보다 더 큰 자유를 누리고 있고, 수많은 가능성이 널려 있는데도 왜 만족도는 더 떨어지는 걸까?"

그때 내가 어떤 대답을 했는지는 잘 기억나지 않는다. 아마도 나는 늘 그렇듯이 여자친구의 말에 일말의 의심도 없이 동의했을 것이다. 뭐, 그녀의 말이 옳지 않은가. 우리는 정말 모든 가능성을 지니고 있지 않은가? 그렇다면 당연히 만족해야 하지 않는가? 그런데도 왜 우리는 만족하지 못하는가? 아니, 어쩌면 만족하고 있으면서도 타성에 젖어 이를 깨닫지 못하는 것은 아닐까?

:: 더 자유로워지면 더 행복해질까

며칠 후의 일이다. 그날 바비큐 파티에서의 일과 집으로 돌아올 때 여자친구와 나눴던 대화가 좀처럼 기억에서 사라지지 않았다. 나는 니코를 만나 그의 입장을 듣고는 바비큐 파티에서 화제가 되었던 문제를 다시 곰곰이 생각해보았다. 우리 문제의 본질은 무엇인가? 오늘날 사랑은 왜 이렇게 어려워졌는가? 우리가 특별히 어려운 상황에 처했는가? 만약 그렇다면 그 이유는 무엇인가? 단지 일과 사랑(가족)을 통제하기가 어려워졌다는 그 한 가지 이유 때문인가?

처음에 나는 충분히 연구해볼 만한 가치가 있다는 판단하에 가벼운 마음으로 이 문제를 파고들기 시작했다. 그런데 이 주제에 관한 몇 권의 책을 읽으면서 '내가 사치스런 탄식에 불과한 일에 시간을 낭비하고 있는 것은 아닌가'라는 생각을 하게 되었다. 누가 보더라도 풍족한 나와 같은 세대가 사랑과 삶에 어려움을 겪으며 만족하지 못해 좌절하기까지 하는 것은 매우 어리석고 사치스러운 일로 여겨졌기 때문이다.

그렇다. 우리는 탄식하고 불만을 토로한다. 어쩌면 이런 태도는 우리 몸에 밴 것인지도 모른다. 하지만 그래도 우리는 모든 면에서 비교적 높은 수준의 특권을 누리고 있지 않은가? 우리가 처해 있는 상황은 이전의 (모든 세대라고는 말할 순 없지만) 대부분의 세대보다 훨씬 낫지 않은가? 이전보다 더 복잡해진 면은 있지만 그래도 훨씬 나아진 것은 분명한 사실 아닌가? 지금보다 더 만족스러운 때가 과거에 과연 있기나 했던가! (물론 이러한 비교는 세대 문제라기보다는 고도로 발전한 현대사회의 전반적인 현상을 바탕에 둔 것이다.)

나는 이런 의문에 사로잡힌 채 한동안 이 문제를 손에서 놓고 있었다. 그러다 2009년 8월, 우연히 한 연구 결과를 접하게 되면서 나의 관심은 또다시 발동이 걸렸다. 두 명의 미국 경제학자가 지난 수십 년에 걸쳐 서구의 여성과 남성의 삶에 대한 만족도가 어떻게 변화해왔는지를 조사한 것이다.

설문조사는 1970년대 이래 미국뿐만 아니라 여러 유럽 국가들과 다른 선진국들을 상대로 실시되었다. 사람들에게 얼마나 행복한지를 물은 것이다. 이로써 우리는 수십 년 전과 비교해 오늘날의 삶에 대해 더 만족하는지 그렇지 않은지에 대한 경험적인 답을 얻을 수 있게 되었다. 이제 더 이상 추측이나 간접 자료에 의존할 필요 없이 사람들이 직접 자신의 삶에 대해 말한 바를 살펴볼 수 있게 된 것이다.

미국의 두 경제학자가 이런 설문조사를 토대로 1970년대부터 오늘날까지 남성과 여성의 행복지표를 분석해보니 예측한 것과는 전혀 다른 결과가 나왔다. 놀랍게도 남성과 여성의 행복도는 상대적으로 서로 다른 양상을 보이고 있었다. 남성의 경우 행복도가 수십 년에 걸쳐 대체로 일정하거나 심지어 약간 높아진 반면, 여성의 경우 시간이 지나감에 따라 행복도는 점점 더 낮아지고 있었다. 재미있는 사실은, 1970년대만 해도 여성이 남성보다 훨씬 행복했다는 점이다. 하지만 이러한 남녀간의 행복도 차이는 수십 년의 세월을 거치면서 점점 줄어들어 2000년대 후반에 이르러서는 거의 사라졌다.

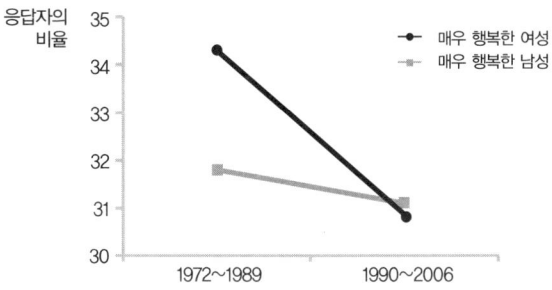

위 그래프는 이러한 연구 결과를 나타낸 것이다.² 매우 행복한 여성의 비율은 낮아졌지만, 매우 행복한 남성의 비율은 큰 변화 없이 거의 동일하게 머물렀다. 가장 놀라운 사실은 여성의 행복도가 낮아진 현상이 미국에서뿐만 아니라 벨기에, 덴마크, 프랑스, 영국, 그리스, 아일랜드, 이탈리아, 룩셈부르크, 스페인, 포르투갈, 네덜란드 등 연구자들이 조사한 거의 모든 나라에서 동일하게 나타났다는 점이다. 다만 독일에서는 남성과 여성의 행복도 차이가 이다지 뚜렷하지 않았는데, 이는 긍정적인 현상으로 해석될 여지를 주었다. 물론 독일의 남성과 여성이 지난 30년 동안 삶에 대해 더 불만스러워진 게 아니라면 말이다.³

그럼에도 이 결과는 나를 너무도 놀라게 만들었다. 나는 대단한 역사학자, 사회학자도 아닌 평범한 사람에 불과하다. 하지만 앞에서 말한 나라들의 발전과정을 고려해보고 (제2차 세계대전 이후를 되돌아보며) 유럽에서 지난 수년간 일어난 변화를 생각한다면, 사회 계층 가운데 여성보다 급격하게 처지가 나아진 계층은 없다는 결론이 나온다.

물론 이제는 신화 같은 일이 되었지만, 여성이 주방과 아이들의 방에서 대부분의 시간을 보내게 된 것은 그렇게 오래된 일이 아니다. 1950년대와 1960년대에도 많은 수의 여성이 집 밖에서 일을 하긴 했지만, 당시 여성의 일은 주로 비서나 간호사 또는 교사와 같은 전형적인 직업에 한정되어 있었다. 또한 그 당시 여성들은 대개 직업을 가지고 있어도 오랜 커리어를 추구하지 않았다. 이것이 오늘날과 비교했을 때 가장 두드러지는 차이점이다. 하버드 대학 역사학 교수 클라우디아 골딘이 최근 발표한 논문에서 말했듯이, 심지어 "대학은 직업을 갖고 커리어를 쌓기 위한 출발점이 아니라, 오히려 많은 여성에게 있어 적절한 남편감을 만나기 위한 하나의 방편"이었다.[4] 결혼하고 아이가 생김과 동시에 남녀의 역할분담은 돌이킬 수 없을 정도로 굳어졌다.

기억을 되살리기 위해 당시의 광고를 잠깐 살펴보자. 휘슬러

좌: 휘슬러 광고 "사랑과 비타피트로 요리하라" (휘슬러 사, 이다-오버슈타인)
우: 1950년대 가족사진 (클라우스 마이어-우데, 프랑크푸르트 암 마인)

사의 혁신적인 압력밥솥 광고다. 위의 두 사진을 보면 광고와 일상의 모습이 놀라우리만치 정확하게 일치하고 있음을 알 수 있다. 남성은 신문을 읽으며 세상 밖의 일에 관심을 쏟고, 여성은 남성의 시중을 들고 있는 것이다. 실제로 1960년대에 이르기까지 독일의 여성은 남편의 동의가 있어야 은행계좌를 개설할 수 있었다. 1970년대에도 제약은 마찬가지여서 시민법상으로 여성은 취업하기 전에 남편의 허락을 받아야만 했다.

　이는 오늘날 여성들의 처지가 완벽하게 개선되어 여성들이 기나긴 역경을 뚫고 천국에 도달했음을 주장하기 위한 것이 아니다. 여기서 다루려는 문제는 이와는 다르다. 중요한 것은 여성의 상황이 우리 대부분의 상황과 마찬가지로 명백하게 개선되었다는 점이다.

분별력이 있는 사람이라면 누구나 자유와 선택 가능성의 확대가 우리 모두의 행복에 기여했다고 생각할 것이다. 또한 서구 여성들이 지난 수십 년에 걸쳐 쟁취한 자유로 인해(그렇지 않았다면 독일에서 여성 수상이, 미국에서 여성 외무장관이 나온 것이나, 더 나아가 여자 축구 월드컵이 개최되는 일이 아무런 의미가 없을 것이다) 전반적으로 더 행복해졌다고 믿는다. 서구 여성들이 더 행복해졌다고는 장담할 수 없지만, 적어도 더 불행지지는 않았다는 사실은 인정할 수밖에 없다!

하지만 이 주장 역시 전적으로 옳은 것은 아니다. 이런 생각을 하다 보니 바비큐 파티를 하던 날이 새삼스레 다시 머리에 떠올랐다. 그날 밤 내 여자친구가 집으로 돌아오던 길에 던진 말이 의미심장하게 다가온 것이다.

"왜 우리는 어떤 일이든 제대로 하기가 이렇게 어려운 걸까? 왜 우리는 만족하지 못할까? 이전보다 더 큰 자유를 누리고 있고, 수많은 가능성이 널려 있는데도 왜 만족도는 더 떨어질까?"

설문조사에 따르면, 우리는 우리가 이룬 성과를 제대로 누리지 못한 채 불만만 키워가고 있는 셈이었다. 나는 조사를 계속하다가 이러한 질문에 대한 답으로 첫 번째 가설을 세웠다. 내가 얻은 첫 번째 답은 여성의 역설뿐만 아니라 바비큐 파티 때 우리 일행이 몰두했던 문제들을 해결하는 데 실마리를 던져주었다. 나의 답은 얼핏 보기에는 모순적으로 들릴 수 있다. 즉 우리는 가능성을 많이 가지고 있음에도 만족하지 못하는 게 아니라 많이 가지고 있기 때문에 만족하지 못하는 것이다.

:: 여성이 우울할 수밖에 없는 까닭

〈뉴욕타임스〉는 두 경제학자의 연구 결과를 보도하면서 독자들을 대상으로 여성들이 점점 더 불행해지는 이유에 대해 조사했다. 그러자 이 신문의 웹사이트에서는 불과 몇 시간 만에 남성과 여성 간의 성 대결이 벌어졌다. 수백 건의 댓글이 올라왔는데, 연구 결과에 대한 나름대로의 해석은 물론 각자가 살아온 내력, 냉소적인 언급, 심한 야유까지 가세했다. 그중 몇 가지만 소개하면 다음과 같다.[5]

여성에게 기대하는 것
날씬할 것

풍만하고 팽팽한 가슴을 지닐 것

집안일을 내팽개치지 말 것

아이들을 양육할 것

일정을 짜고 모임을 주관할 것

가족의 정서지원센터가 될 것

어떠한 욕구도 가지지 말 것

남성에게 기대하는 것

돈을 벌어올 것

- 익명

우리는 맞벌이 부부다. 하지만 남편은 직장에서 돌아오면 소파에 앉아 TV를 시청하고(남편은 지금도 그러고 있다), 나는 3세, 7세 아이들에게 아침을 먹이고 간식을 만들고 옷을 입히고 이 닦는 걸 도와주고(내가 이 네 가지 일을 하는 동안에도 남편은 여전히 자고 있다) 학교에 보내고 숙제를 체크하고 납부금을 계산하고 장을 보고 저녁 식사 준비를 하고 빨래를 하고 설거지를 한다.

- 뉴욕걸

요점은 간단하다. 여성이 불행한 이유는 여성에게 아내가 없기 때문이다.

– 지나이다

아이들에게 매여 있는 결혼한 친구들이 남편의 저녁 식사를 준비하고 집안일을 돌보고 아이들을 쫓아다니며 뒷바라지를 해야 한다고 불평하면, 나는 그저 웃으며 어느 누구도 이러한 생활방식을 강요한 사람은 없다는 것을 상기시킨다. 친구들아, 모든 건 너희가 선택한 결과야!

– 패리스러너

분명히 말하겠다. 남자와 여자의 행복도가 다른 것은 남자의 잘못이라고 결론 내려야 한다. 생각해보라. 대개 남성들은 미성숙하고 공격적이며 무게를 잡고 다정다감하지 못한 놈들이지 않은가. 이에 대해 이의를 제기하는 자에겐 오늘 밤 섹스는 없다.

– 마누엘 나바로

이 댓글을 모두 읽은 후 내가 덧붙일 말은 단 한마디뿐이다. 내게 우울증 치료제를 다오!

– 캐롤

이 댓글들은 대부분 여성들이 썼다. 오늘날 여성들은 직업을 갖고 커리어를 쌓을 수 있다는 점에서 많은 부분 해방감을 느끼고 있다. 하지만 유감스럽게도 단 한 가지가 충분히 개선되지 않았다는 점에는 분노를 표시했다. 바로 남자들이다. 여성들이 직업 생활에서 점점 더 많은 책임을 떠맡고 있음에도 남성들은 여전히 변하지 않은 채 가정 생활에서 더 많은 책임을 떠맡지 않는다는 것이다.

아이러니하게도 더 많은 자유를 쟁취하고자 나섰던 여성운동으로 인해 여성들이 해야 할 일은 더 많이 늘어났다. 말하자면 일과 육아 양쪽으로 해야 할 일은 늘어났는데 자녀 양육에서 남편이 해야 할 몫을 하지 않기 때문에 문제가 발생하는 것이다. 따라서 여성들이 남성들에 비해 점점 더 불행해진 것은 놀라운 일이 아니다!

이러한 이야기는 설득력이 있을 뿐만 아니라 현실을 그대로 반영한다. 하지만 여기에는 한 가지 미흡한 점이 있다. 회사와 유치원, 업무와 육아 사이를 분주하게 오가며 쉴 새 없이 과로에 허덕이는 여성들의 문제에만 초점을 맞춰 불행의 트렌드를 바라보고 있다는 점이다. 하지만 여성들이 점점 더 불행해지고 있는 현상은 이보다 훨씬 더 포괄적인 의미를 띤다. 미국 경제학자들의 분석에 따르면, 불행의 트렌드는 결혼한 여성들뿐만 아니라 미혼 여성들에게도 마찬가지로 나타난다. 문제는 자녀가 없는 여성과 직장 생활을 하지 않는 여성들까지도 지난 몇 년 동안 남성에 비해 불만의 정도가 점점 심해졌다는 점이다.[6]

다시 말해 일과 육아가 주는 이중 부담이 불행의 트렌드를 많은 부분 설명해주긴 하지만, 그렇다고 이것으로 모든 것이 해명되지는 않는다. 즉 불행의 트렌드에 휩싸인 여성이라고 해서 모두가 이러한 이중 부담에 노출되어 있는 것은 아니기 때문이다. 따라서 여성들을 괴롭히는 또 다른 이유에 대한 설명이 있어야 한다. 과연 무엇일까?

이 장에서 나는 이 수수께끼에 대한 답을 자유의 본질, 그 자체에서 찾고자 한다. 자유와 선택 가능성의 확대에는 장점만 있는 것이 아니라 여성들을 좌절시키는 불편한 진실도 담겨 있다는 점을 주목해야 한다. 여기서 우리가 눈여겨볼 것은 여성의 운명이 아니라 자유라는 주제다. 여성들의 자유가 지난 수십 년에 걸쳐 크게 확대되었기에 그 그늘 또한 매우 커졌으리라는 사실은 쉽게 짐작할 수 있다. 한때 여성들이 남성들에 비해 누렸던 큰 행복은 상실되고 만 것이다.

자유와 선택 가능성의 확대에 우리의 마음을 아프게 하는 그늘이 깃들어 있다면, 여성들뿐만 아니라 우리 모두가 그러한 그늘의 영향을 받았을 것이다. 결국 우리는 오늘날의 세계가 우리에게 제공하고 있는, 그래서 피할 수도 없는 자유와 선택 가능성의 확대에 의연하게 대처해나가야 한다. 비록 제대로 활용하지 못한다고 할지라도 우리는 항상 이러한 선택지가 있다는 사실을 인식하고 있기 때문이다.

이러한 성찰이 어느 정도 설득력이 있다고 해도 여전히 결정적인 문제는 남아 있다. 즉 자유의 그늘이란 도대체 무엇을 의미하는가?

:: 잼의 종류가 많을수록 식욕이 떨어진다

다음은 현장 실험 내용이다. 경영학과 대학생 아이린과 스테파니는 토요일마다 두 차례에 걸쳐 샌프란시스코의 한 식료품 가게 안, 손님들의 시선을 끌기에 가장 좋은 입구 쪽에 잼 시식코너를 열었다. 이들은 한 시간 간격으로 처음에는 6종류의 잼을, 그 다음에는 24종류의 잼을 제공했다.

시식 후 손님들은 그곳에서 바로 잼을 구입할 수 없었다. 잼을 사려면 시식코너에서 약간 떨어진 진열대로 가서 잼을 직접 고른 후 계산대에서 값을 치러야 했다. 잼 진열대에서는 또 다른 실험조수인 마이크가 손님들을 몰래 지켜보고 있었다.

실험 결과, 아이린과 스테파니는 24종류의 잼을 진열한 시식코너가 6종류의 잼을 진열한 시식코너보다 더 많은 손님을 끌어들인다는 사실을 확인하게 되었다.[7] 이는 별로 놀라운 일이 아니었다. 하지만 그다음에 생긴 일은 주목할 만했다. 마이크의 관찰에 따르면 시식코너에 따라 손님들이 서로 다른 반응을 보인 것이다. 24종류의 잼이 진열된 시식코너를 거친 손님들은 결정을 쉽게 내리지 못하고 상당히 헷갈려했다. 그들은 잼 진열대에서 이 병 저 병을 살펴보며 오랫동안 망설였다. 심지어 일행이 있는 손님들은 서로 장단점을 비교해가며 상의하기도 했다. 10여 분 동안 머물다가 그냥 빈손으로 떠나는 경우도 많았다. 하지만 6종류의 잼을 시식한 손님들은 이와는 전혀 다른 모습을 보였다. 그들은 자신이 좋아하는 잼이 어떤 것인지 정확히 안다는 듯 진열대로 성큼성큼 걸어와서는 원하는 종류를 골라 계산대로 향했다.

이 실험을 이끈 뉴욕 컬럼비아 대학 경영학과 쉬나 아이엔가 교수의 실험 자료 분석에 따르면, 이러한 주관적인 인상은 사실로 확인되었다. 즉 6종류의 잼이 진열된 시식코너를 거친 손님들 중 30퍼센트가 잼을 구매했지만, 24종류의 잼이 진열된 시식코너를 거친 손님들 중 겨우 3퍼센트만이 잼을 구매했다.

시식코너에서 제공한 잼의 가짓수		
시식코너에 들른 고객의 수		
잼을 구매한 고객의 수		

이 현장 실험은 토요일마다 연이어 두 차례에 걸쳐 실시되었다. 이 그림은 평균 1시간에 총 750명 이상의 고객을 관찰한 결과를 나타낸다.[8]

차이는 10 대 1이나 되었다.

하지만 쉬나 아이엔가 교수는 또 다른 실험을 한 후에야 가장 중요한 사실을 알게 되었다. 이번 실험 무대는 대학 실험실이었다. 쉬나 아이엔가 교수의 실험조수들은 피실험자들에게 다양한 종류의 초콜릿을 제공했다. 한 번은 6종류의 초콜릿을, 또 한 번은 30종류의 초콜릿을 제공했다. 또 한 그룹의 피실험자들에게는 선택의 여지 없이 단 한 가지의 특정한 초콜릿만을 제공했다. 그런 다음 피실험자 모두에게 초콜릿의 맛이 어떠했는지를 1에서 7까지 등급을 매기도록 요구했다(등급의 숫자가 높을수록 맛이 좋은 것이다). 게다가 모든 피실험자들에게 실험이 끝난 후 초콜릿을 살 수 있도록 5달러씩을 주었다.

실험 결과, 다음과 같은 사실이 드러났다. 피실험자들은 선택할 수 있는 초콜릿 가짓수가 적을 때는 별로 망설이지 않고 자신이 원하는 초콜릿을 골랐다. 뿐만 아니라 자신의 선택에 대해서도 만족감을 표시했다. 또한 이들은 초콜릿 맛에도 가장 높은 등급을 매겼다. 이들이 매긴 등급은 단 한 종류의 특정한 초콜릿을 제공받은 피실험자들이 매긴 등급보다 높았을 뿐만 아니라, 놀랍게도 30종류의 초콜릿을 제공받은 피실험자들이 매긴 등급보다도 더 높았다.

이러한 높은 만족도는 피실험자들의 태도에도 나타났다. 6종류의 초콜릿을 제공받은 피실험자들 중에서 반 정도는 시식에 만족한 나머지 받은 5달러로 초콜릿을 구매했다. 이와 반대로 선택의 여지가 없거나 30종류의 많은 초콜릿을 제공받은 피실험자들은 초콜릿에 싫증 난 듯 돈을 챙겨 들고 재빨리 집으로 향했다.[9]

:: **무지개 현상**

선택지가 많을수록 만족도가 떨어지고 구매욕구도 떨어지는 현상은 왜 일어날까? 물론 이는 상당히 역설적이다. 원래는 정반대의 일이 벌어진다고 생각하기 쉽다. 선택지가 적으면 우리의 구매욕구도 줄어들기 마련이라고 말이다. 선택의 여지가 없는 사람은 싫든 좋든 자신에게 주어진 것에 만족할 수밖에 없다. 우리는 우리에게 강요된 운명에, 이 경우에는 잼 또는 초콜릿에 내맡겨지게 되는 것이다.

이와는 반대로 여러 가능성 사이에서 선택할 수 있다면 운명을 어느 정도는 스스로 통제할 수 있다. 더 정확하게 말하면 운명적인 일이 자유로운 선택 사항이 되는 것이다. 이때는 스스로 선택한 대안이니만큼 만족할 가능성이 크다. 그 대상이 잼이든 직업이든 배우자든 마찬가지의 결과가 나타난다.

이 설명을 논리적으로 이어가면, 우리는 선택지가 적을 때는 약간의 자유를, 선택지가 많을 때는 그보다 더 큰 자유를 누려야 한다. 초콜릿이든 배우자든 제공되는 것이 많을 때, 우리가 마음에 드는 것을 만날 확률이 높아지기 때문이다.

일반적으로 제공되는 선택지가 많아지면 우리의 만족도도 함께 높아진다고 생각할 수 있다. 바로 이러한 가정하에 알렉

산더 광장에 있는 나의 단골 슈퍼마켓은 6개가 아닌 250개의 잼이나 젤리를 판매하고 있는 것이다.[10] 이런 가정을 그래프로 나타내면, 대략 다음과 같은 형태를 띤다.

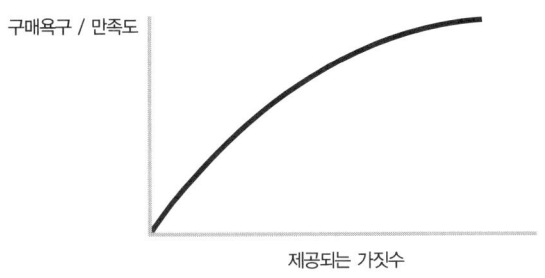

제공되는 가짓수가 많을수록 우리의 구매욕구도 커진다. 그런데 어느 일정한 양부터는 포화상태가 된다. 또한 제공되는 가짓수가 2개일 때와 12개일 때, 그리고 240개일 때와 250개일 때는 큰 차이가 있다. 이 때문에 처음에 급경사를 이루며 상승하던 선이 어느 시점에서는 곡선을 이루다가 점차 평평해지는 것이다.

이론상으로는 이렇다. 하지만 잼 실험을 고려해보면 제공되는 가짓수와 만족도 사이의 관계는 이와 다르게 나타난다는 것을 알 수 있다. 다음의 그래프를 보면 곡선이 U자를 뒤집은 형태인 포물선 또는 고전적인 무지개 형태를 띠고 있다.

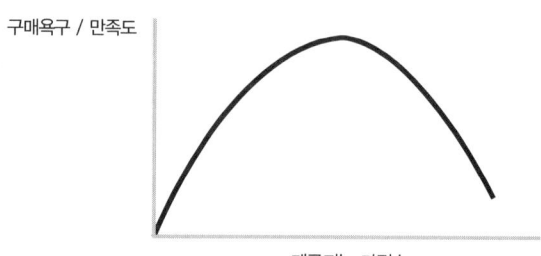

따라서 선택지를 점점 더 많이 늘려도 어느 시점이 되면 더 이상 부가가치가 발생하지 않는다고 말할 수 있다. 물론 선택지가 늘어나는 것은 우리에게 아무런 문제가 되지 않는다. 이러한 과잉 공급을 무시해버릴 수만 있다면 말이다. 그런데 이상하게도 실제로는 그렇게 되지 않는다. 선택지가 어느 정도 늘어나면 포화상태에 이르는 것이 아니라 잼 실험에서 드러나듯 싫증이 나게 된다.

이러한 실험의 일환으로 한 대학 도서관에 매대를 설치했다. 이번에는 잼이 아니라 볼펜을 전시하고 매우 싸게 판매했다. 잼의 경우와 마찬가지로 가짓수를 다양하게 제공했는데, 처음에는 단 2개의 모델만을, 그 다음에는 4개, 8개, 결국 20개까지 매우 다양한 볼펜 모델을 점차적으로 제시했다. 실험 결과, 가짓수가 가장 적을 때나 가장 많을 때는 구매하는 사람들이 많지 않았다. 가짓수가 10개일 때가 가장 많이 팔렸다.[11]

또 다른 실험에서는 피실험자들에게 여러 형태와 색깔의 선물상자 그림을 보여준 다음, 친구에게 줄 선물을 포장하기 위해 어떤 상자를 선택할지 물었다. 이와 함께, 선택한 상자에 대해 1에서 10까지의 점수를 매기도록 요구했다. 이번에도 마찬가지로 상자의 가짓수와 색깔을 다양하게 바꾸었다. 피실험자들이 매긴 점수는 가짓수에 따라 무지개 형태로 나타났고, 역시나 10개의 상자가 제공되었을 때 최고점을 기록했다.[12]

'무지개 현상'은 우리의 뇌에서도 확인할 수 있다. 한 연구팀은 피실험자들에게 풍경을 찍은 사진들을 보여주고 마음에 드는 것을 선택하도록 요구했다. 그리고 선택을 하는 동안 자기공명영상병기 촬영을 했다. 사진은 한 번은 6장, 다음에는 12장, 마지막에는 24장을 보여주었다.

실험 결과, 촬영된 자기공명영상에서는 뇌의 일정 부위가 사진의 가짓수가 늘어남에 따라 활발한 활동을 하는 것으로 나타났다. 이 부위는 뇌의 운동을 계획하고 통제하며 시각 정보를 받는 곳이었다. 결과 자체만을 놓고 본다면 그리 놀라운 일은 아니었다. 여러 장의 사진을 보다 보면 이리저리 눈을 돌리면서 시각적인 인상을 처리할 수밖에 없기 때문이다.

반면 뇌의 다른 부위에서는 보여주는 사진의 가짓수가 늘어남에 따라 우리에게 익숙한 무지개 형태가 나타났다. 여기서 주목할 만한 사실은 이 부위가 보상 시스템에 속하는, 측좌핵 및 미상핵과 같이 일반적으로 욕망과 관련이 있는 곳이라는 점이다. 사진의 가짓수를 6장에서 12장으로 늘렸을 때 활성화되었던 이 부위는 24장으로 늘리자 다시 소강상태를 보였다.[13]

도대체 이 현상은 무엇을 뜻할까? 실험에서 반복적으로 무지개 현상[14]이 나타나는 이유는 무엇일까? 제공되는 가짓수가 많아지면 마음에 드는 대안을 찾을 확률도 높아져서 만족도도 커져야 하는 것 아닐까?

선택지가 많아지는 것은 우리의 구미를 당기는 좋은 일일 수 있다. 슈퍼마켓이 온갖 상품을 진열하는 것도, 잼 실험에서 가짓수가 많은 시식코너에 사람들이 몰리는 것도 바로 이 때문이다. 선택지가 많은 것은 분명 우리를 매혹시킨다.

하지만 선택지가 많으면 리스크와 부작용이 동반될 수도 있다. 선택지가 지나치게 많아지면 마음이 불안해지는 부작용이 생기는데, 우리는 이러한 부작용을 과소평가하는 경향이 있다. 왜냐하면 이러한 부작용은 우리도 모르는 사이 우리가 볼 수 없는 데서 나타나기 때문이다.

선택지가 많다는 것은 처음에는 긍정적인 효과를 나타낸다. 이 경우 우리는 서서히 나타나는 부작용을 감지하지 못한다. 하지만 어느덧 선택지가 일정수에 도달해 포화상태를 이루게 되면 만족도는 떨어지고 마음이 불안해지는 부작용이 나타나기 시작한다. 그러다가 어느 시점부터 우리의 순행복은 역행한다. 이 시점부터는 만족도가 커지는 것이 아니라 싫증이 늘어나게 된다. 이러한 과정을 그래프로 나타내면, 부정적인 효과가 행복 곡선을 아래로 끌어내려 결과적으로 많은 실험에서 자주 등장하는 무지개 형태를 띠게 되는 것이다.[15]

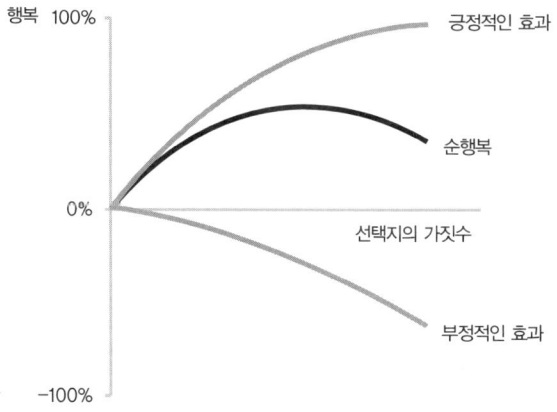

:: **다른 걸 선택했더라면**

우리의 행복을 뒤틀리게 하고 다양한 선택을 할 수 있는 기쁨을 망쳐놓는 이러한 부작용이 생기는 원인은 무엇일까? 이에 대해서는 여러 가지 설명이 가능하다.

우선 선택지가 많으면 편리한 이점이 있긴 하지만 '비용'이 수반된다. 이때는 여러 가지 가능성을 놓고 비교해야 할 일도 늘어나게 된다. 다시 말해 정보를 수집해서 검토해야 하고 이모저모 견줘보아야 한다. 200개의 LCD TV 모델을 놓고 하나를 선택한다는 것은 얼마나 신나는 일인가! 하지만 역으로 생각하면 또 얼마나 고통스러운 일인가! 이렇게 많은 선택지 중에서 가장 마음에 드는 모델을 찾다 보면 언젠가는 제 풀에 지치기 마련이다. 게다가 우리는 LCD TV의 전문가가 아니라 각자의 생업에 종사해야 하는 바쁜 몸이다.

또한 이와 관련한 정보처리 문제도 고려해야 한다. 이미 수십 년 전 미국의 심리학자 조지 밀러가 지금은 어느덧 고전의 반열에 오른 연구서에서 단기기억의 용량이 한정되어 있다는 점을 밝힌 바 있다. 밀러는 우리가 평균 7개의 정보 단위를 기억할 수 있다고 보았다. 그리하여 이 수는 밀러의 '신비의 수 7'로 유명해졌다.[16] 이후 밀러는 우리의 기억용량에는 개인차가 있으며, 자료의 성질에 따라 기억의 가능성에도 차이가 생긴다는 차원에서 이 수를 수정하여 '신비의 수 7 ± 2'라고 하였다.

예를 들어 우리는 5개에서 9개의(평균 7개의) 숫자로 이루어진 누군가의 전화번호를 기억할 가능성이 높다. 하지만 숫자가 더 늘어날 경우 기억용량이 한계에 이르러 기억하기 힘들어진다. 심지어 밀러는 일주일이 7일로 이루어진 것도 바로 이러한 기억용량의 한계 때문이라고 추측하기도 했다.[17] 아마도 이 때문에 세계 7대 불가사의, 7대 죄악, 7대 봉인서, 7명의 난쟁이뿐만 아니라 7가지의 물건을 챙겨 들고 제7의 천국에서 7개의 구름 위를 날아다닌다는 이야기가 있는 건지도 모른다.

우리의 판단 능력은 7±2개의 항목에는 미칠 수 있지만, 이를 넘어서면 과부하가 걸려 일종의 인지적인 구토 증세를 일으킬 수도 있다. 실제로 밀러가 말한 기억의 최대치인 9가지 정보 단위는, 흔히 보이는 최적 선택지의 수 10에 놀라울 정도로 근접해 있었다. 그렇다면 페이스북에 나타나는 친구의 평균수 130명은 어떻게 설명될 수 있는가? 물론 이 친구들의 대부분은 다소 거리가 있는 지인일 뿐이며 실질적인 친구는 소수에 불과할 가능성이 높다. 그렇다. 우리의 짐작이 틀리지 않았다. 최근 조사에 따르면 실질적인 친구의 수는 7명이었다.[18]

선택지가 많으면 우리의 기억 활동이 혹사당할 뿐만 아니라 좁은 의미에서는 우리의 심리까지도(아마도 이것이 훨씬 더 결정적인 측면일 것이다) 혹사당한다. 이는 다음과 같이 세 가지 측면에서 살펴볼 수 있다.

첫째, 우리가 선택할 수 있는 대안이 많을수록, 우리가 버릴 수밖에 없고 또 아쉬워하게 될 대안도 늘어난다. 경제학자들은 이를 '기회비용' 또는 '대안비용'이라고 표현한다. 기회비용은 일상적인 의미의 비용이 아니라, 하나의 대안을 선택할 때 포기할 수밖에 없는 다른 대안들로 인해 우리가 놓치게 되는 이익을 의미한다. 이러한 점에서 기회비용은 '포기비용'이라고 말할 수도 있을 것이다.

예를 들어 자유의 기회비용은 돈일 수도 있다. 즉 자유를 누리지 않고 그 시간에 일을 함으로써 벌 수 있는 돈 말이다. 이 문제에 대해 스위스의 경제학자 마티아스 빈스방거는 다음과 같이 말한다.

"선택지가 많을수록 그리고 이 선택지들이 월등하고 매력적일수록 특정한 선택지를 택할 경우 포기해야 하는 대가는 커진다."[19]

둘째, 우리가 선택할 수 있는 대안이 많을수록, 기회비용뿐만 아니라 선택한 대안에 대한 기대도 커진다. 우리는 자신도 모르게 다음과 같이 말하는 경우가 많다.

"이놈의 딸기잼, 바로 너 때문에 내가 23가지의 다른 잼을 포기했어. 정말 좋은 잼들인데 말이야. 이렇게 엄청난 대가를 치렀으니까 네가 그 값어치를 충분히 하길 바란다."

물론 두 가지 종류만을 놓고 선택할 경우, 이처럼 선택의 폭이 좁은 상황에서는 자신이 찾는 최적의 잼이 있을 거라고 기대하기 어렵다. 하지만 가짓수가 24개 또는 250개일 때는 사정이 달라진다. 특히 250개일 경우, 우리 마음에 꼭 드는 잼이 있을 거라는 가정의 여지는 충분하다. 만약 그렇지 않다면 실망스러운 일이 되고 말 것이다.[20]

셋째, 선택할 여지가 없으면 죄책감을 느낄 이유도 없다. 반면 선택할 수 있는 대안이 많아 선택이 자유로울수록, 죄책감과 후회의 여지도 커진다. 우리는 고민하기 시작한다.

'내가 왜 그랬지? 왜 하필이면 이렇게 많은 휴가지 중에서 비가 내리고 있는 이 섬을, 이 호텔을 선택했지?'

미국의 사회심리학자 배리 슈워츠는 자신의 책 《선택의 심리학》에서, 선택지가 늘어날수록 결정을 내린 후에 죄책감과 후회에 빠져드는 위험이 더 커지는 과정에 대해 다음과 같이 설명하고 있다.

"선택지가 많아질수록, '내가 다른 걸 선택했더라면' 하는 생각이 더 많이 든다. '내가 다른 걸 선택했더라면' 하는 생각이 들 때마다 후회는 조금씩 더 커지고 이미 선택한 것에 대한 만족은 조금씩 작아진다. 은행에 갔는데 열린 창구가 하나뿐이고 사람들이 한 줄로 길게 서 있다면, 당신은 화가 나긴 하겠지만 후회할 일은 없을 것이다. 하지만 사람들이 두 줄로 길게 서 있는데, 당신이 선택한 줄의 진행 속도가 느리다면 어떤 마음이 들겠는가?"[21]

마지막 예는 기회비용과 더 관련이 있다. 엄격히 말하면, 우리가 줄을 잘못 선택했다고 해서 죄책감과 후회의 감정이 깊어지는 것은 아니다. 죄책감과 후회는 도덕적인 잘못을 저질렀을 때에 깊어진다. 예를 들어 여자친구와 둘만을 위한 휴가여행을 예약했는데 그 여행이 악몽으로 끝난다면, 나는 같은 시기에 다른 여행을 했을 때 만끽할 수 있는 즐거움과 비교해서 내가 내린 선택과 결정을 유감스럽게 생각할 것이다. 게다가 여자친구의 휴가여행을 망친 장본인이 바로 나라는 죄책감도 느낄 수 있다. 내가 더 잘 알아봤더라면, 또는 내가 인색하게 굴지 않았더라면(물론 이 두 가지 경우가 모두 해당될 수도 있다) 이 악몽 같은 휴가여행을 피할 수 있었을지도 모르기 때문이다. 바로 전형적인 기회비용의 사례인 셈이다.

심리학자 쉬나 아이엔가의 또 다른 연구는 자유로운 선택과 자율적인 결정으로 인한 죄책감이 얼마나 우리를 괴롭힐 수 있는지를 여실히 입증해준다. 쉬나 아이엔가는 매우 고통스러운 경험을 한 프랑스와 미국 부모들의 운명을 연구했다. 이들은 모두 아이를 잃은 사람들이었다.

　이들의 아이들은 합병증으로 인해 혼자 힘으로는 생명을 유지할 수 없는 상황에 처해 있었다. 이들 중 다수는 산소 결핍을 겪으면서 심각한 뇌 손상을 입었고, 몇몇 아이들은 호흡조차 제대로 할 수 없었다. 아이들은 모두 호흡기와 영양분을 주입하는 튜브를 통해 간신히 생명을 유지하고 있었다. 의사들은 이러한 생명유지 치료의 지속 여부를 부모와 상의했다.

　미국에서는 이런 상황에서 치료 중단 결정을 부모에게 맡기는 것이 관례다. 의사들은 부모에게 생명유지 치료를 지속할 것인지 여부를 묻고 부모의 의지에 따른다. 반면 프랑스는 정반대다. 프랑스에서는 부모가 분명하게 반대하지 않는 한 의사들이 결정을 내린다. 그리고 이러한 서로 다른 선택의 경험은 부모들이 각자의 시련을 극복하는 데도 큰 영향을 미친다.

　물론 아이를 잃은 부모들은 수개월이 지나도 여전히 아물지 않은 기억과 상처로 고통을 겪고 있었다. 하지만 미국 부모들이 프랑스 부모들보다 훨씬 더 큰 후유증으로 괴로워했다. 프랑스 부모들은 아이를 포기한 결정을 불가피한 선택으로 받아들이는 경우가 많았다. 어느 누구도 자신이나 의사들에게 책임을 전가하지 않았다. 반면 미국 부모들은 자신에게 책임을 전가하고, 죄책감과 후회에 시달렸다. 특히 아들을 잃은 한 여성은 아이의 삶과 죽음을 결정한 사람이 바로 자신이라는 사실에 매우 고통스러워하며 다음과 같이 말했다.

"내가 사형 집행에 가담했다는 기분이 들었어요. 그러지 말았어야 했어요."22

물론 부모들이 겪은 이러한 경험은 매우 극단적인 경우고, 여러 가지 면에서 우리가 일상에서 접하는 문제들과 거리감이 있는 것은 사실이다. 하지만 이런 극단적인 예는 우리의 일상에 미치는 현상을 적나라하게 드러낸다. 이전에는 신의 의지 또는 운명으로 받아들여졌던 많은 일들이 오늘날에는 우리가 결정할 수 있거나 결정해야 하는 일들이 된 것이다.

:: 결정할 수 없는 상황에서 결정해야 하는 상황으로

이전에는 삶에서 가장 중요한 결정들을 사회 또는 부모가 내렸다. 결혼 상대를 결정하는 일조차 당사자가 아닌 부모의 몫이었다. 그리고 부모 역시 자신들의 독자적인 의견이라기보다는 사회의 지배적인 관습에 따른 경우가 많았다. 직업 선택의 경우는 어떠했는가? 직업 결정도 아버지의 가업을 이어받는 게 흔한 일이었다. 자녀 선택의 경우는? 자녀를 낳는 데 대한 결정도 자명했다. 성인이 되면 결혼을 하고, 결혼하면 아이를 낳았다. 따라서 삶 전체가 관습에 따라 차려진 밥상의 메뉴와 같았다. 음식의 맛이 어떠한지는 중요하지 않았으며 그저 차려진 대로 먹는 것이 더 중요했다.

이제 이러한 방식은 철저히 변화되었다. 한때 좋건 싫건 우리를 대신해 내려진 결정은 이제 우리 자신이 직접 내려야 하는 결정이 되었다. 밥상의 메뉴가 우리의 기호에 따라 선택할 수 있는 뷔페가 된 것이다. 나는 삶을 어떻게 꾸려나가야 하는가? 어떤 직업을 선택해야 하는가? 어디서 살아야 하는가? 누구와 살아야 하는가? 결혼해야 한다면, 누구와? 아이를 가진다면, 언제? (젠장, 무엇을 원하는지 나도 모르겠다!) 이제 이러한 모든 결정은 (긍정적으로 보면) 우리 스스로 내릴 수 있고, (부정적으로 보면) 유감스럽게도 어느 누구도 대신해주지 않는 일이 되어버렸다.

우리가 살아가면서 내려야 하는 결정의 수는 지속적으로 늘어나고, 이와 함께 우리가 짊어져야 하는 책임의 무게도 늘어난다. 임신을 예로 들어보자. 당신은 양수검사(임신 기간 중 태아의 문제나 염색체 이상을 알아보기 위해 산모의 양수를 채취하는 검사를 말한다-옮긴이)를 원하는가? 찬성 아니면 반대? 찬성한다고? 그렇다면 당신은 양수검사의 위험을 감수해야 한다. 반대한다고? 그렇다면 기형아를 출산할 수도 있다는 부담을 안고 살아가야 한다. 양수검사를 해도 그만 안 해도 그만이라고 생각한다고? 좋다. 그렇다면 당신은 이렇게 무관심한 태도에 대해, 그리고 혹시나 일어날지도 모를 결과에 대해 모든 책임을 져야 한다. 이전에는 신이 모든 위험부담을 졌지만, 이제는 당신의 몫이다.

우리는 늘 크고 작은 결정을 내려야 하는 상황에 처해 있다. 이러한 상황으로 인해 이미 오래전부터 '삶은 결정의 총합'이라고 여기는 사람들이 많아지고 있다. 비록 우리를 좌지우지하는 많은 것들이 우리 스스로 어찌하지 못하는 영향권 밖에 있긴 하지만(우연, 사고, 유전자, 부모, 교육 등 우리의 삶을 이루는 이 모든 것들이 우리의 통제권 밖에 있다), 실제로 이러한 부담을 안고 살아가야 하는 것이 사실이다.

우리가 내리는 중요한 결정이 성공적인 결과를 초래한다면, 이 모든 것들은 아무 문제가 되지 않을 것이다. 당당히 행복을 누리고 자부심을 가질 수 있을 것이다. 그러나 유감스럽게도 모든 게 뜻대로 되지 않고, 실패와 좌절을 겪는 경우가 많다. 실패에 대해서는 우리 스스로 책임을 져야 한다. 그 여파로 우리는 잠 못 이루는 밤을 보내며 죄책감과 후회의 감정으로 괴로워하는 것이다.

내 친구 크리스티안과 율리아는 지금도 좀 더 일찍 아이 갖는 문제에 대해 고민하지 않고, 너무 오랫동안 커리어를 쌓는 일에만 집중한 것에 대해 자책하고 있다. 이 모두는 그들이 내린 결정이며 또한 그들의 잘못이기 때문이다.

어린 시절 의사가 되고 싶어했던 나의 어머니는 대학에서 의학을 전공하려고 했다. 문제는 그녀의 아버지였다. 네덜란드에서 교사를 하다가 교장의 자리까지 오른 외할아버지는 어머니도 교사가 되길 원했고, 그런 뜻을 딸에게 강요하다시피 했다. 결국 어머니는 아버지의 반대에 부딪혀 끝내 의학을 전공하지 못하고 교사가 되었다. (어머니는 외할아버지가 세상을 떠난 후에야 비로소 뒤늦게 당신이 원했던 의학을 공부해 의사가 되었다.)

오늘날 젊은이들이 겪는 고통은 우리 어머니의 고통과는 아무런 상관이 없을뿐더러 오히려 상반된 성격을 띠고 있다. 어머니처럼 자신의 운명을 스스로 결정하지 못하던 속박의 상황에서, 끊임없이 결정해야 하는 속박의 상황으로 바뀐 것이다. 한마디로 정반대가 된 셈이다.

오늘날에는 선택지가 너무 적은 것이 아니라 너무 많아졌다. 개방적인 상황으로 인해 우리 세대의 여건이 어머니 세대의 여건보다 훨씬 좋아진 것은 분명한 사실이다. 하지만 선택지가 많은 것이 자동적으로 우리를 더 행복하게 해주는 것은 아니다.

이전 세대에서 현 세대로의 변화는 다음과 같이 설명할 수도 있다. 과거에는 목표와 소망을 실현하고자 할 때 부딪히게 되는 장벽이 외부에 있었고, 억압적인 사회나 권위적인 부모의 모습으로 나타났다. 지옥이 외부에 있었던 것이다. 하지만 이 외부의 장벽은 세월이 흘러감에 따라 와해되고 무너졌다. 이제 우리가 부딪히는 장벽은 우리 안에 있다. 극복해야 할 문제가 외부에서 내부로 옮겨져, 타자가 아닌 자기 자신, 사회가 아닌 자신의 뇌 또는 자아가 된 것이다.

오늘날 사회의 폐단을 폭로하기 위해 거리로 나서는 일은 점점 드물다. 그 대신 우리는 스스로 내면에 있는 문제점을 점검하기 위해 심리치료사나 상담사를 찾는다. 또는 문제의 핵심인 우리 몸을 정상화하거나 균형 있게 만들기 위해 곧바로 우울증 치료제를 찾는다. 이렇게 보면, 심리에 미치는 압박은 자유가 늘어남에 따라 점점 더 약해지는 것이 아니라 점점 더 강해지고 있음이 드러난다.

현대사회는 우리에게 많은 선택지를 제공하고 있지만, 그만큼 우리의 요구수준도 높아졌다. 결정권이 늘어난 만큼 책임의 몫도 커졌다. 우리가 어떠한 실수를 범하든 결국 그 책임은 우리 스스로가 질 수밖에 없다. 이제 우리는 우리 부모나 조부모 세대와는 달리 다양한 가능성을 안고 있음에도, 삶을 성공으로 이끌지 못하면 단순히 만족감을 얻지 못하게 될 뿐만 아니라 죄책감까지 느껴야 하는 상황에 놓인 것이다.

:: **패배가 곧 실패는 아니다**

> 당신이 당신의 꿈에 대해 책임을 질 수 있고 또 실제로 책임을 지는 순간,
> 꿈을 실현하든 실현하지 못하든, 당신의 삶은 훨씬 더 강해진다.
> 스티브 잡스 23

오스트레일리아의 역학 연구자들이 실제로 자유의 압박이 얼마나 커질 수 있는지에 관해 연구한 실험이 있다(이는 너무나 편한 삶에 젖어 있는 젊은이들의 사치스런 문제를 다룬 것이 아니다). 그들은 젊은이들이 겪고 있는 심리적인 부담을 객관적인 지표로 나타내기 위해 자살률을 비교했다. 여기서 자살률은 젊은이들의 심리적인 곤경 상태를 단적으로 보여주는 예라고 할 수 있다. 물론 이러한 역학 연구가 개인이 자살 이외의 다른 탈출구를 찾지 못해 절망으로 내몰리는 원인까지는 밝힐 수 없다. 기껏해야 자살 충동을 부추기는, 특정한 사회적 요인만을 밝힐 수 있을 뿐이다.

오스트레일리아의 학자들은 이러한 배경을 염두에 두고 독일, 일본, 미국과 같은 선진국의 15~24세 젊은이들의 자살률을

비교했다.[24] 동시에 이 학자들은 젊은이들을 심리적인 곤경에 빠뜨릴 수 있는 청년 실업률, 이혼율과 같은 사회적 요인들에도 주목했다. 또한 그들은 국제적인 설문조사 결과도 참고했다. 주된 내용은 젊은이들의 삶에서 종교가 어떠한 역할을 하고 있는지, 주변 사람들을 기본적으로 신뢰하고 있는지, 자신의 삶을 자유롭게 결정할 수 있으며 자신의 운명을 스스로 통제하고 있는지 등이었다. 설문조사 결과는 나라마다 달랐다. 예를 들어, 핀란드의 젊은이들은 일본과 프랑스 또는 포르투갈의 젊은이들보다 결정하는 데 있어 자유로우며, 자신의 운명을 통제하고 있다는 감정을 훨씬 더 강하게 느끼고 있었다. 이에 비해 독일의

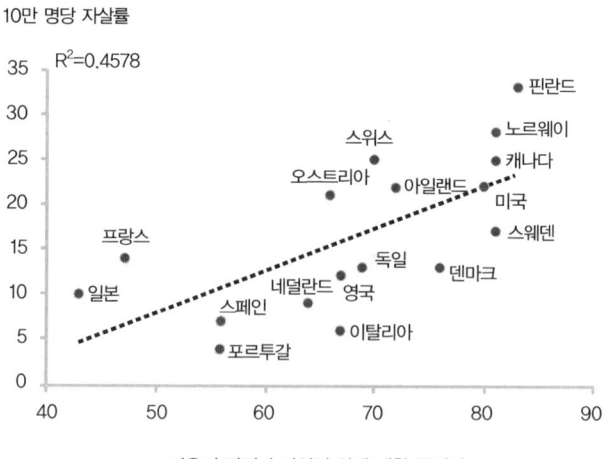

젊은이들은 평균 수준에 머물렀다.

분석 결과는 다음과 같다. 한 나라의 젊은이들이 자유와 통제의 감정을 강하게 가지고 있을수록, 그 나라 젊은이들의 자살 경향은 강해졌다. 즉 젊은이들이 자신의 삶에 대해 스스로 자유롭게 결정할 수 있다고 확신할수록, 자살률 또한 높아졌다.[25] 자유의 감정은 실업률과 이혼율을 포함한 모든 요인들 중에서도 특히 자살률과의 연관성이 가장 컸다. (그렇다고 해서 개인적으로 느끼는 자유의 감정과 자신의 삶에 대한 통제감이 자살 위험으로 연결된다는 것은 아니다. 반대로 우울증을 앓고 있는 사람들은 자신의 운명에 대해 스스로 아무런 통제력도 갖지 못한다고 느낀다. 좌절을 느끼며 자살을 하는 젊은이들도 이와 다르지 않을 것이다. 물론 이들은 자신들과는 정반대로 생각하는, 즉 무력감을 느끼기보다는 자신의 환경에 대해 완전한 통제력을 지닌 친구들이나 동료들에게 둘러싸여 있을수록 무력감을 더 견디지 못하는 것 같다.)[26]

이러한 분석 결과는 다음과 같이 해석할 수 있다. 즉 사회가 행복한 삶으로 가는 성공의 길을 차단하지 않고 가능하게 해준다는 이미지를 강하게 심어줄수록, 우리는 오히려 불행을 느끼며 온전한 삶을 살지 못한다. 좌절감만 더욱 고통스럽게 느끼게 되는 것이다. 극단적으로 말하면, 독재국가에서 좌절하는 자는 비극적인 인물이긴 하지만 영웅이 되기도 한다. 하지만 자유국가에서(모든 문이 열려 있는 나라에서) 패배하는 자는 단순히 패배한 것에 그치는 것이 아니라 실패한 자로 통한다. 물론 실패한 자라고 대놓고 말하진 않지만 누가 봐도 명확하게 이러한 뉘앙스의 메시지가 전달되는 것이다.

:: 결정하기 어려운 이유

> 보라, 여기에 스스로 선택하는 일이 어려운 이유가 있다.
> 그건 이러한 선택에는 절대적인 고립이 가장 심오한 연속성과 동일하기 때문이다.
> 그리고 이러한 선택에 의해 다른 것이 되거나 다른 것으로
> 변모할 가능성이 모두 배제되기 때문이다.
> 쇠렌 키르케고르, 《이것이냐 저것이냐》

오스트레일리아 연구자들의 분석 결과를 위와 같이 해석하는 데는 하나의 진리가 담겨 있다. 물론 자살은 극단적인 예에 불과하다. 자유가 커지고 선택지가 많아지는 것에 대한 반응 중 이보다 덜 극단적이며 훨씬 더 폭넓게 인용되는 것은 앞에서 다룬 잼 실험에서 나타났다. 즉 결정하기가 점점 더 어려워지는 현상이 그것이다.

몇 달 전에 내 여자친구가 그랬듯, 당신도 애플 스토어로 가서 별 망설임 없이 새롭게 출시된 아이폰을 산다고 가정해보자. 그런데 당신은 집으로 돌아와서야 실수한 것을 알게 되었다. 액정

이 480×320 픽셀인 구 모델을 산 것이다. 새롭게 출시된 모델은 액정이 960×640 픽셀일 뿐만 아니라, 평면 정렬 스위칭과 같이 좌우 178도 범위 내에서는 어느 각도에서나 선명한 화질을 구현하는 최신 기능도 갖추고 있다.

자, 이제 어떻게 할 것인가? 당신은 다시 애플 스토어로 달려가 구 모델을 새 모델로 교환하면 된다. 그러면 앞선 결정으로 인해 얻지 못했던 '편익'을 누릴 수 있다. 교환 가능성은 우리가 체감하는 기회비용을 낮춘다. 더 나은 선택지 앞에서 결정을 정정하기만 하면, 잠시 놓쳤던 편익을 얻을 수 있는 것이다.

하지만 알다시피 우리의 실제 삶은 애플 스토어가 아니다. 우리의 결정은 아이폰 구매나 아침 식사 때 발라 먹는 잼과 같이 항상 쉽게 바꿀 수 있는 게 아니다. 특정한 직업이나 전공 또는 배우자 결정을 예로 들어보자. 이때 어느 한쪽을 선택한다는 것은 높은 대가를 수반한다. 즉 우리가 어떤 직업을 선택할 때는 여러 다른 흥미로운 직업들을 배제해야 한다. 전업할 경우에는 대개 시간이나 비용 면에서 큰 대가를 치러야 한다.

이로써 우리는 점차 처음에 언급했던 여성의 수수께끼로 다시 돌아가고 있는 셈이다. 관심사가 넓고 다재다능한 사람은 기껏해야 한두 가지 일을 잘 할 수 있거나 어느 한 가지 일에만

'특화된'(따라서 비교적 자유롭지 못한) 사람보다 유리하겠는가, 아니면 불리하겠는가?

내 생각에는 여성이 남성보다는 관심의 폭이 넓고 다재다능한 것으로 판단된다. 내 친구 중에는 암스테르담 출신 부부가 있는데, 직업이 연구자인 이 부부는 자신들의 분야에서 상당한 성공을 거두었다. 성공 후에도 남편은 오직 실험, 자료 분석 그리고 이론에만 관심을 가진 반면, 부인은 연구직을 떠나 사진사로의 전업을 고민했다. 남편은 틈만 나면 실험실로 향했지만, 부인은 석 달에 한 번씩 바르셀로나에 있는 친구를 방문하더니 결국 스파게티 가게를 차렸다. 그녀가 찍은 사진을 보고 스파게티를 맛본 사람이라면, 그녀가 사진과 스파게티 요리 모두에 재능이 있다는 것을 알게 될 것이다. 어쩌면 그녀의 남편도 비슷한 재능을 지니고 있을지도 모른다. 하지만 그는 이 재능을 펼치는 데 전혀 관심이 없었다.

내 친구의 다재다능함은 멋지고 인상적이지만, 사실 이러한 재능은 곁다리 혹은 덤에 불과하다. 그녀는 자신의 직업 선택에 의심을 품고 다른 직업을 꿈꾸긴 하지만, 그렇다고 직업을 바꿀 수는 없다. 직업을 바꿀 경우, 연구자로 일하는 직장을 포기해야 하기 때문이다. 그녀의 남편에게 연구자라는 직업의 선택은 심각한 결정이 아니었지만, 그녀에게 이러한 결정은 커다

란 포기와도 같았다.[27]

이와 유사하게 우리도 배우자를 선택할 때 많은 것들을 포기해야 한다. 선택지가 많을 때는(커플 중개 사이트 Elitepartner.de의 자체 발표에 따르면 회원 수가 200만 명이 넘는다고 한다)[28] 기회비용도 크다. 물론 커플을 찾는 모든 이가 우리의 타깃이 되는 것은 아니다. 우리는 눈이 높다. 우리는 사실상 그들 대부분을 기꺼이 포기한다. 하지만 백만 명 중에 일부라고 해도 엄청난 숫자다. 세계가 하나의 지구촌이 되어갈수록 우리의 배우자로 물망에 오를 수 있는 사람들의 숫자는 점점 더 많아진다. 오늘날 우리는 유례없이 많은 후보자 중에서 가장 행복한 삶을 꾸릴 수 있는 배우자를 찾아야만 하는 도전에 직면해 있다. 우리가 한 명의 배우자를 선택하면, 우리를 행복하게 해줄지도 모를 다른 많은 가능성들을 포기하게 되는 것이다. 그렇다고 모든 후보자들을 개별적으로 검토해볼 수도 없는 노릇이다. 만약 그렇게 한다면 무려 488년 후에나 보다 나은 반쪽을 찾을 수 있을 것이다. 자, 어떻게 할 것인가?

이 경우 기회비용을 줄일 수 있는 방법은 원칙적으로 하나밖에 없다. 그 방법은 최종 결정을 피하거나 가능한 한 결정을 늦추어, 보다 나은 대안이 나타나도 교환할 수 있는 기회를 없애는 것이다. 이것만 봐도 우리들 중 대다수가 이미 '구속 회피

바이러스'에 감염되어 있다는 인상을 지울 수가 없다. 결정을 어려워하는 태도는 이미 우리 시대의 처세 코드가 된 듯하다. 이는 해마다 점차 줄어들고 있는 결혼 건수와 해마다 점차 늦어지고 있는 결혼 연령을 통해서도 알 수 있다.

우리가 의식하고 있든 그렇지 않든 우리의 애정 생활은 점점 더 어떤 가능성에 대해서건 정당방위를 하고 있는 것처럼 보인나. 결혼에 대해 최종적으로 결정하는 일은 우리에게 점점 더 어려운 문제가 되고 있다. 또한 철회할 수 없는 것으로 인식되던 결혼에 대한 가치관도 변하고 있다. '죽음이 우리를 갈라놓을 때까지' 라는 말을 문자 그대로 믿는 사람은 이제 거의 없다. 케케묵은 과거의 시대착오적인 말로 들리거나, 유치하기 짝이 없는 유행가 가사 정도로 여겨질 뿐이다.

철회할 수 없는 결혼이 철회할 수 있는 결혼으로 변한 상황이긴 하지만, 여전히 우리의 애정 생활에서, 그리고 우리의 모든 삶에서 어떠한 경우에라도 철회할 수 없는 것이 하나 남아 있다. 그것은 바로 아이에 대한 결정이다.

아이를 갖는다는 것은 다른 많은 오락(충분한 수면, 장시간의 휴식, 빈둥거리기, 아이용 좌석이 없는 스포츠카)을 포기함을 의미한다. 세상이 점점 더 많은 가능성들을 제공할수록, 아이로 인한 포기는 더욱더 크게 느껴질 수 있다. '무한한' 가능성의 세상에서 아이를 갖고자 하는 이들에게 기회비용은 큰 손실의 또 다른 이름이다. 이러한 관점에서 보면 우리가 결혼을 점점 더 늦추는 것은(또는 완전히 유예시키거나 오래 망설인 끝에 결국 시기를 놓치는 것은) 어쩌면 놀라운 일이 아니라 오히려 논리적으로 당연한 결론인 것이다.

결혼이 늦어짐에 따라 여성의 초산 연령이 해마다 높아지는 것, 태어나는 신생아 수가 해마다 줄어드는 것[29] 역시 전혀 새로운 일이 아니다. 그럼에도 이것을 살펴보는 것은 도움이 된다. 왜냐하면 이러한 배경을 알 때, 여성의 수수께끼 같은 상황을 더 잘 이해할 수 있기 때문이다. 남성보다 더 다재다능한 면을 지닌 여성들이 많은 선택지 속에서 한 가지 선택을 할 때 남성보다 더 큰 포기를 감수해야 한다는 것은 일단 논외로 치더라도(남성들 역시 포기하는 일이 있지만, 남성들의 관심 분야는 제한적이어서 포기의 체감온도는 낮다), 또 다른 결정적인 사항이 있다. 바비큐 파티에서 타냐가 했던 말은 거칠긴 했지만 틀린 말은 아니다. 돌이킬 수 없는 선택, 즉 아이를 가질지 말지에 대한 결정을 염두에 두고 생각해보면, 남성과 여성 사이에는 근본적인 불균형이 존재한다는 사실을 알 수 있다.

다양한 선택지가 주어지는 현대사회는 수많은 자유와 가능성을 누리도록 유도하면서도 너무 이른 결정을 내리지 못하도록 요구하고 있다. 그리고 이 문제에 있어서 남성들은 요즘 대세를 이루는 결정 회피 경향에 따라 행동한다. 결정을 미룬 채 많은 선택지가 제공되는 세상에서 온갖 가능성을 만끽하면 그만인 것이다.

반면에 여성들은 이렇게 행동할 수가 없다. 여성의 생물학적 시계가 곧바로 결정을 내리지 않으면 안 되도록 요구하기 때문이다. 그리고 늦어도 임신 12주가 지나면 이 결정은 더 이상 돌이킬 수 없는 일이 된다. 자유의 과부하가 오늘날의 여성, 그것도 삶의 러시아워라고 할 수 있는 30대 중반의 여성에게 이보다 더 첨예하게 집중되는 경우가 있는가?

다음과 같이 과격하게 말할 수도 있을 것이다. 세상은 다른 길들을 배제하고 특정한 삶의 길을 선택하는 것을 점점 더 어렵게 만들고 있다. 하지만 여성들은 30대 중반의 나이로 이러한 불가능한 일에 도전해야 한다. 여성들은 이 결정적인 나이 이후의 삶이 어떤 모습을 띠게 될지를 파악해야 한다. 더 나아가 어떤 결정을 해야 5년, 10년 또는 50년 후에 가장 행복할지를 미리 예측해야 하는 것이다. 이와 관련해 고민할 시간을 더 얻을 가능성은 (결정이 미칠 여파를 감안하면 이러한 가능성은 반드시 주어져야 마땅함에도) 배제되고 추후에 교환할 가능성도 마찬가지로 배제된다. 유감스럽게도 자연은 매우 일방적인 협상 스타일을 가지고 있다.

아무하고나 아이를 가질 수도 없고, 또 아이를 가질 상대의 선택지가 점점 많아지는 것도 아니기 때문에 여성들의 압박은 커진다. 아이를 가질 수 있는 시간의 창이 닫히기 시작하는 30대 후반이 되기 전에 어떻게든 결정을 내려야 한다. 여성 스스로 현재는 물론이고 장차 결혼 후에도 아이를 원치 않는다고 확신할 경우에만 이 문제는 무시할 수 있다.

그리고 여기에는 무시할 수 없는 아주 중요한 사실이 또 하나 있다. 이는 언론에서도 이미 자주 다뤄졌지만 유감스럽게도 큰 변화가 없는 사실이기도 하다. 즉 우리 사회에서 남성들은 여전히 아이와 직업 둘 다를 가질 수 있는 반면, 여성들은 아이와 직업 둘 중 한 가지만 가질 수 있다는 것이다.

여성이 커리어에만 집중할 경우 원만한 가정 생활을 꾸려나가기란 쉽지 않다. 반대로 가족에게만 집중할 경우 세계적인 커리어를 쌓은 친구나 자신의 남편 앞에서 의기소침해질 수밖에 없다. 이는 또한 불행의 트렌드가 일과 육아라는 이중 부담이 없는 여성들에게도 전파되고 있는 이유를 부분적으로 설명해준다. 대부분의 여성들이 아이와 직업 모두를 갖고 싶어하지만, 결국엔 방법을 찾지 못한 채 둘 중 하나를 포기하고 만다. 그러나 아이를 위해 일을 포기하거나, 일을 위해 아이를 포기하는 것은 참된 자유의 표현이 아니다. 오히려 그것은 여성들이 지고 있는 이중 부담을 고스란히 반영하는 결과일 뿐이다.

― 2 ―
왜 만족하며 살지 못하는가

:: 교환할 수 없을 때 만족도가 커진다

전형적인 할리우드 영화의 줄거리는 대부분 이렇게 전개된다. 남자와 여자가 만난다. 남자는 여자를 세상에 둘도 없는 꼴불견이라 여기고, 여자도 남자를 매력이라고는 찾아볼 수 없는 촌놈이라 생각한다. 이 꼴불견과 촌놈이 덜커덩거리는 단발비행기에 오른다. 비행기는 폭풍우를 만나고, 번개와 천둥이 치는 가운데 연기를 내기 시작한다. 굉음을 내던 모터가 이윽고 작동을 멈추고 비행기는 외딴 섬에 비상착륙한다. 컷.

아침이 되어 해변에서 깨어나보니 별로 반갑지 않은 얼굴이 보인다. 두 사람은 화를 내고 서로 상대방에게 책임을 전가하며 큰 소리로 싸운다. 하지만 이제 서로에게 의지할 수밖에 없다. 긴 칼을 휘두르며 목숨을 노리는 해적 외에 이 남태평양의 외딴 섬에서 찾을 수 있는 건 아무것도 없다(그런데 왜 항상 남태평양이 무대로 등장하는 걸까?). 그러던 중 갑자기 기적이 생긴다. 남자와 여자가 서로 친해지는 것이다. 여자는 남자가 비록 볼품은 없지만 불도 피우고 물고기도 잡아서 구워주는 모습에 새삼 감동한다. 남자는 여자가 꼴불견이긴 하지만 야무지게 자신을 돕고 있다는 사실에 점차 좋은 인상을 받게 된다.

이제 이들은 함께 해적을 물리친다. 그러다가 지나가는 배에 의해 구조되고 각자의 길을 간다. 하지만 결국에는 서로 사랑하고 있다는 사실을 깨닫고 서로를 다시 찾게 된다(이 장면에서 서로를 향해 달려가는 모습이 등장하는 게 관례다). 음악, 포옹, 키스, 출연진과 제작진을 소개하는 자막. 영화는 이렇게 끝이 난다.

왜 우리는 이런 영화를 좋아하는 걸까? 줄거리가 너무도 상투적이고, 어떻게 전개될지 100퍼센트 뻔히 예상되는데도 말이다. 이러한 줄거리는 우리가 오래전부터 알고 있지만 일상생활에서 쉽게 잊고 사는 무언가를 전달하는 것 같다. 이를테면 다음과 같은 것이 아닐까?

당신은 편견이 너무도 많다. 당신은 사람들을 너무나 섣불리 판단한다. 당신은 사람들을 잘 알지도 못하면서 매력이 없다고 단정하고, 다시는 상종할 가치도 없는 사람으로 여긴다. 만약 당신이 이들에게 단 한 번만이라도 기회를 준다면, 비록 이들이 우스꽝스런 수염에 허튼 미소를 짓긴 하지만 사랑스러운 매력의 소유자라는 것을 알게 될 텐데 말이다. 여기서 할리우드 영화의 로망을 산산이 깨부수는 위험이 따를지라도 다음과 같이 덧붙이려 한다. 결국 이러한 이야기 구조는 결정하기 힘들어하는 트렌드 때문에 발생하는 기회비용과 부정적인 측면에 대해 다음과 같은 하나의 교훈을 전달한다.

영화 속 외딴 섬은 우리가 현실 속에서 익숙해진 수많은 가능성들을 단번에 사라지게 만든 장소다. 이제 그와 그녀뿐이나. 이늘은 달아날 수도 없고, 교환의 기회도 없다. 이들은 다음과 같이 생각할 것이다. 맙소사, 그렇게 많던 사람들, 그렇게 많던 가능성들, 이 모든 게 어디로 갔단 말인가? 내가 정말 이 사람과 단 둘이 살아야만 하는가?

이렇게 외딴 섬은 선택지가 많은 우리의 세상과는 정반대의 조건을 드러낸다. 선택지가 많을 때 우리는 조금만 상황이 뒤틀려도 우리의 여건을 의심하고 재빨리 대안을(이 경우는 새로운 짝을) 찾으려 한다. 그렇게 하지 못할 이유가 어디 있겠는가? 우리에게 조금 더 어울리는 사람이 어디엔가 있다는 것은 확률

게임에 불과하다. 조금만 더 찾기만 하면 된다. 전진!

하지만 이 외딴 섬에서는 더 이상 갈 곳이 없다. 이제 우리가 처한 상황을 개선하려면, 다른 전략을 구사할 수밖에 없다. 불필요하기에 손에서 놓았던 수단을 다시 잡아야 한다. 이리저리 돌아다니며 바깥세상과 교류하는 대신, 이 대안 없는 섬에서 내면세계를 깊숙이 파고들며 우리의 태도를 바꾸어야 한다.

떠날 수 없을 때 발생하는 효과와 교환이 배제될 때 일어나는 효과는 할리우드 영화나 통속소설에만 있는 것이 아니다. 실험연구에서도 명백히 입증되고 있다. 미국 하버드 대학의 심리학자 대니얼 길버트는 사진 수업을 듣는 학생들을 대상으로 연구를 수행했다. 학생들은 개인적으로 의미 있는 인물과 사물을 찍은 다음 연구진에게 사진 12장을 제출했다. 교수는 개인교습 시간에 학생들에게 그들이 찍은 사진 가운데 자신이 가장 좋아하는 사진 2장을 골라 인화하는 방법을 알려주었다. 사진을 인화한 후, 교수는 학생들에게 사진 2장 가운데 하나는 가져갈 수 있고, 나머지 하나는 '실습 기록용'으로 문서실에 보관해야 한다고 말해주었다.

이후 개인교습 수업은 두 가지 방식으로 진행되었다. 수업1에서는 학생들이 가져갈 사진을 한 장 고르고 나면 절대 바꿀 수 없었다. 왜냐하면 교수가 나머지 한 장의 사진을 문서실로 보내야 한다며 곧바로 봉투에 넣어버렸기 때문이다. 수업2에서도 마찬가지로 교수가 나머지 사진을 봉투에 넣긴 했지만, 학생들에게 이렇게 말했다.

"내 말 잘 들어, 이 봉투는 5일 후에 문서실로 보낼 거야. 그때까지 마음이 바뀌면 언제든 사진을 바꿀 수 있어."

학생들에게 이 두 수업 중에서 어떤 수업이 더 마음에 드는지 물었다. 학생들은 압도적으로 수업2를 선호했다. 여기서도 알 수 있듯이, 우리는 교환 가능성이 많아 선택과 기회의 폭이 넓은 경우를 더 선호한다. 하지만 학생들은 자신들의 의사와 상관없이 무작위로 각 수업에 배치되었다.

며칠 후 학생들에게 자신이 고른 사진에 대해 얼마나 만족하는지 물었다. 그러자 매우 중요한 차이가 드러났다. 교환 가능성이 없는 수업1에 참석한 학생들이 교환 가능성이 있는 수업2에 참석한 학생들보다 자신이 고른 사진을 더 좋아했다. 교환 가능성 자체가 잠정 선택한 사진을 비판적으로 바라보게 만들어 그만큼의 가치를 떨어뜨린 것이다. 반면 교환 가능성이 없는 수업에 참석한 학생들은 자신들이 고른 사진에 만족하는 듯 보였다.

그로부터 일주일이 지난 후, 모든 사진들을 문서실로 보내 더 이상 사진을 교환할 수 없게 된 시점에서도 그 결과는 변함 없었다. 수업1에 참석한 학생들은 자신들이 고른 사진을 여전히 좋아하는 모습을 보인 반면, 수업2에 참석한 학생들은 사진을 교환할 수 있다는 그 가능성 때문에 오히려 자신들이 고른 사진을 평가절하하는 모습을 보였다.[1]

이 연구를 진행한 대니얼 길버트 교수는 다음과 같은 결론을 내렸다.

"지금 우리가 겪고 있는 경험이 우리가 원하는 경험이 아닐 때, 우리가 가장 먼저 하는 일은 밖으로 나가 다른 경험을 구하는 것이다. 만족스럽지 못한 렌터카는 되돌려주고, 질이 떨어지는 호텔은 체크아웃 해버리며, 다른 이들 앞에서 코를 후비는 사람과는 더 이상 같이 다니지 않는 선택을 하는 것이다. 우리는 경험을 바꿀 기회가 없는 경우에만 그 경험을 바라보는 우리의 관점을 바꿀 방법을 찾는다. 그래서 우리는 덜컹대는 오래된 자동차와 수년간 보유해온 낡은 별장, 그리고 코 후비기를 지나치게 좋아하는 증조부를 사랑한다. 우리는 오직 우리가 희망을 찾아야 할 때만 희망을 발견하려고 한다. 건강 검진 결과 위험요인이 있다고 나오면 오히려 행복감이 증가한다. 그러나 검사 결과가 어느 방향으로든 확실하지 않을 때는 행복감이 증가하지 않는다. 운명을 피할 수 없을 때, 도망칠 수 없을 때 그리고 취소할 수 없을 때, 비로소 우리는 우리의 운명에서 긍정적인 면을 발견하고자 한다. […] 결정을 변경할 가능성이 열려 있을 때에는 이익을 얻음과 동시에 그 대가도 치러야 한다. 교환할 수 있는 옵션이 없는 소형차를 산 소비자는 그 차에 대한 긍정적인 관점을 만들어낸다. '와! 이거 정말 제트 전투기 같은 느낌이군.' 그러나 환불조항이 포함된 계약을 맺은 소비자는 그렇게 하지 않는다. '이 차 정말 좁네. 그냥 환불하는 것이 낫겠군.' 교환 가능성이 없는 차 주인은 그 차의 장점만 보고 결점은 지나쳐버리는 마음의 조작을 통해 큰 만족을 느끼고자 한다. 하지만 언제라도 환불할 가능성이 있는 구매자는 새로 산 차를 더 비판적으로 바라보게 되고, 그 차를 계속 소유할지 말지를 결정해야 한다는 이유로 단점에 특별한 주의를 기울이게 된다. 그런 면에서 자유에 이익과 대가가 모두 있다는 점은 명백하다."[2]

우리는 선택지가 무한히 존재하는 세계에서 항상 모든 것을 열어두려고 한다. 오늘날 특히 남녀 문제에서는 가능한 한 오랫동안 구속받지 않으려 한다. 우리가 결혼하기로 결정할지라도 이제 결혼은 더 이상 돌이키지 못하는 구속이 아니다. 이전 세대들은 한번 관계를 맺으면 사이가 나빠져도 이 세상을 떠날 때까지 유지해야 한다는 사회의 구속을 따랐다. 하지만 이제는 더 이상 그런 구속을 따를 필요가 없어졌다. 그만큼 자유로운 사회가 된 것이다.

그런데 이러한 자유는 동시에 애정관계에서의 불확실성을 초래한다. 오늘날 한번 맺은 관계에 온전히 헌신하려고 하는 사람이 있는가? 이 관계는 아무런 이유 없이 언제든 철회할 수 있다. 이런 조건하에서 도대체 누가 자신이 가진 모든 것을 주려고 하겠는가? 우리는 자신을 완전히 열고 헌신하는 대신, 지나친 투자와 과도한 양보, 고통스런 희생을 하지 않는다. 자신을 완전히 열고 헌신하는 것, 다시 말해 불확실성과 구속성을 끌어안는 것이 짝과 보다 밀접한 관계를 이룰 수 있는 길인데도 말이다.

이러한 도약을 감행할 때 비로소 우리의 심리가 가진 놀라운 능력이 제대로 발휘될 수 있다. 잔을 보고 반이 비어 있다고 생각하지 않고 반이 차 있다고 생각하는 능력 말이다. 이 잔이 우리의 잔이 되고 그것을 더 많이 차 있는 잔과 교환할 수 없을 때, 우리의 심리는 내적인 미화 프로그램을 작동시킨다. 하지만 이러한 과정은 무의식적으로 펼쳐지기 때문에 우리는 이를 과소평가하고 그 실현 가능성을 믿지 않는다. 그래서 이 과정이 펼쳐질 기회를 부여하지 않는 것이다. 결정을 철회할 여지를 주지 않으면 그 결정으로 행복해질 수 있는데도, 항상 빠져나갈 뒷문을 열어놓는 데만 혈안이 되어 있는 것이다.

:: **어떤 것도 포기할 수 없어**

성공은 원하는 것을 얻는 것이고, 행복은 얻은 것을 원하는 것이다.
속담

나방을 떠올려보자. 나방은 밤에 어둠 속에서 짝을 찾거나 먹이를 찾기 위해 날아다닌다. 이렇게 함으로써 나방은 외롭지도 않고 배도 고프지 않게 된다. 어두운 공간을 날기 위해 나방은 외부에 있는 가장 강한 광원, 즉 달에 맞춰 방향을 잡는다. 비교적 먼 거리를 날고자 할 때는 다음과 같은 간단한 규칙을 따르기만 하면 된다. 곧장 앞만 보고 달빛이 어디에서 오는지를 파악하라. 파악이 끝나면 날갯짓을 시작하고 광선이 너의 눈에 항상 동일한 각도로 들어오도록 유의하라. 각이 바뀌면 비행방향을 수정해 다시 온전한 비행코스를 타라.

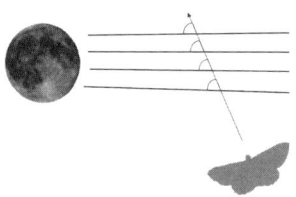

나방의 비행술 1

나방의 이러한 비행전략은 수천 년 동안 아무런 문제 없이 작동해왔다. 그런데 인간이 등장해 지구에 조명을 설치해 밤을 낮으로 만들어버린 것이다. 가로등 또는 캠핑램프는 달보다 더 밝을 뿐만 아니라 나방의 지척까지 비추기 시작했다. 이 광선은 약 38만 킬로미터나 떨어져 있는 달의 광선처럼 평행하게 비추는 것이 아니라 바퀴의 살이 축을 중심으로 펼쳐지듯이 광원을 중심으로 퍼져 나간다.

나방이 재래식 항해전략을 고수한다면, 하늘을 어지럽히는 수많은 인공 빛으로 인해 혼란에 빠질 것이다. 나방이 날면서 땅에서 비추고 있는 광원 중의 하나에 각도를 맞추려 하면 항상 비행코스를 수정해야 한다. 따라서 나방은 점점 광원에 가깝게 접근하며 나선을 그리다가 결국 광원 속으로 빠져든다.³

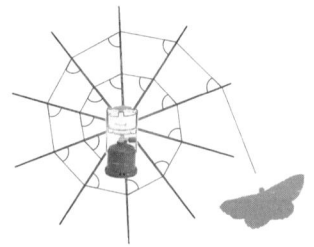

나방의 비행술 2

여기 한 사람이 있다고 가정해보자. 이 사람은 짝을 찾을 때 괜찮은 대상이 나타나도 만족하지 않는다. 이 사람은 까다롭고 요구조건이 많다. 그래서 계속 기다리며 어떤 대상이 레이더에 걸리면 이리저리 따져본 후, 이에 만족하지 않고 또다시 다른 후보자들을 찾아 나서는 과정을 되풀이한다. 이 사람은 전체를 다 만나보고 나서야 가장 마음에 드는 최상의 대상을 결정할 것이다. 주변 환경이 자신에게 제한된 가능성을 제공하는 한, 최상의 짝을 찾기 위해 인터넷 접속을 하는 수백만 명의 싱글이 없어지지 않는 한, 나방과 마찬가지로 탁월한 전략을 구사하는 셈이다.

이 사람 앞에 10명의 상대가 있을 때에는 모두를 따져보고 선택할 수 있다. 앞에 100명의 상대가 있을 때, 선택은 아주 힘들어지지만 두통을 감수할 능력만 있다면 그래도 해볼 만한 일이다. 하지만 10명 또는 100명이 아니라 수천 명이 주어진다면 어떤 일이 일어날까? 이 엄청난 선택 과정 앞에서 머리를 싸매다가 좌절하거나 우울증에 빠져 미쳐버리는 일이 발생하지 않겠는가? 이 상황에서 최상의 선택지를 찾는 일이 가능하기는 하겠는가? 아마 제대로 된 판단을 하기가 어려울 것이다.

이 사람은 다음과 같은 딜레마에 빠진다. 우선 기존 전략을 고수하며 결정하기 전 모든 가능성을 검토해본다. 하지만 이때 기본적으로 자신의 요구조건에 맞는 선택을 할 수 없다는 위험을 감수해야 한다. 또 다른 경우는 자신의 전략을 바꿔, 스스로 완벽주의를 포기하는 것이다. 항상 최상을 추구할 경우 어떠한 대가를 치러야 한다는 것을 깨닫고 객관적으로 최상이 아니라도 충분히 좋은 것에 만족한다.

당신이 이 두 전략 중에서 어떤 것을 취해야 할지는 이미 어느 정도 예감했을 것이다. 하지만 확신이 서지 않는다면 간단한 자가 테스트를 해볼 수 있다. 다음과 같은 13개의 항목을 읽고 1점(이 내용에 전혀 동의하지 않는다)에서 7점(완전히 동의한다)까지 점수를 매겨보자.

1 나는 선택에 직면할 때마다 그 밖의 모든 가능성들을 생각하면서 그 시점에 존재하지 않는 것까지도 상상하려고 애쓴다.

2 나는 내 직업에 아무리 만족해도 더 좋은 기회를 찾으려고 애쓴다.

3 나는 자동차를 운전하면서 라디오를 들을 때, 그런대로 만족해도 종종 더 좋은 방송이 있는지 알아보기 위해 다른 방송을 틀어본다.

4 나는 TV를 볼 때 종종 특정 프로그램을 보는 경우에도 채널을 돌리면서 다른 대안을 찾으려고 한다.

5 나는 짝을 찾는 일을 옷을 사는 것과 같이 여긴다. 많은 사람을 만나보고 나서 완벽하게 맞는 사람을 고르려고 한다.

6 나는 종종 친구에게 줄 선물을 고르는 데 애를 먹는다.

7 DVD를 고르는 것은 정말 힘든 일이다. 나는 늘 대여점에서 가장 좋은 것을 찾으려고 무척 애를 쓴다.

8 쇼핑을 할 때 내 마음에 꼭 드는 옷을 찾는 데 어려움을 느낀다.

9 나는 무언가의 순위 매기기를 매우 좋아한다. 이를테면 최고의 영화, 최고의 가수, 최고의 운동선수, 최고의 소설 같은 것이다.

10 나는 친구에게 편지를 쓸 때도 적합한 단어를 고르느라 무척 애를 먹는다. 종종 간단한 글도 몇 번이나 초안을 작성한다.

11 나는 무엇을 하건 가장 높은 기준을 적용한다.

12 나는 결코 차선에 만족하지 않는다.

13 나는 종종 현재의 생활과 전혀 다른 방식의 삶을 꿈꾼다.

자, 점수를 모두 매겼는가? 그렇다면 점수를 모두 합한 다음, 13으로 나누어보자. 이 값이 바로 당신의 개인적인 완벽주의 수준이다. 이 설문지를 개발한 연구자는 앞에서 언급한 바 있는 미국의 사회심리학자 배리 슈워츠다. 그는 이 연구에서 완벽주의 수준이라는 말 대신 '극대화 수준'이라는 표현을 사용한다. 수천 명의 사람들에게 이 설문지를 돌린 결과는 다음과 같다. 약 3분의 1은 3.25에서 4.75의 점수가 나왔고, 또 다른 3분의 1은 4.75 이상이었는데, 이들은 '극대화자'에 속한다. 나머지 3분의 1은 3.25 이하로 '만족자'에 속한다. 우리들 중의 약 10퍼센트는 각각 극단적인 극대화자(5.5 이상)이거나 이와 반대로 정도가 심한 만족자(2.5 이하)다.[4]

극대화자와 만족자는 몇 가지 주요한 특징을 통해 구분할 수 있다. 극대화자의 결정적인 특징은 항상 최고를 고집한다는 점이다. 극대화자는 최고의 직업, 최고의 짝, 최고의 텔레비전을 찾는다(그는 앞으로 출시될 최신, 최고 사양 모델의 텔레비전을 기다린다). 그는 아침에 일어나 최고의 에스프레소 커피머신으로 끓인 최고 품질의 커피를 마시고, 저녁에는 최적의 상태로 휴식을 취하기 위해 최고의 영화를 본 다음, 최적의 꿈을 기대하며 잠자리에 든다. 극대화자와 만족자의 전형적인 차이점은 다음과 같다.[5]

최근 캐나다 밴쿠버 대학의 연구자들은 두 곳의 아이스크림 가게 앞에서 극대화자를 식별하는 설문지를 돌렸다. 한 아이스크림 가게는 사람들이 매우 붐비는 도심에 위치하고 있었고, 약 20종류의 아이스크림을 판매했다. 다른 아이스크림 가게는 도심에서 멀리 떨어진 공단 지역에 위치해 있었다. 이 가게를 찾아가려면 직접 자동차를 타고 가야만 했다. 대신 이 가게에서는 200종류의 아이스크림을 판매했다. 아이스크림의 극대화자들에게는 천국과도 같은 가게인 셈이다.

하지만 실제 연구 결과는 정반대였다. 연구자들은 두 가게

극대화자	만족자
• 전부all 아니면 전무nothing의 사고방식을 가지고 있다. 즉 최고의 것을 가질 수 없다면, 차라리 아무것도 가지지 않는다(이러한 사고방식은 결정을 미루는 데 큰 기여를 한다).	• 삶에서 항상 최고의 것을 얻을 수는 없으며 매우 좋은 것으로도 아주 잘살 수 있다는 사실을 내면화하는 현실주의자다.
• 소비자 테스트 결과를 꼼꼼하게 살펴보고, 수많은 제품을 비교·검토해본 후에야 제품을 선택한다. 제아무리 인내심이 있는 판매자라도 혀를 내두르게 하며 좌절감에 빠뜨린다.	• 끝없이 탐색하고 지칠 때까지 정보를 찾아 나서는 것은 고비용이 수반되며 이익에 도움이 되지 않는다는 사실을 고려한다.
• 오랜 시간 고르고, 결국에는 주변 사람들이 모두 탈진한 후에야 최고의 것을 찾는다.	• 자신이 세운 기준에 일치하는 것을 찾을 때까지만 탐색한다.
• 수많은 고생 끝에 결정을 내리고 나서도 다른 곳에 더 좋은 것이 있을지도 모른다고 끊임없이 의심한다(모든 가능성을 검토할 수 없음을 원망한다).	• 자신의 기준이 충족되면 결정한 후에 의심하는 경우는 없다.
• 철저한 탐색을 거쳤으므로 객관적으로 볼 때는 성공 가능성이 많지만 늘 불만에 차 있다.	• 극대화자와 비교하면 항상 객관적이지는 않고 주관적이긴 하지만 상대적으로 더 나은 결과를 얻는다.

앞에서 아이스크림을 사먹는 사람들에게 자신들이 먹고 있는 아이스크림에 얼마나 만족하는지를 물었다. 마찬가지로 1점에서 7점까지 점수로 표시하도록 요청했다. 예상했던 대로 도심에서 멀리 떨어진 아이스크림 가게에는 비교적 많은 아이스크림 극대화자들이 모여들었다. 완벽한 아이스크림을 맛보려는 욕심이 이곳까지 찾아오게 만든 것이다. 하지만 아이러니하게도 이들은 쉽게 찾아갈 수 있는 도심에 위치한 아이스크림 가게를 찾아간 극대화자들보다 (어떤 이유에서건) 덜 만족스러워했다. 반대로 만족자들에게는 큰 차이가 없었다. 만족자들은 어떤 경우건 아이스크림에 매우 만족했다. 다시 말해, 아이스크림의 종류가 많고 적고는 아무런 영향을 미치지 않았다.

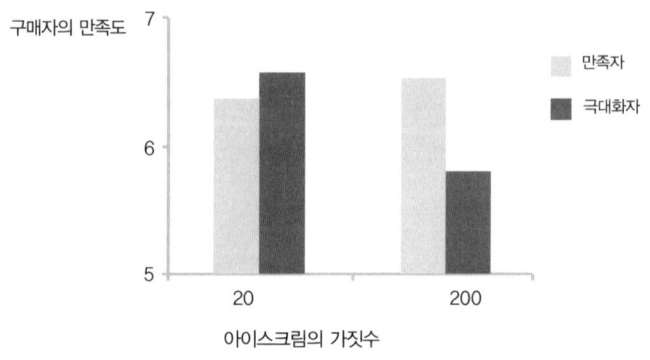

현대사회가 나방에 미친 영향과 마찬가지로, 선택지가 많은 것이 극대화자들에게는 오히려 재난을 초래한 것처럼 보인다. 완벽주의 성향을 보이는 사람은 엄청나게 많은 선택지의 유혹을 뿌리치지 못한다. 이러한 선택지는 최대의 기쁨을 약속하지만, 결국에는 좌절감을 낳을 뿐이다. 이러한 극대화 충동에 무작정 따르지 않을 때 오히려 만족도가 높아진다는 사실을 알아야 한다.[6]

또 다른 연구는 11개 대학 학생 500여 명이 직장을 찾는 과정을 추적했다. 모든 학생들이 극대화자 설문지에 답했는데, 이들 모두는 졸업을 앞두고 직장을 찾고 있는 상황이었다. 으레 그렇듯 학생들 중 극대화자들은 엄청나게 많은 회사에 입사지원서를 보냈다. 심지어 1,000장이 넘는 입사지원서를 보낸 경우도 있었다. 반면 학생들 중 만족자들은 정반대의 모습을 보였다. 심지어 단 한 장의 입사지원서를 보낸 경우도 많았다.

몇 달 후, 어떤 변화가 있었는지를 알아보기 위해 학생들을 다시 만났다. 극대화자들은 상당히 좋은 위치에 있었다. 극대화자들의 초봉은 만족자들의 초봉보다 평균 20퍼센트가 많았다. 하지만 이러한 객관적인 성공은 주관적인 만족으로 이어지지 못했다. 또 다른 테스트를 통해 드러났듯이, 극대화자들은 구직 과정을 거치면서 만족자들보다 더 비관적이었고 더 스트레스를 받았으며 걱정과 불안으로 우울증 증세까지 보이는 경우도 많았다. 결국 구직 결과에 대한 만족도도 만족자들보다 더 낮았다.[7]

:: 자유는 그 자체로 독을 가지고 있다

이 마지막 연구를 통해 극대화자가 만족자보다 더 힘들고 험난한 과정을 겪지만, 노력에 대한 대가로 더 많은 것을 얻는다는 사실이 드러났다. 오랫동안 탐색하는 자가 좋은 결과를 얻게 될 확률이 높아지는 것은 어쩌면 당연하다. 경우에 따라서는 정말 더 맛있는 아이스크림과 더 나은 직장을 얻을 수도 있다. 하지만 항상, 그리고 반드시 이런 결과가 나온다고는 보장할 수 없다. 또한 삶의 영역에 존재하는 나름의 법칙과 규칙으로 인해 극대화자의 전략이 단점을 초래할 수도 있다. 이를테면 애정 생활이 그렇다.

애정 생활을 살펴보기 전에, 우선 에스프레소 커피머신의 예를 들어보겠다. 우리가 에스프레소 커피머신을 구입하기 전에 결정을 망설이며 여러 회사 제품을 조목조목 비교해보고 성능을 따져보는 것은 아무런 문제가 되지 않는다. 구매한 다음에 후회하거나 더 나은 새 모델을 샀더라면 하는 마음이 든다 해도 에스프레소 커피머신은 개의치 않은 채 여전히 위풍당당한 모습으로 진열대 위에 놓여 있을 뿐이다. 새로 채용한 신입사원이 입사하기 전에 결정을 망설여도 기분 나빠하지 않는, 아니 오히려 그 사원의 야심과 욕망을 존중해주는 고용주처럼 말이다.

하지만 짝의 경우는 어떨까? 내 친구 에벨린의 경우가 떠오른다. 이전에 나는 내 여자친구, 에벨린, 그리고 그녀의 남자친구 마르크와 함께 밤늦게까지 포커를 치곤 했다. 하지만 이제 더 이상 그런 시간을 가질 수 없다. 에벨린과 마르크가 헤어졌기 때문이다.

두 사람은 삶에 대한 가치관이 전혀 달랐다. 마르크가 성실하고 가정적인 반면, 에벨린은 항상 '더 많이' 추구하고 또 추구했다. 마르크와 에벨린은 20대 초반 아주 어린 나이에 연인이 됐다. 내가 아는 한 마르크는 항상 에벨린에게 만족했다. 비록 티격태격 다투기는 해도 두 사람의 관계 자체를 의심하지는 않았다. 하지만 에벨린의 경우는 달랐다. 그녀는 마르크에게 만족하지 못하고 있다는 인상을 종종 내비쳤다. 그녀는 마르크와 너무 일찍 사귐으로써 많은 경험을 포기해야 했다고 말했다. 그리고 '오직 그'만 바라보고 있는 것보다는 새로운 일에

도전해보려는 의욕에 더 불탔다.

에벨린은 늘 뭔가 특별한 일을 하고자 했는데, 한 예로 모델이 돼서 유명해지고 싶어했다. 그녀는 원하던 대로 유명한 모델은 되지 못했지만, 여성잡지의 저널리스트가 되었고 잠시나마 배우와 가수로 활동하기도 했다. 마르크는 이런 여자친구의 모습을 지켜보며 큰 자부심을 느꼈고 주변 사람들에게 자랑을 일삼을 만큼 뿌듯해했다. 하지만 에벨린은 이 역시도 만족하지 못했다. 세월이 지나면서 자신이 거둔 성과가 성에 차지 않자 조바심을 내며 화를 냈고 점점 외골수가 되어갔다. 그리고 이는 마르크를 지치게 하는 원인이 되었다.

세월이 흘러 어느덧 두 사람은 30대 초반이 되었다. 어느 날 마르크는 에벨린에게 함께 살 집을 장만하자고 제안했다. 그러나 이때도 그녀는 완강히 거부했고, 이 일은 마르크가 그동안 참고 참았던 불만을 한꺼번에 터뜨리는 계기가 되었다. 마르크는 실망과 좌절감에 휩싸였고 결국 두 사람의 관계는 끝나고 말았다. 이것이 2년 전의 일이다. 그사이 마르크는 새 여자친구를 사귀었고 현재 그녀와의 결혼을 앞두고 있다.

에벨린은 어떻게 되었을까? 그녀의 삶은 여전히 탐색과 혼란의 연속이었다. 그녀는 두어 번 남자친구를 사귀었지만 마르크에 대한 감정이 여전히 남아 있었다. 그녀는 마르크에게 이메일과 편지를 보냈고 마르크를 찾아가 자신에게 다시 한 번만 기회를 달라며 간청하기까지 했다. 하지만 마르크는 더 이상 그녀를 받아들일 수 없었다. 그는 구속받지 않으려는 에벨린의 태도에 진저리를 쳤다. 아무리 노력해도 그녀를 만족시켜줄 수 없는 현실을 더 이상 감당해낼 자신이 없다고 했다.

물론 두 사람의 관계가 앞으로 어떻게 될지는 알 수 없다. 나는 에벨린이 간절하게 소망하는 바가 이루어지기를 바란다. 멋진 남자친구가 생기는 것도 나쁘지 않을 것이다. 하지만 현재로선 만족을 모른 채 분주하게 탐색하고 추구하는 그녀가, 느긋한 마르크보다 더 낫다고 말할 수 없을 정도로 실망스런 결과와 맞닥뜨린 것이 사실이다.

연구 결과를 놓고 보면, 극대화자들은 만족자들보다 주관적으로 더 큰 어려움을 겪는다. 적어도 극대화자들이 객관적으로나마 더 나은 처지가 된다면, 불균형을 상쇄시킬 정의가 실현된다고 말할 수 있을지도 모른다. 하지만 항상 이런 결과가 만들어지지는 않는다. 특히 성취 같은 것이 중요하지 않은 삶의 영역에서는 오히려 반대의 경우가 더 흔하다. 극대화자들은 완벽주의 성향 때문에 주관적으로뿐만 아니라 객관적으로도 더 나쁜 처지에 빠지게 된다.

에벨린의 사례에서 보듯, 오늘날의 삶이 제공하는 자유와 많은 선택지는 사람들이 흔히 생각하는 것처럼 그렇게 단순한 문제가 아님을 알 수 있다. 특히 극대화자의 경우는 더더욱 그렇다. 사람들이 생각하듯, 가능성이 많다는 것도 단순히 이용할 선택지가 많다는 것만을 뜻하지는 않는다. 자유가 단순히 우리를 자유롭게만 할 뿐 그 밖에 아무 문제가 되지 않을 거라는 생각은 이제 버려야 한다.

앞에서 살펴보았듯, 자유는 그 자체로 독을 가지고 있다. 많은 가능성은 우리를 해방시키지만 동시에 압박하기도 한다. 많은 가능성은 우리에게 그 가능성들을 이용할 것을 요구한다. 이런 요구를 따르지 않는 자, 너무 일찍 인생 행로나 짝을 결정해버려 많은 대안을 내팽개친 자는 기회비용이라는 대가를 치러야만 한다. 역으로 끊임없이 탐색하며 결정을 미루고, 항상 찾기만 하는 자는 결국 빈털터리 신세로 외로운 처지에 빠져들고 만다.

:: 친밀한 관계가 불러오는 힘

극대화자와 완벽주의자들이 좀 더 여유로운 자세를 취한다면 전반적으로 상황이 좋아질 수 있다는 것은 이제 분명해졌다.

하지만 아직도 분명하지 않은 점은 어떻게 이러한 여유를 찾을 것인가다. 이 문제는 매우 중요하다. 쉽게 말할 수 있는 지침은 다음의 세 가지다.

- **첫 번째 지침** | 진정으로 당신이 원하는 것을 찾아라. 이렇게 하면 당신은 선택지가 많아도 아무런 어려움을 느끼지 않는다. 왜냐하면 수많은 선택지들이 있어도 당신의 머리나 가슴에서 시키는 대로 줄여나갈 수 있기 때문이다(자신이 어떤 책을 원하는지만 정확하게 안다면, 아마존 서점은 축복과도 같은 곳이다. 아마존이 제공하는 450만 종의 책도 아무런 문제가 되지 않는다).

- **두 번째 지침** | 쇼핑할 때 2곳 이상의 가게에 들르지 마라. 이렇게 하면 스트레스도 줄일 수 있고, 인기 있는 드라마의 마지막 회를 볼 시간도 얻을 수 있다.

- **세 번째 지침** | 최종 결정을 하고 선택한 후에는 의심을 품지 마라. 어떤 대안이라도 찬반 의견은 있을 수 있다. 그리고 이미 내린 결정에 후회하면 다른 결정에도 그 여파가 전해질 수 있다.

좋은 지침들이다. 그런데 이런 지침들이 안고 있는 문제는 이들이 틀릴 수도 있다는 것이 아니라 적용 가능한가의 여부, 정확하게 말해 적용 불가능성에 있다.

- **첫 번째 지침** | 그렇다. 내가 스스로 원하는 것을 항상 잘 알고 있다면 그건 정말 좋은 일이다. 하지만 문제는 수많은 가능성과 선택지 중에서 어떻게 내가 원하는 것을 찾을 수 있는가다.

- **두 번째 지침** | 여자친구가 신발을 살 때 내가 조언하는 것이 도움이 되겠는가? 내 조언이 그녀 마음에 들까? 그럴 것 같지 않다. 아니, 그럴 가능성이 거의 없다. 그녀가 내 조언에 따를까? 마찬가지로 그럴 것 같지 않다.

- **세 번째 지침** | 나는 선택한 다음에 의심을 품거나 후회하고 싶지는 않다. 나는 지금 여기에 충실하고 싶고 불필요한 걱정에 끊임없이 시달리고 싶지도 않다. 하지만 유감스럽게도 나는 생각과 감정을 완전히 통제할 수 있는 불교 승려가 아니다. 의심과 후회가 좋지 않다는 것은 알지만 어떻게 해볼 도리가 없다. 나는 많은 가능성들을 내팽개칠 수 없다. 심지어 내가 달에 가 있더라도 마찬가지일 것이다. 내가 달에 홀로 앉아서 지구

를 바라보고 있다고 가정해보면, 달에서 살기로 한 선택은 수많은 생활방식 중 하나일 뿐이지 가장 멋진 것은 아니라고 생각할지도 모른다.

다시 말해 수많은 선택지가 주어질 때, 이런 지침들을 어떻게 적용하느냐가 문제다. 이건 정말 어려운 일이다. 이 문제는 너무도 복잡하고 중요해서 몇 가지 단순한 지침으로는 해결할 수 없다. 아마도 이 문제에 대한 해결의 실마리를 찾고자 한다면 정공법으로 대처하기보다는 간접적으로, 다시 말해 뒷문을 통해 접근하는 것이 바람직할지도 모른다.

예를 들어 나의 극대화 수준은 4.8이지만, 내 여자친구가 곁에 있다면 3.9로 내려갈 수 있다. 어느 날 내가 저녁에 혼자 집에 있을 때 기회비용을 낮추기 위해 채널을 용의주도하게 돌려 2개의 TV 방송을 동시에 보려 한다고 가정해보자(극대화 설문지 문항4 참고). 이것은 내 여자친구가 있을 때는 감히 하지 못하는 행동이다. 채널을 돌렸다가는 그녀의 분노를 감당해낼 방법이 없기 때문이다. 따라서 TV 시청은 여자친구가 있을 때 오히려 더 만족스러워진다. 채널을 돌리는 것이 결국 내게도 번거로운 일이었던 것이다.

자동차 운전을 하면서 라디오를 들을 때에도(극대화 설문지 문항3 참고), 백화점에 가서 옷을 살 때에도(극대화 설문지 문항8 참고), 혼자 이 일을 처리해야 한다면 나는 진땀을 흘리다가 끝내는 패닉 상태에 빠져버리고 말 것이다. 하지만 이때 내 여자친구나 여동생이 훈수를 둔다면?

"그건 네게 잘 어울려. 그걸로 사!"

이건 마치 구매 명령과 다를 바가 없다.

"오케이!"

이제 당신은 내가 무슨 말을 하려는지 알아차렸을 것이다. 나는 인간관계가 우리에게 만족을 준다는 사실을 말하고자 한다. 파트너십, 우정, 결혼, 가족, 자녀 등 모든 친밀한 관계가 이에 해당된다. 동시에 이러한 모든 관계는 우리의 자유를 제한한다. 결혼해서 자녀가 있는 사람일 경우, 싱글 동료와 함께 밤늦게까지 귀가하지 않은 채 자신이 원하는 일을 마음대로 할 수는 없다. 그럼에도 우리는 대개 이러한 제한을 기꺼이 감수한다. 왜냐하면 관계가 없는 삶은 외롭고 쓸쓸하며, 관계를 통해 더 행복해진다는 사실을 잘 알고 있기 때문이다. 우리는 '제한된 자유'를, 홀로 외로운 삶을 살아가지 않아도 되는 데 대한 대가로 받아들인다.

하지만 우리가 이러한 관계로 인해 힘든 상황에 처한다면 어떻게 할 것인가? 이와 반대로 우리의 친밀한 관계와 유대가 우리를 제한함에도 불구하고, 아니 제한하기 때문에, 즉 수많은 가능성 속에서 길을 잃지 않도록 우리를 지켜주기 때문에 우리에게 도움이 된다면?[8]

　극단적인 예로 사랑에 빠진 경우를 살펴보자. 열렬하게 사랑을 하는 사람은, 비록 당사자는 느끼지 못하지만 자유가 강하게 제한된다. 이런 사람은 연인과 항상 함께 있고 싶어한다. 그렇지 않으면 불안해하고 초조해한다. 연인이 단 몇 초라도 냉담한 태도를 보이면 우울증에 빠질 수도 있다. 사랑에 빠진 사람은 연인의 행동에 완전히 종속되며 자유와는 거리가 먼 상태에 처한다. 그러나 연인과의 관계가 순조롭다면 마술적인 일이 생긴다. 모든 기회비용은 0 상태로 떨어지고 다른 모든 것이 의미를 잃으며 연인과 함께 있는 것 이외에는 가고 싶은 곳도, 필요한 것도 없게 된다. 그야말로 완전한 행복이 실현되는 것이다.

　사랑에 빠지는 것은 극단적인 경우이긴 하지만 유일한 예외는 아니다. 자녀도 이와 마찬가지로 중요한 대상이며, 자녀 앞에서는 다른 모든 것이 의미와 무게를 잃는다. 결국 이런 현상은 약화된 형태로나마 우리가 중요하게 생각하는 모든 관계에 적용된다. 모든 유대관계는 다소 우리를 제한하기는 하지만 마음의 평화에 기여한다. 우리가 맺는 유대는 수많은 가능성의 세계에서 정말로 중요한 것과 그렇지 않은 것을 결정하는 데 도움을 주기 때문에 우리 삶의 버팀목이 된다.[9]

친구들은 금요일 밤마다 바비큐 파티와 같은 유대감을 쌓기 위한 모임을 연다. 복잡하고 화려한 도시가 제공하는 수많은 유혹들 속에서 '이번에는 무엇을 해야 하는가'라는 고민을 덜어주는 유쾌한 보너스와도 같다. 이러한 시각에서 보면 인간관계와 유대는 제한에 의한 해방감을 안겨주기도 한다. 수많은 선택지를 취사선택해서 우리가 감당할 수 있는 정도로 줄여줌으로써 결정의 부담을 덜어주는 역할을 하는 것이다. 요컨대 친밀한 관계와 유대는 삶의 활력소가 될 뿐만 아니라 선택지가 넘치는 사회에서 우리의 처신을 도와주는 효과적인 수단이 될 수도 있다. 따라서 우리는 이러한 친밀한 관계를 맺고 유지하는 데 온 힘을 기울일 필요가 있다.

앞에서 살펴본 결혼 통계와 출산율에서 드러나듯이, 점점 친밀한 유대와는 거리가 먼 정반대의 현상이 벌어지고 있다. 우리는 유대와 결속은 점점 회피하면서 독립과 가능성만을 극대화하고자 한다. 커리어를 쌓는 일에만 혈안이 되어 있고, 돈을 모으는 일에만 집중하고 있다. 결과는 악순환의 연속이다. 이 악순환은 저절로 강화되어 우리를 점점 더 고립된 단독자로 만든다. 왜냐하면 돈은 우리를 주변 사람들로부터 멀어지게 만드는 힘이 있기 때문이다. 돈은 유대를 해체하고 우리를 외롭게 하는 경향이 있다. 이 점에 대해서는 다음 장에서 살펴볼 것이다.

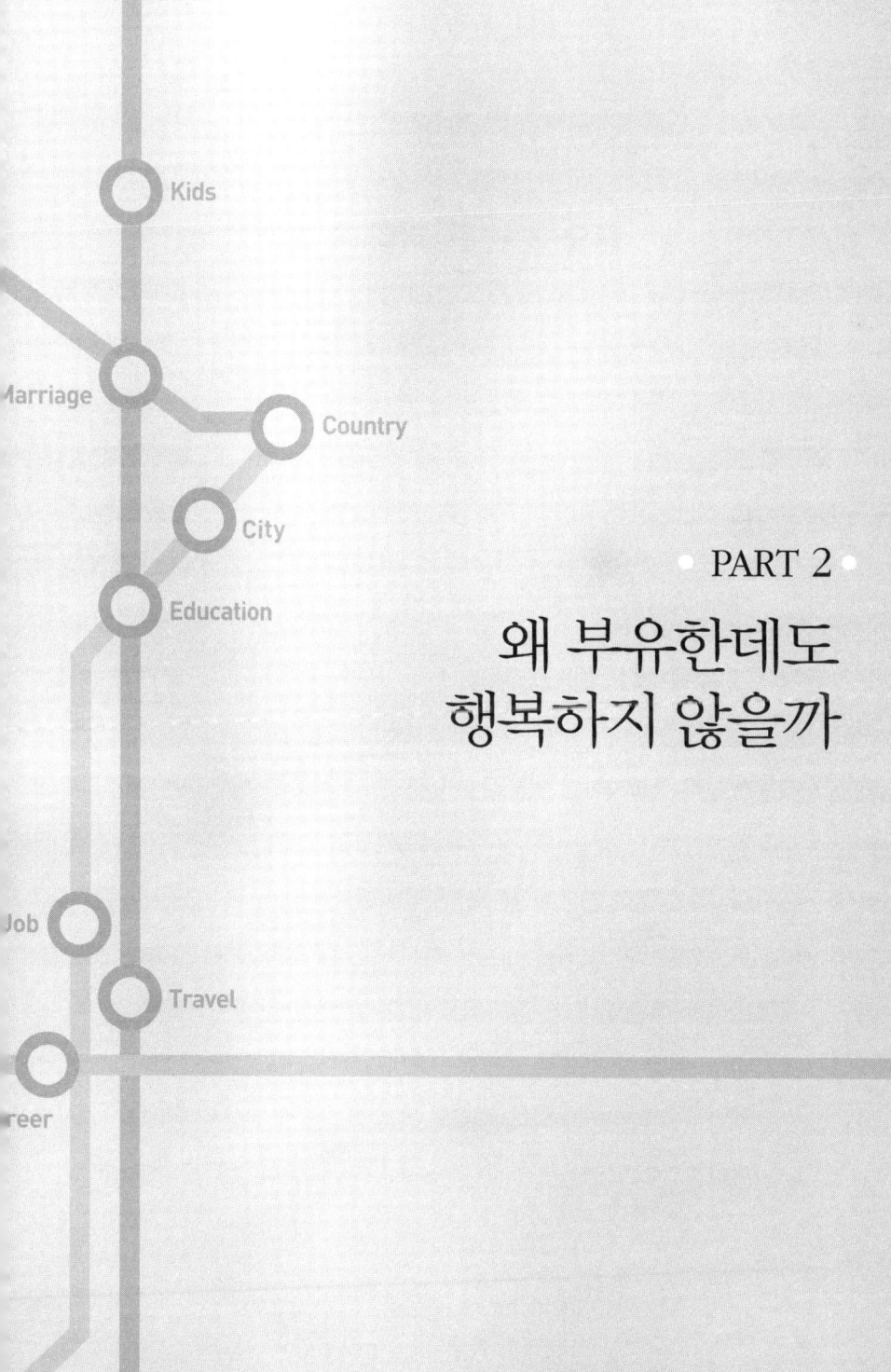

PART 2

왜 부유한데도
행복하지 않을까

― 1 ―
풍요 속 빈곤, 과잉 속 불만

:: **경제는 호황, 행복은 불황**

행복의 경험과학적 연구는 10년 단위나 세대 단위와 같은 시간적인 연구에서 점점 공간적인 연구로 범위를 넓혀가고 있다. 최근 행복 연구자들은 연구 범위를 거의 지구적 차원으로 확대하고 있다. 이들의 연구 결과를 살펴보면, 자유의 역설뿐만 아니라 또 다른 현대적 역설인 복지의 역설을 확인할 수 있다. 이러한 복지의 역설은 지역에 따라 편차가 있지만 전 세계 대부분의 지역에서 나타나는데, 특히 중국에서 뚜렷하게 나타난다.

세계적인 여론조사기관 갤럽은 행복에 관한 연구에서도 뛰어난 성과를 거두고 있다. 지난 몇 년간 갤럽 연구원들은 아제르바이잔에서 키프로스에 이르기까지 150개가 넘는 국가의 국민을 임의로 추출하여 삶에 대한 만족도를 질문하는 등 전 세계 98퍼센트 이상의 국민행복도를 조사했다.[1] 이 연구로 갤럽은 일종의 글로벌한 행복 척도를 제시했다.

1994년에 갤럽조사팀은 획기적인 경제성장을 이루고 있는 중국을 대상으로 국민 행복도를 조사했다. 조사는 내몽골과 같은 내륙지방에서부터 광저우와 같은 대도시까지, 시베리아와 인접한 북동지역에서 남쪽 끝의 하이난섬까지 그리고 티베트에서 아프가니스탄의 인접 지역인 신장까지 펼쳐졌다. 이 조사는 거의 10년 동안 이뤄졌는데, 2004년에 마지막 인터뷰가 진행되었으며 총 1만 5,000명의 중국인들이 설문지에 답했다.

최근에 중국은 크게 변화했다. 무엇보다도 훨씬 부유해진 점이 눈에 띈다. 새 고속철도, 고속도로, 다리가 건설되었고 수백만 명이 농촌을 떠나 번창하는 대도시에서 행복을 찾고 있다. 고층 빌딩과 공장 그리고 세계에서 가장 큰 쇼핑센터도 들어섰다.[2] 주가는 폭등하고 고급 승용차와 루이비통 제품이 수입되었다. 상하이와 베이징만 해도 현재 각각 3개의 루이비통 매장이 문을 열었다.[3]

인터뷰를 진행한 10년 동안 중국인들의 실제 수입은 250퍼센트나 늘었다. 갤럽조사팀이 설문조사를 시작할 때는 중국 가정의 40퍼센트만이 컬러TV를 소유하고 있었지만, 2004년에는 82퍼센트로 늘어났다. 1994년에는 10가구 중 1가구만이 집에 유선전화가 있었지만 2008년에는 2가구 중 1가구꼴로 핸드폰이 있다.[4] 비록 이웃 국가인 일본과 서구의 부자 나라들에 비하면 아직도 크게 뒤처져 있기는 해도, 산업화 역사상 유례없이 가장 빠른 속도로 가난한 나라에서 부유한 국가로 발전한 것은 분명한 사실이다.

여기서 잠깐 멈춰서 이러한 연구 프로젝트의 의미에 대해 질문해보자. 이러한 연구는 시간 낭비가 아닌가? 이러한 연구를 굳이 할 필요가 있는가? 중국의 경제발전은 중국인들의 행복에도 긍정적인 영향을 미치지 않았겠는가? 이렇게 10년 동안이나 중국 각지를 돌며 설문조사를 하는 것이 무슨 소용이 있는가? 컬러TV와 핸드폰이 삶을 궁극적으로 윤택하게 해주는 것은 아니지 않는가?

연구자들은 수집한 자료를 분석하면서 1970년대 이래로 남성과 여성의 행복도를 비교한 미국의 두 경제학자와 마찬가지로 놀라운 사실을 발견하게 되었다. 10년 동안 중국인들의 행복도는 조금도 나아지지 않았고 오히려 더 나빠지기조차 했다.

수입이 두 배 이상 늘어나고 소비제품을 대규모로 구매하게 된 시기에 설문조사에 응한 중국인들의 만족도는 더 낮아졌고, 반면 불만족도는 더 커졌다.[5]

중국의 급속한 경제성장은 극단적인 빈부격차를 동반했다. 중국에는 미국 다음으로 억만장자가 많다. 중국처럼 억만장자의 수가 급속도로 늘어난 나라도 없다. 2010년 중국에는(홍콩은 제외) 64명의 억만장자가, 미국에는 403명의 억만장자가 있는 것으로 조사되었다. 그로부터 1년 후인 2011년에 다시 조사한 결과, 미국에서는 겨우 10명이 늘어났지만, 중국에서는 51명이 늘어나 억만장자의 수가 총 115명이나 되었다.[6]

반면 중국 농촌 지역에서는 아직도 수백만 명의 사람들이 허름한 집에서 하루 1유로도 되지 않는 돈으로 생계를 유지하고 있다.[7] 이러한 극단적인 빈부격차가 행복감 증진에 마이너스 요인이 되는 것은 자명하다.

중국의 예에서 이 장의 핵심주제가 드러난다. 즉 경제성장이 자동적으로 행복감 증대를 초래하는 것은 아니라는 사실이다. 물론 중국의 경우를 극동아시아의 기이한 현상으로 보고, 독특한 문화로 인해 서구 생활방식에 맞춰진 복지를 제대로 누리지 못한다는 분석을 할 수도 있다. 하지만 이는 너무 성급한 판단이다. 우리가 중국의 예에서 접한 현상은 중국에만 국한된 것이 아니다. 정도의 차이는 있지만 이는 전 세계적으로 나타난 현상이다.

최근 미국 남가주대 경제학 교수인 리처드 이스털린은 자신의 연구팀과 함께 거의 20년 동안 세계 37개국에서 삶에 대한 만족도를 조사해 〈미국국립과학원회보〉에 발표했다. 이 연구에서 리처드 이스털린은 한 나라가 높은 경제성장률을 기록해도 국민의 만족도가 함께 높아지는 것은 아니라는 사실을 밝혔다.[8]

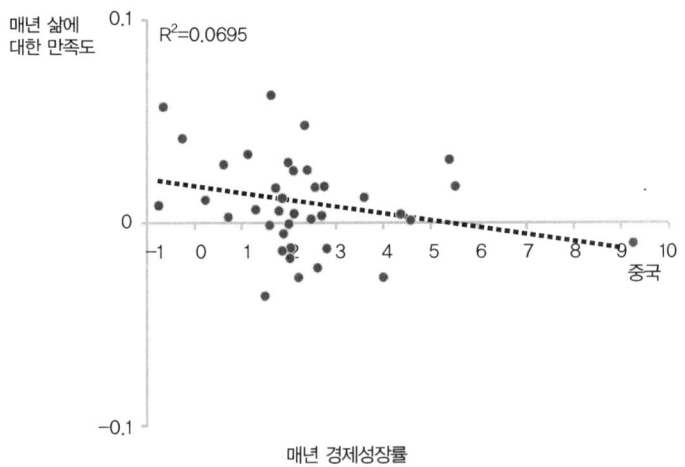

위 그래프는 37개국의 매년 경제성장률과 국민의 만족도를 나타낸 것으로, 오른쪽 끝에 있는 점이 중국을 나타낸다. 중국

의 경우 해마다 9퍼센트의 가장 높은 경제성장률을 기록하고 있음에도 삶에 대한 만족도는 오히려 낮았다.[9] 이처럼 리처드 이스털린은 1970년대부터 돈과 행복의 상관관계를 연구하면서 일찍부터 몇 가지 모순을 접하게 되었다. 흔히 부유한 사람들과 부유한 국민은 가난한 사람들이나 국민보다 삶에 대한 만족도가 더 높으리라 기대한다. 하지만 연구 결과에 따르면 국민의 소득이 일정 수준에 도달해 기본적 욕구가 충족되고 나면 그 이후 소득은 행복에 큰 영향을 미치지 못했다. 즉 경제성장률과 국민의 만족도 증가 사이에는 어떤 연관관계도 찾아볼 수 없었던 것이다. 이 현상은 이후 '이스털린 역설'로 불리게 되었고 미국이나 영국, 독일, 일본 등과 같은 여러 부유한 국가에 적용되었다.[10]

:: **육체는 건강, 심리는 불안**

돈이 많아지면 문제도 많아진다.
노토리어스 비아이지, 힙합가수

독일은 점점 더 자유로운 사회가 되고 있을 뿐만 아니라 점점 더 부유해지고 있다. 이는 한편으로는 국내총생산에서, 다른 한편으로는 일상적인 구매력에서 알 수 있다.

1950년에만 해도 1시간 내내 일해야 벌 수 있었던 장바구니 비용(마켓바스켓을 뜻하며 필요한 식료품의 수량을 정하여 이를 구입하는 데 드는 비용을 계산하는 방식이다-옮긴이)을 1970년에는 18분이면 벌 수 있었고, 2009년에는 심지어 단 11분이면 벌 수 있게 되었다. 구체적인 예를 들면 1950년에는 1시간 동안 일해서 5개의 아침 식사용 계란을 살 수 있었고, 1970년에는 30개, 현재는 70개 이상을 살 수 있게 되었다.[11] 달리 말해, 점점 더 많은 독일인들이 점점 더 많은 돈을 벌고 있다. 하지만 놀랍게도 삶에 대한 만족도는 높아지지 않았다. 1970년대 이후 구 서독 사람들의 경우도 그렇고, 통일 이후 구 동독 사람들도 마찬가지다.

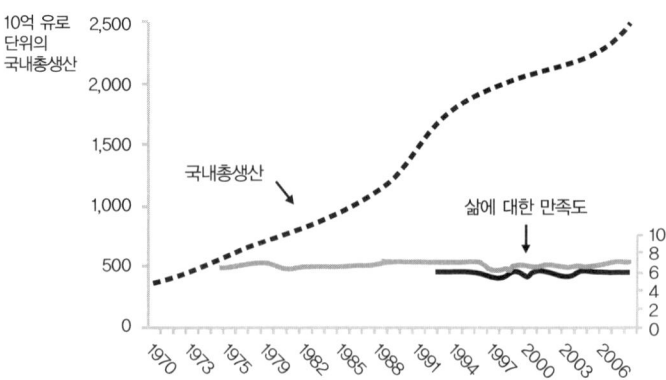

앞의 그래프는 국내총생산이 꾸준히 상승하고 있음에도 독일인의 삶에 대한 만족도가 높아지지 않았음을 보여준다. 이는 통일이 된 1992년 이후에도 마찬가지다.[12] 그래프에서 행복도를 나타내는 2개의 선(1992년부터는 통일 이후의 수치가 표시되며, 2개의 선 중에서 위에 있는 선은 구 서독 국민의 삶에 대한 만족도를, 아래에 있는 선은 구 동독 국민의 삶에 대한 만족도를 나타낸다)을 살펴보면, 한 나라의 행복도가 거의 문화에 의해 결정되는 듯한 느낌을 받을 수 있다. 확고한 낙관주의를 체득한 국민이 있는 반면에, 독일인들처럼 불평불만으로 가득 찬 국민도 있는 것이다. 독일인들은 아무리 경제적으로 번창해도 불만을 안고 산다.

이러한 해석은 그 자체로는 틀린 것이 아니지만, 모든 것을 포괄하고 있지는 않다. 왜냐하면 삶에 대한 만족도가 상승하는 나라들도 많고(푸에르토리코, 멕시코, 이탈리아 등), 중국과 같이 삶에 대한 만족도가 떨어지는 나라도 있기 때문이다.[13]

독일은 후자에 속하는 것 같다. 그래프에서 삶에 대한 만족도를 나타내는 선은 평평하게 보이지만, 통계자료를 정확하게 분석하면 삶에 대한 만족도가 지난 수십 년간 동일하게 머문 것이 아니라 실제로는 조금씩 떨어진 것을 알 수 있다. 다른 여러 연구집단들도 이와 동일한 결론을 내리고 있다.[14]

이런 부정적인 불행의 트렌드는 스스로에 대해 '매우 만족한다'고 평가하는 독일인의 수가 통일 이후 크게 줄어든 반면, '만족하지 않는다'고 평가한 독일인의 수가 더 늘어난 사실에서도 나타난다.[15] 그리고 고무적이지 않은 이 결과는, 자료 범위를 넓혀 심리적인 상태까지도 포함하면 더 악화된다. 우리의 삶에 대한 만족도는 떨어지는 반면, 불안과 우울증 그리고 무기력증과 같은 정신질환은 상승일로에 있다.

이는 연구자료를 통해 체계적으로 관찰할 수 있다. 여러 연구 결과에 따르면, 한 나라의 복지가 향상되어도 기대와 달리 심리적인 질환은 줄어들지 않고, 오히려 더 늘어나는 경향이 있음이 드러났다. 이제 정신질환을 종류별로 나눠서 분석한 자료를 살펴보자.

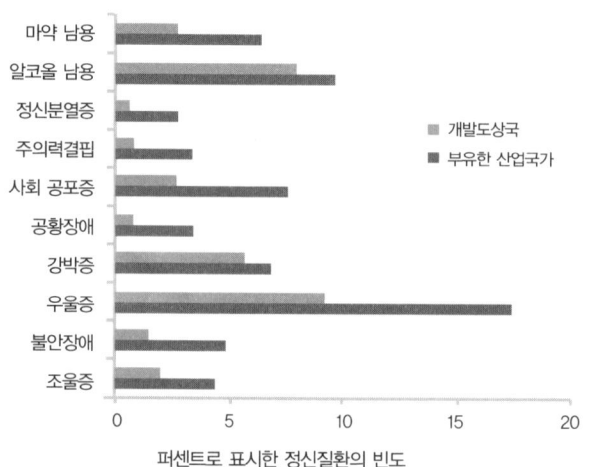

이러한 상황은 세계보건기구가 최근에 실시한 조사에서 확실하게 드러났다. 세계보건기구의 연구자들은 브라질, 중국, 인도, 콜롬비아, 레바논, 루마니아, 멕시코와 같은 7개 개발도상국과 벨기에, 독일, 프랑스, 네덜란드, 이탈리아, 스페인, 미국과 같은 7개 부유한 산업국가를 대상으로 한 정신질환 빈도 조사에서 선진국 국민들이 그들보다 부유하지 않는 국민들보다 더 자주 정신질환을 앓고 있다는 사실을 밝혀냈다.[16]

다양한 정신장애가 어떻게 부유한 국가들에 퍼져 있는가를 조사해보면, 이 세상에서 가장 부유한 국가들의 삶이 정신질환과 전혀 무관한 것은 아님이 드러난다. 아니 오히려 정반대의 현상이 나타나고 있다.[17]

미국은 세계에서 경제력이 가장 강한 나라 중 하나지만 동시에 정신질환이 가장 많은 나라이기도 하다.[18] 독일의 상황은 미국처럼 극단적이지는 않다. 독일은 미국과 유럽의 다른 국가들에 비해 정신질환의 상태가 상당히 양호한 편이다.[19]

항상 염두에 두어야 할 사실은 국가가 부유해질수록 국민은 점점 예민해져 정신질환을 겪는 일이 많아진다는 것이다.[20] 독일의 경우도 점점 부유해지고 있는 반면, 정신질환은 늘어나고 있다. 이로 인해 의료보험의 재정이 위태로워지는 지경에까지 이르렀다. 독일 일반지역의료보험회사 AOK(Allgemeine Ortskrankenkasse) 학술재단에 따르면 지난 몇 년 동안 정신질환으로 인한 노동 결손 시간과 업무 중단 건수가 크게 증가했다고 한다.

퇴직 사유도 변하고 있다. 20~30년 전에 누군가가 조기 퇴직을 했다면, 대부분 육체적으로 더 이상 일할 수 없는 상태였기 때문이다. 이를테면 갑작스럽게 허리 통증이나 심장순환계 질환 등이 생긴 것이다. 하지만 최근에는 다른 양상을 보이고 있다. 점점 더 많은 직장인들이 육체 질환이 아닌 정신 질환으로 조기 퇴직을 하고 있다. 독일에서도 정신질환으로 인해 더 이상 일할 수 없는 사람들의 수가 급격하게 증가하고 있다. 이에 비해 육체 질환은 상대적으로든 절대적으로든 감소하고 있다. 육체는 점점 더 건강해지고, 정신은 점점 더 병들어가고 있는 것이다.[21]

이러한 개별 연구 결과를 분석하면 다음과 같이 말할 수 있다. 우리는 물질적인 생활수준이 높아짐에 따라 안락한 삶을 원하지만, 부유해진다고 해서 삶에 대한 만족도와 정신적인 안정이 반드시 수반되는 것은 아니다. 오히려 이러한 기대와는 반대로 만족도와 정신질환이 악화되는 경향이 나타난다.

정말 아이러니한 사실이 아닌가? 그렇다면 왜 우리는 부유해지기 위해 이토록 힘들게 일하는 것일까? 국내총생산이 증가해도 삶에 대한 만족도는 높아지지 않는다. 그런데도 국내총생산이 고작 1.9퍼센트밖에 증가하지 않았다고 볼멘소리를 하는 이유는 무엇일까? 왜 소득증대가 우리에게 큰 도움이 되지 않는 것일까? 왜 더 부유해져도 더 행복해지지는 않는 것일까? 도대체 그 이유는 무엇일까?

:: 왜 부유한 사람들이 더 외로울까

먼저 밝혀둬야 할 것이 있다. 나는 물질적인 부를 폄하하는 사람이 아니다. 오히려 물질의 혜택을 고맙게 여기고 있다. 나는 현재 내가 살고 있는, 중앙난방 시설이 갖추어진 방 2칸짜리 주택을 사랑한다. 아마존 인터넷서점, 갤러리아 카우프호프 백화점, 여자친구의 쿨한 아이폰도 정말 마음에 든다. 1장에서 우리가 누리고 있는 많은 자유와 선택 가능성 그 자체를 문제 삼지 않았듯이 이 장에서도 우리가 누리는 물질적 풍요로움을 홀대하려는 것은 아니다. 다만 1장에서 언급했던 대비 모델을 다시 한 번 활용할 수 있다는 점을 상기시키고 싶은 것이다.

여기서 우리가 주목해야 할 것은 부에는 명암이 따른다는 점이다. 우리에게 유익함을 주는 빛이 있는가 하면 그 이면에는 그늘도 있다. 이러한 그늘은 빛처럼 명확하게 드러나지 않는다. 그건 바로 우리가 그늘을 과소평가하기 때문이다. 우리는 일상에서 너무도 당연하게 부와 행복이 비례관계에 있는 것처럼 생각한다. 우리는 '부가 증대할수록 더 행복해진다'라는 말을 자유시장경제 체제에서 내면화해 경제성장에 우선권을 부여해왔다.

하지만 지난 30년간 대부분 산업국가들의 현실을 살펴보면 경제성장과 삶에 대한 만족도의 관계는 이와는 전혀 다른 모습을 보인다. 서구 사회에서 부유한 국가들의 부는 계속해서 증대되어왔지만, 그곳에서 사는 사람들의 행복은 대체로 답보 상태에 머물렀다. 부가 행복에 기여한다면, 이처럼 행복이 제로 상태에 머물고 있는 것은 어떻게 이해해야 하는가?

부가 행복을 가져오기는 하지만 그늘도 초래한다는 가설에 따르면, 이 문제에 대한 추상적이지만 잠정적인 답을 얻을 수 있다. 그늘은 경우에 따라서는 영향력이 매우 커서 부의 증대가 주는 플러스 감정을 무화시킬 수도 있다.

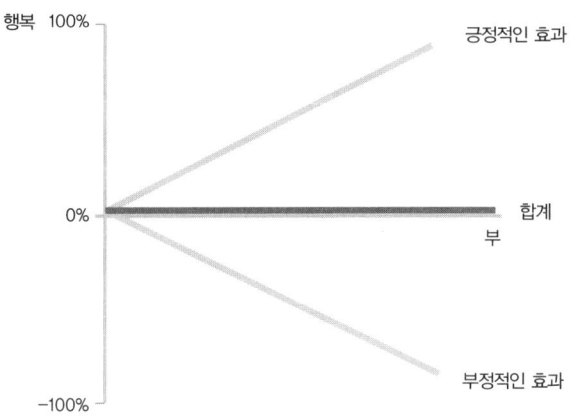

　대안으로서 1장에서 소개한 보다 세분화된 모델을 활용할 수 있다. 이 모델은 언젠가는 부도 포화상태에 이른다는 가정을 바탕에 두고 있다. 부정적인 효과로 인해, 부가 증대해도 일반적인 삶에 대한 만족도는 독일의 경우처럼 오히려 낮아질 수도 있음을 보여준다.
　자유와 많은 가능성을 누리게 된 것과 마찬가지로 경제성장이 확대되고 돈이 더 많아져도 삶에 대한 만족도는 자동적으로 높아지지 않는다는 점을 생각해볼 수 있다. 우리는 더 행복해지기를 바라면서 부를 축적하지만, 그 이면에 깔린 그늘 역시 커진다는 점은 알지 못한다. 여기서 우리를 불행이나 정신적 위기에 빠뜨릴 수 있는 그늘의 실체는 무엇인가라는 질문을 던져볼 수 있다. 부의 그늘이란 과연 무엇인가?

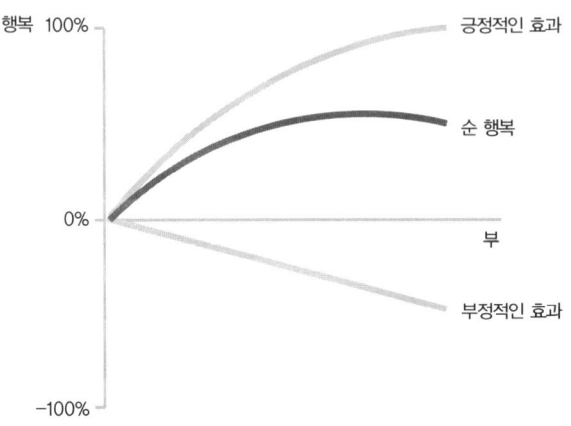

우선 첫 번째, 부는 친밀한 관계에 걸림돌이 된다는 가설이 있다. 이 가설은 돈과 부가 전통적인 공동체나 가족 간의 유대, 우정을 해체시키고 고독과 고립을 초래한다는 것을 의미한다. 이 가설에 따르면 부유한 사회에 살고 있는 사람들은 거의 모든 면에서 풍족함을 누리지만 단 한 가지만은 그렇지 못하다. 바로 친밀한 상호관계다.

많은 관찰자들이 여러 가지 형태로 이러한 진단을 내렸는데, 대표적인 예로 미국 예일 대학의 정치학 교수였던 로버트 레인을 들 수 있다. 로버트 레인은 신체와 비교해 설명한다. 오늘날 우리가 과거보다 더 자주 병에 걸린다고 가정한다면, 병원체에 그 원인이 있다고 볼 수 있다. 쉽게 말해 해당 박테리아와 바이러스가 더 공격적인 성향을 띠게 된 것이다.

하지만 두 번째 가능성도 있다. 병원체가 아니라 우리 자신이 변화한 탓일 수도 있다. 자주 병에 걸리는 이유는 우리가 과거보다 더 편식을 하거나 잠을 제대로 못 자고 스트레스를 많이 받고 충분한 휴식을 취하지 못하기 때문일 수도 있다. 바이러스가 더 공격적인 성향을 띤 것이 아니라 비타민, 잠, 휴식, 안정 등이 점점 결핍되어 우리가 더 취약해진 것이다.

로버트 레인은 자신의 책 《시장 민주주의에서 행복의 상실》에서 이러한 결핍 모델 또는 편식 모델을 정신에 적용해 오늘날의 사회는 "따뜻한 인간관계나 이웃과 가족 간의 유대 면에서 일종의 굶주림 상황이 있다"라고 확신했다.[22] 삶 자체가 과거에 비해 더 힘들어진 것은 아니다. 오히려 여러 면에서 과거보다 더 좋아지고 편해졌으며 더 많은 혜택을 누리고 있다. 하지만 우리는 타격을 당하면 과거보다 훨씬 큰 손실을 입는다. 왜냐하면 친밀한 상호관계의 결핍으로 인해 우리의 정신적 면역체계가 약화되었기 때문이다.

나는 로버트 레인의 의견에 동의한다. 우리는 사실상 정신적으로 어느 정도 결핍되어 있거나 편식 증상을 보이고 있다. 무엇보다도 비타민B의 특수한 형태, 즉 우리에게 안정과 포근함을 주는 인간관계가 부족하고, 위기에 처했을 때 주저 없이 도와줄 수 있는 사람들이 부족하다. 하지만 이렇게 부유한 사회에서 인간관계의 결핍이 생기는 이유는 무엇일까? 왜 부유한 사람들이 더 외로울까?

돈이 많은 사람들은 대개 일도 많이 한다. 따라서 이들은 친구나 가족을 위해 시간을 내기가 어렵다. 커리어를 쌓는 것에 욕망이 강한 사람일수록 직장을 쫓아 이사 가는 것도 꺼리지 않는 탓에 친구들과 지속적인 관계를 유지하기가 어렵다. 원칙적으로 말해, 돈을 잘 버는 사람들에게 인간관계에 대한 기회비용은 매우 크다. 고소득자의 경우 친구나 가족과 함께 시간을 보낼수록 비교적 많은 돈을 날리는 셈이 된다. 친구와 가족과의 관계를 원만하게 유지하려면 소중한 시간을 투자해야 하는데, 고소득자에게는 이럴 만한 시간적 여유가 없다.

위의 설명은 설득력이 없지는 않지만 전적으로 옳은 것은 아니다. 연구 결과에 따르면 사실상 워커홀릭들은 친구들에게 시간을 내기는 힘들어도 이 때문에 관계까지 완전히 단절되지는 않았다.[23] 일을 통해 새로운 사람들을 사귀는 경우가 종종 있기 때문이다. 반면 실업자들은 사회적 고립상태에 빠지는 경우가 흔했다.

시간 부족은 인간관계에 영향을 미치기는 하지만 가장 중대한 문제는 아니다. 오히려 문제의 핵심은 부 그 자체에 있다. 부와 돈은 앞으로 설명할 '반복지문화'와의 비교나 새로운 심리학적 실험에서 드러나듯 분리효과를 낳는다. 부와 돈은 주변 사람들과의 거리를 확대하고, 가족과의 사랑, 친구와의 우정이나 이웃과의 관계를 약화시키고 부분적으로는 완전히 해체하는 힘을 지니고 있다.

— 2 —
어떤 삶이 행복을 불러오는가

:: 부가 친밀한 관계를 깨뜨린다

물질적인 부가 친밀한 인간관계를 어떻게 축소시키는지를 알려면, 부는 추구하지 않고 행복에 관한 철학을 내면화하는 문화를 살펴보면 알 수 있다. 거대한 경제성장을 최고의 목표로 삼지 않고, 이익 추구나 돈에 대한 욕구도 단호히 거부하는 사회는 예나 지금이나 여전히 존재한다. 아미시파가 바로 이러한 사회의 예다.

아미시파는 미국의 여러 주에 살고 있는 급진적인 개신교파 신앙공동체다. 원래 아미시파는 16세기에 생겨난 스위스의 재세례파에서 유래한다.[1] 재세례파가 탄압을 받게 되자 아미시파의 선조들은 독일의 팔츠와 알자스로 도피했다. 이들은 18세기 초부터 미국으로 이주했다.[2]

아미시파는 자본주의의 심장이라 할 수 있는 미국에서 수 세기 동안 전기와 전화와 같은 현대 기술 문명을 완강히 거부하고 경건한 종교적 생활방식만을 고수하며, 전통 방식의 농업에 종사해왔다. 아미시파는 TV나 전자레인지, 컴퓨터, 핸드폰을 사용하지 않는다(물론 모두가 이러한 현대 기술 문명을 거부하는 것은 아니다. 젊은 층은 이런 문명의 이기를 사용하기도 한다). 이들은 자동차 대신에 마차를 이용하고, 주로 단순하고 소박한 검은색 계통의 옷만을 입으며 성경과 공동체생활 그리고 가족을 중시한다.

우리의 주제와 관련해 아미시파가 보험도 거부하고 있다는 점은 특히 주목할 만하다. 예를 들어 우리는 창고에 화재가 일어나면 보험회사를 방문해 각종 서류를 작성하고 보험금을 받는다. 하지만 아미시파는 공동체 가정마다 일정 금액을 거둬 창고 재건에 재정적인 도움을 주고, 다 함께 창고를 다시 짓는다.[3] 아미시파의 일원이 마차를 타고 가다가 교통사고를 당하면, 마찬가지로 공동체가 돈을 모아 지원한다. 예를 들어 아마시파 사람의 딸이 의사에게 잘못된 치료를 받았다고 가정해보자. 아버지와 딸이 모두 의료보험에 들지 않았기 때문에 관례대로 공

동체가 나서서 다시 치료받도록 돈을 지원한다. 무려 1만 7,000달러까지 지원한 사례가 있다.[4]

물론 이러한 생활방식은 도시생활을 하는 현대인들에게는 상상조차 할 수 없는 일이다. 우리는 발생 가능한 경우뿐만 아니라 발생 불가능한 경우까지도 대비하는 보험(핸드폰 남용 보호 보험, 비행기 연착 보험, 현금 분실 보험 등)에 든다. 이러한 보험 열풍은 우리와 아미시파의 차이점을 극명하게 드러낸다.

우리는 위급하게 누군가의 도움이 필요한 경우 가족이나 친구 또는 이웃에게 절대 의존하지 않는다. 가령 냉장고가 고장 나면 한 번도 본 적 없는 서비스센터나 수리전문가에게 전화를 한다. 집에 도둑이 들면 경찰에 신고한 다음 손해보험사 직원에게 연락한다. 부상을 당하면 응급차를 불러 도움을 요청한 후 병원으로 달려가고, 위기를 겪거나 우울증을 앓으면 심리치료사를 찾는다. 실직자가 되거나 나이가 너무 많아 더 이상 일을 하지 못할 경우에는 노동행정기관과 실랑이를 벌인 후 사회보험 혜택을 받을 수도 있다.

아미시파 사람들도 위급한 경우에는 경찰을 찾거나 병원을 방문한다(그들도 병원을 방문할 경우 치료비를 낸다. 그러나 이 비용은 개인이 아닌 공동체가 부담한다). 하지만 이러한 일이 오히려 그들에게는 예외적인 일이라는 점에서 차이가 있다. 아미시파 사람들이 전문가에게 도움이나 지원을 위임하는 경우는 대체로 우리보다 훨씬 적다. 아미시파 사람들이 실업자가 되면, 이들을 돕는 것은 노동부가 아니라 가족과 친구 그리고 공동체. 지붕을 수리해야 할 때도 마찬가지다. 서로가 서로를 도와야 하기 때문에 아미시파 사람들의 조부모들은 멀리 떨어진 양로원에서 살지 않는다. 자식과 손자손녀들 근처에서 산다. 모두가 함께 같은 농장에서 사는 경우도 흔하다.[5]

우리는 거의 모든 상황에서 전문가의 도움을 받을 가능성이 열려 있다. 그렇기 때문에 자유와 독립성 그리고 이동성이 더욱더 높아졌다. 우리가 전문가들의 도움을 받는다고 해서 이들과 굳이 친숙해질 필요는 없다. 전혀 알지 못하는 관계일지라도 돈만 충분하다면 (친구와 같은 개인적인 인간관계에 의존할 필요 없이) 전문가에게 도움을 요청할 수 있다. 동시에 이러한 사회생활의 전문화는 국내총생산을 높이는 데도 효과가 있다. 심리치료사의 치료는 경기지수를 끌어올리는 데 도움이 되지만, 친한 친구들과의 만남은 경기지수와는 무관하다.

서비스 사회는 축복과도 같이 우리의 실생활에 큰 도움을 준다. 하지만 큰 장점들 외에도 바람직하지 못한 부작용도 뒤따른다. 자동차와 대중교통 수단은 빠르고 편리하다는 장점이 있지만 동시에 걷는 일이 점점 줄어들게 만든다. 바로 이 때문에 자동차의 장점을 누리는 데 그치지 않고, 신체 건강을 위해 의식적으로라도 규칙적인 운동을 함께 해줘야 한다.

이와 비슷한 맥락에서 서비스 사회는 점점 더 친구 대신에 구속력이 없는 전문가들의 서비스를 이용하도록 이끈다. 이 때문에 거의 자동적으로 친구들의(가족과 이웃의) 위상도 변화한다. 이제는 정신건강을 위해 의식적으로 개인적인 인간관계에 신경을 써야 하는데, 이는 신체 단련처럼 항상 뜻대로 되지는 않는다.

이와 관련해 당신에게는 얼마나 많은 친구가 있는지 생각해보자. 당신은 수많은 지인들 중에서 과연 누가 진정한 친구인지 어떻게 알 수 있는가? 나는 연구조사 차 사고나 불치병으로 일찍이 배우자를 잃은 젊은 남녀들과 대화를 나눈 적이 있다. 이들 중 일부는 설상가상으로 겪어야 했던 또 다른 쓰라린 경험에 대해 이야기했다. 자신들이 이렇게 홀로(종종 어린 자식과 함께) 어려움에 처해 있을 때 아무런 연락도 하지 않은 친구들이 있었던 반면, 연락할 거라 기대하지도 않았던 사람들이 놀랍게도 찾아와 도움을 주었다는 것이다.

이는 과거와 비교해볼 때, 또는 아미시파와 비교해볼 때 다음과 같은 사실을 말해준다. 우리가 도움이 필요한 상황에서 친구들의 도움을 받는 경우가 줄어들수록, 진정한 친구들이 우정을 입증할 기회도 더 적어진다. 서비스 사회가 제공하는 서비스를 폭넓게 이용할수록, 우리가 지인들의 우정을 입증할 크고 작은 기회도 점점 줄어든다.[6]

증거 불충분으로 끝나는 재판은 항상 불편한 후유증을 남기기 마련이다. 이러한 재판은 불신감과 불안감을 초래한다. 우정의 증거가 부족할 때도 비슷하다. 우리는 언젠가 의식적으로든 무의식적으로든 다음과 같은 질문을 던질 때가 있을 것이다. 내 지인들 중에서 과연 누가 진정한 친구인가? 수많은 친지들과 페이스북 친구들 중에서 위급한 사태가 발생했을 때 과연 누가 나를 도와줄 것인가? 나를 위해 나서주는 사람이 있기라도 할까?[7]

조금 더 적나라하게 다음과 같이 말할 수도 있다. 전방위 실현이 가능한 서비스 사회에서는 우정의 의무를 면제시키는 이상적인 토양이 조성되고 있다. 이 사회에서 일상생활 중 벌어지는 대부분의 어렵고 힘든 일을 전문가에게 맡길 수 있고, 또 어느 정도는 맡겨야 하기 때문이다.

도대체 누가 친구에게 무거운 세탁기를 꼭대기 층까지 날라달라고 부탁할 수 있겠는가? 이런 일은 이삿짐센터에 비용을 지불하고 맡기면 단번에 해결된다. 우울증으로 고통스럽다고 바쁜 친구에게 연락해 친구를 난처하게 할 사람이 있겠는가?

이런 일이라면 심리치료사 자격증을 가진 전문가를 찾아가 치료비를 내고 상담하면 된다. 노년이 되어 친구나 친척이 자신을 돌봐줄 것이라 기대하는 사람이 있겠는가? 이런 일을 해결하는 요양원이 있는데도 말이다.

이처럼 친분관계로 일을 해결하는 사회에서 돈으로 일을 해결하는 사회로 전이된 결과, 우리의 인간관계는 점점 더 흥미 위주로 바뀌고 있다. 우정의 의무가 면세될수록 우리가 중요하게 생각하는 진정한 우정의 핵심, 즉 우리 사회를 지탱하는 끈끈한 끈은 끊어진다. 사회가 붕괴되는 암울한 순간에도 우리의 편에 서줄 수 있는 사람이 있다는 확신이 점점 사라지고 있는 것이다. (우정이 모두 이렇게 끈끈한 줄로 연결된 것은 아니지만, 우리에게 안정과 포근함을 안겨주는 몇 명의 친구라도 있다면 마음의 평화에 도움이 된다.)

서비스 사회에서 '우정테스트'의 부정적인 결과로 인해 발생하는 불신은 친구들에 대해 점점 더 거리를 두고 회의적이거나 냉소적인 자세를 취하게 만든다. 결정적일 때 나를 위해 나서주는 사람이 없다는 고립과 고독의 악순환이 연쇄반응을 일으키고 있는 것이다.

이와 반대로 아미시파 사람들에게는 외딴 섬에서 교환이 배제될 때 생기는 효과가 적용되지 않는 것 같다. 아미시파 사람들은 공동체 내의 인간관계에만 의존하고 있기 때문에 대체 불가능한 인간관계를 맺는 것에 끊임없이 신경을 쓴다.

:: 아미시파 사람들의 선택

그럼에도 나 자신이 아미시파 생활방식의 팬이라고 고백하기에는 좀 꺼림칙함이 있다. 그들의 생활방식은 모범적이라기보다는 우리가 놓쳐버린 것을 인식하는 데 도움이 되는 확대경 역할을 한다. 나뿐만 아니라 대부분의 사람들이 보기에 아미시파 사람들의 삶은 너무도 규제와 제한이 많아서 경우에 따라서는 숨이 막힐 것 같은 인상을 받는다. 아미시파 사람들에게는 거의 모든 상황에 대한 세부 규칙이 마련되어 있는데, 이러한 규칙이 과연 어떤 의미가 있는지는 그들 자신도 모르는 경우가 많다. 수염을 기르는 것은 허용되지만 콧수염만은 금지되는 이유는 무엇일까? 바지 멜빵의 형태는 중요하지만, 허리띠를 금지하는 이유는 무엇일까? 마차의 바퀴는 고무타이어를 사용하는 것이 허용될까?

다른 예를 들어보겠다. 아미시파 아이들은 정확하게 8년 동안만 학교에 다니고 단 하루도 더 다녀서는 안 된다. 아이들은 일찍부터 부모의 농장에서 일해야 한다. 아미시파에서는 지구가 6,000년 전 신에 의해 창조되었다는 교리를 믿지 않으면 이단자로 취급된다. 아미시파 사람들은 일반적으로 뛰어난 기술자지만, 교육을 중요하게 생각하지 않고 심지어는 경멸하기까지 한다. 이 때문에 벤자민 플랭클린은 아미시파 사람들을 '팔츠 촌놈'이라 불렀다.[8]

특히 아미시파 여성들은 (우리가 보기에) 상당히 어려운 처지에 있다. 현대 문명과 마찬가지로 페미니즘 역시 아미시파에게는 아무런 영향을 미치지 않았다. 아미시파에서는 남성이 주인이며 공식석상에서건 가정에서건 주도권을 지닌다. 여성은 결혼하면 자동적으로 가정주부가 된다. 아미시파는 가정에 큰 가치를 부여하고 피임을 하지 않기 때문에 대부분 자녀가 많다. 자녀의 수가 평균 7명이고 10명인 경우도 많으며 그 이상도 흔하다. 전기를 사용하지 않으므로 세탁기나 청소기가 없어 여성들은 매일 손으로 직접 모든 일을 해야 한다.

이에 대해 오랫동안 아미시파와 함께 살았던 저널리스트 베른트 랭인은 다음과 같이 말한다.

"아미시파 여성들은 훈족처럼 말을 탈 수도 있고, 제인 폰다처럼 날렵하며, 영화 주인공보다 더 아름답고, 중노동자보다 더 많은 일을 한다. 이들은 경건한 가정생활을 꾸려나가기 위한 규칙을 지키며 자신들의 역할을 묵묵히 해내고 있다."[9]

찬사 어린 말이긴 하지만 씁쓸함이 느껴진다. 이처럼 종속적인 처지에 놓인 아미시파 여성들은 과연 자신의 역할에 만족하고 있을까? 심한 우울증까지는 아니더라도 만성적인 불만을 느끼고 있지는 않을까?

하지만 그렇지 않다. 아미시파를 관찰한 저널리스트들은 이와 같은 불만을 언급한 적이 없다. 이에 대해 베른트 랭인은 "아미시파는 세상의 보통 사람들보다 더 행복해 보이고 걱정이 없다"고 말한다.[10] 또한 몇 년 동안 아미시파 사람들을 대상으로 설문조사를 실시한 여러 사회과학자들의 연구에서도 이러한 불만은 나타나지 않았다. 이 연구들에 따르면, 아미시파 사람들은 오히려 평균적인 미국인들과 적어도 동일한 수준의 행복감을 느끼고 있다.[11]

최근 아미시파 여성과 비아미시파(미국) 여성을 비교한 연구에서도 비슷한 결과가 나왔다. 신체 건강 면에서는 두 집단 사이에 별 차이가 없는 것으로 드러났지만, 정신질환과 같은 정서의 균형에서는 아미시파 여성들이 비아미시파 여성보다 상대적으로 더 건강한 것으로 나타났다.[12]

연구자들이 여성들에게 지난 4주 동안 좌절감이나 우울증을 느낀 적이 있는지를 질문했을 때, 비아미시파 여성들은 아미시

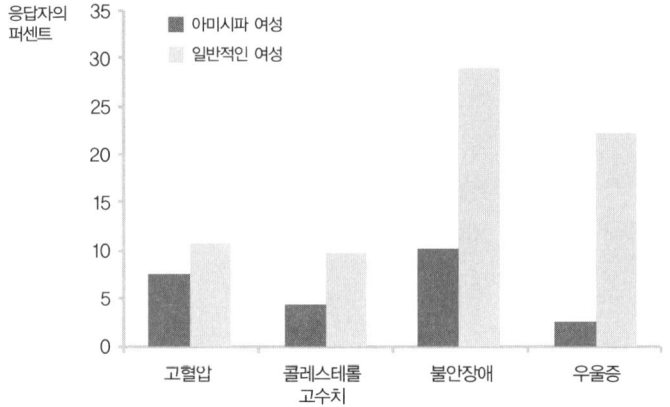

파 여성들보다 거의 2배 가까이(25.3퍼센트 대 14.1퍼센트) 그렇다고 답했다. 이에 비해 아미시파 여성들은 비아미시파 여성들보다 중압감을 덜 느꼈고 걱정도 더 적었다.[13]

냉소적인 사람들은 다음과 같이 이의를 제기할 수도 있을 것이다. 심한 규제 속에서 사는 것이 익숙해져버린 나머지 아미시파 사람들(아미시파 여성들도 마찬가지로) 스스로 자신들의 나쁜 처지를 깨닫지 못할 수도 있다고 말이다. 그러나 내 생각에 이는 틀린 표현이다. 다만 아미시파 사람들이 우리와는 다른 삶의 태도를 지니고 있다고 말하는 것이 옳다.

아미시파 사람들은 여러 면에서 우리보다 여유가 있다. 이들은 개인의 자아실현이나 자기계발이 아닌, 공동체가 우선시 되는 가치체계 아래서 성장한다. 따라서 아미시파 사람들은 살아가면서 이루어야 할 가치, 즉 성공적인 삶에 대해서 우리와는 다른 관념을 지니고 있다. 이들에게는 자신의 개인적인 자아를 극대화하는 것보다 가족과 공동체 그리고 '신'에 봉사하는 것이 더 중요하다. 이는 개인에게 군계일학이 될 기회를 빼앗긴 하지만, 동시에 성취에 대한 부담과 압박 그리고 위험을 없애준다.

아미시파 사람들은 재세례파로서 자신이 원하는 사회를 자유롭게 선택할 기회를 얻는다(물론 이러한 선택은 간단한 일이 아니다). 원칙적으로 아미시파는 자신의 공동체에 등을 돌릴 수도 있다. 그럼에도 대부분의 사람들은 아미시파로서의 삶을 선택한다. 이는 높은 출산율과 더불어 아미시파 공동체가 급격하게 성장하고 있는 이유이기도 하다. 20세기 초 5,000여 명이었던 아미시파 공동체는 최근 들어 25만여 명으로 늘어났다(지난 20년 동안만 해도 인구증가율이 2배에 달했다).[14]

이는 어떻게 이해할 수 있는가? 왜 아미시파 사람들은 (심지어 젊은 층까지도) 자발적으로 문명 세계의 장점과 유혹을 거부하는가? 규제와 제한이 넘치는 세계를 이렇게까지 매력적으로 여기는 이유는 무엇인가? 오늘날에 이르기까지 아미시파의 압도적인 다수가 대대로 자신들의 사회를 선택하는 이유는 무엇인가?

내 생각에는 아미시파의 친밀하게 짜인 사회구조에 그 답이 있다. 아미시파의 삶은 매우 보수적인 대가족의 삶과 비슷하다. 가족들의 끊임없는 참견과 간섭으로 개인의 자유를 침해당하기도 한다. 하지만 언제든 가족의 품을 찾을 수도 있다. 부정적인 의미에서든 긍정적인 의미에서든 아미시파가 혼자인 경우는 없다.

아미시파의 끝없는 제약과 규칙은 자의적이고 특이하긴 하지만 결과적으론 이러한 유대에 도움이 된다. 중앙난방은 누구나 각자 자신만의 따뜻한 방에 칩거할 수 있게 한다. 전자레인지로는 언제든 마음만 내키면 자신만의 식사를 데워 먹을 수 있다. 따라서 아미시파에서 중앙난방과 전자레인지는 금지된다. 전자레인지의 보급이 개인적인 안락함을 높이고 경기를 향상시키는 것은 사실이지만, 모두가 함께할 수 있는 기회를 방해하기 때문이다. 아미시파 사회에서 지상명제는 개인적인 안락함이나 경기가 아니라 사회적 유대다.

보험 가입 금지도 이러한 유대의 관점에서 의미가 있다. 저널리스트 베른트 랭인은 자신의 책 《아미시파》에서 다음과 같이 말하고 있다.

"1981년 미국의 연방대법원은 아미시파 사업자들이 자신의 직원들을 위해 사회보험료를 지불할 필요가 없다는 판결을 내렸다. 서로를 살피고 도움을 주는 아미시파 사회에서는 보험이 따로 필요 없음을 인정한 것이다."

구성원들이 위급한 사태가 발생했을 때 서로 도와주는 대가족은 보험에 의존하지 않는다. 아미시파 입장에서는 가족이나 공동체의 유대가 바로 보험인 셈이다. 아미시파가 보험을 포기하는 이유는 구성원들이 서로 살피고 동료를 도와주기 때문이 아니라 서로를 살피고 도와주도록 만들기 위해서다. 곤경에 처했을 때 보험을 기대할 수 없는 이들은 인간관계에 의지할 수밖에 없다. 왜냐하면 위기 상황에서 자신의 삶은 매월 스스로 납부하는 보험료 대신 이러한 인간관계에 따라 좌우되기 때문이다.

이렇게 본다면 아미시파 사람들 다수가 스스로 아미시파의 삶을 선택하는 것은 제한과 제약 때문이 아니라 오히려 인간이 지닌 친밀함과 포근함에의 욕구, 즉 (독립의 대가로 혼자서 풍파를 헤쳐나가야 하는 것이 아니라) 비교적 큰 사회구조 속으로 편입되고자 하는 욕구 때문이다. 물론 아미시파 구성원이 바깥의 세계를 선택하는 경우도 있을 수 있다. 하지만 이는 많은 자유를 누릴 수 있고 텔레비전이나 전자레인지와 같은 문명의 이기가 있기 때문이지 자신들의 고향에서 누릴 수 있는 안전과 포근함이 있기 때문은 아닐 것이다.

바깥의 세계는 분명 아미시파의 세계와는 다르다. 자신들의 공동체를 떠나 바깥 세계를 선택하는 아미시파 사람들은 기존의 모든 것을 버리고 그동안 의심의 눈초리로만 바라보았던 사회로 진입해야 한다. 이는 분명 쉽지 않은 선택일 것이다. 하지만 나는 이러한 사실이 아미시파 사람들이 자신들의 생활방식을 고집하는, 그리고 자유와 부를 받아들이기를 거부하는 전적인 이유라고는 생각하지 않는다. 다만 이 세계에서는 친밀함과 포근함을 느낄 수 있는 기회가 적기 때문이 아닐까 한다. 왜냐하면 친밀함과 포근함은, 무한한 자유와 부를 지닌 우리 사회에서 희생된 두 가지 자질이기 때문이다. 바로 이 때문에 아미시파 사람들은 이 세계에 반기를 드는 것이다. 이들은 부가 유대를 깨뜨리는 힘이라는 것을 정확하게 알고 있다.[15]

이러한 고찰을 더 날카롭게 논쟁적으로 표현할 수도 있다. 실제로 그렇게 표현하는 사람들도 많다. 이를테면 최근에 (앞에서 말한 250가지의 잼을 판매하는) 슈퍼마켓으로 가는 길에 보았던 전광판을 만든 예술가가 그렇다.[16] 이 전광판은 베를린의 프리드리히 가의 모퉁이에 설치되어 있는데, 아이러니하게도 '바비큐 로얄'이라는 이름을 지닌 레스토랑 위에 있었다(이 고급 레스

베를린 프리드리히 가의 한 모퉁이에 설치된 전광판, "자본주의는 사랑을 죽인다"

토랑은 수프와 함께 3주 동안 숙성시킨 도널드 러셀 스테이크를 60유로에 먹을 수 있는 곳이다). 그 위에는 다음과 같은 문구가 써 있다. "자본주의는 사랑을 죽인다"

― 3 ―
돈은 어떻게 정신을 변화시키는가

:: 자본주의는 사랑을 죽인다

경건한 아미시파 사람이라면 "자본주의는 사랑을 죽인다"라는 말에 바로 동의할 것이다. 체 게바라라면 열렬히 환영했을지도 모른다. 하지만 냉정하게 생각해보자. 이 말은 순전히 마르크스주의를 전파하기 위한 선전문구일까? 낭만적인 사회혁명을 꿈꾸는 순진한 발상의 표현인가? 아니면 낡은 상투어에 불과한가?

아마도 이 네온 불빛으로 빛나는 문구가 얼마 전에 읽은 미국의 연구잡지 〈사이언스〉를 상기시키지 않았다면, 나는 바비큐 로얄 레스토랑을 다시 방문하지 않았을 것이다. 그것도 카메라까지 동원한 채 말이다. 〈사이언스〉를 접해본 적이 없는 사람들을 위해 간단히 소개하면, 이 잡지는 매우 딱딱하지만 유명한 과학 전문지로서, 마르크스 이론을 경험적으로 뒷받침하려는 의도는 표방하지 않는다.

그런데 고급 레스토랑에 붙어 있는 계급투쟁적인 슬로건과 유사한 결론을 담고 있는 몇 편의 논문이 이 잡지에 실린 것은 주목할 만하다. 이 논문들은 자본주의가 사랑을 죽인다는 점을 직접적으로 입증하지는 않았다. 하지만 "돈이냐, 사랑이냐"라는 말이 단순한 상투어나 텔레비전 쇼 프로그램의 제목에 그치지 않는다는 것을 명백히 밝혀준다. 즉 이 논문들은 여러 가지 실험들을 통해 '돈과 친근한 인간관계는 곧 물과 불의 관계와 같다'는 점을 밝히고 있는 것이다.

실험들 중 하나를 소개하자면, 연구자들은 피실험자들을 컴퓨터 책상 앞에 앉히고 설문지에 답하도록 요청했다. 사실 설문지는 구실에 불과했고, 연구자들의 관심은 다른 데 있었다. 얼마 지나지 않아 컴퓨터 모니터에는 화면보호기가 나타났다. 한 컴퓨터에서는 알록달록한 물고기들이 노니는 화면보호기가, 다른 컴퓨터에서는 지폐가 펄럭이는 화면보호기가 등장했다. 이렇게 짧은 워밍업 단계가 끝나고 본격적인 테스트가 진행되었다. 연구자들은 피실험자들에게서 설문지를 걷은 후 다음과 같이 말했다.

"자, 이제 다른 실험 참가자와 대화를 나눌 시간을 줄 테니 저 모퉁이에 있는 의자를 당신의 의자 옆에 가져다 놓으십시오. 다른 참가자가 곧 올 겁니다."

피실험자들이 의자를 가져다 놓는 것이 실험의 끝이었다. 실험은 끝났고 연구자들은 목표를 달성했다. 이 실험의 관건은 지폐를 본 피실험자와 물고기를 본 피실험자가 다른 반응을 보이는지의 여부였다.

실제로 다른 반응이 나왔다. 피실험자들은 서로 다른 화면보호기를 본 차이밖에 없었지만, 화면보호기를 본 다음 각기 다른 반응을 보인 것이다. 지폐를 본 피실험자들은 물고기를 본 피실험자들보다 다른 참가자가 앉을 의자를 훨씬 더 멀리 놓았다. 지폐를 본 경우, 피실험자가 앉은 의자와 다른 참가자를 위해 가져다 놓은 의자 사이의 거리가 평균 50센티미터에 달했다.[1]

이 실험 결과는 부유한 사람들의 식탁을 연상시킨다. 부인은 한쪽 끝에 앉고 남편은 몇 미터 떨어진 다른 쪽 끝에 앉아서 식사를 하며, 집사가 조심스럽게 와인잔에 포도주를 따라주는 장면 말이다.

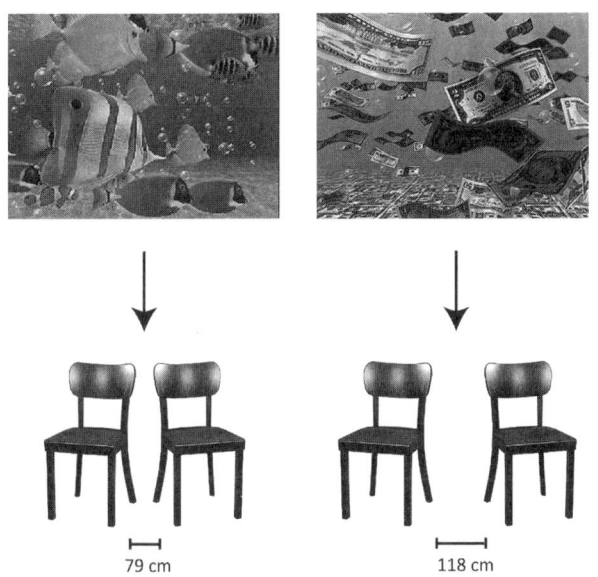

돈과 의자 실험

돈에는 인간관계를 멀어지게 하는 독특한 효과가 있는 것 같다. 이 효과는 누구나 일상생활에서 이러저러한 형태로 체험한 것이고 심리학에서도 오래전부터 알려져왔다. 예를 들어 1970년대 학교 운동장에서 학생들의 모습을 찍은 실험이 있었다. 사진 분석 결과, 부유한 상류계층의 아이들은 중산층의 아이들보다 서로 먼 거리를 유지한다는 사실이 확인되었다.[2]

또 다른 실험에서는 연구자들이 취업면접을 위한 전략 개발을 핑계로 학생들을 실험실로 끌어들였다. 각각 2명의 학생이

한 데스크로 보내졌고, 그 자리에서 5분 동안 자기소개를 하며 대화를 진행했다. 실험이 진행되는 동안 비디오카메라로 학생들의 모습을 촬영했다. 연구자들은 사전에 학생들에 관한 몇 가지 정보를 얻었다. 그 정보 중에는 부모의 수입도 포함되었다.

이후에 다른 그룹의 학생들에게 촬영한 장면을 보여주면서 피실험자들의 사회적 지위를 맞혀보라고 요청했다. 다른 그룹의 학생들은 피실험자들에 대해 아는 것이 전혀 없었지만, 단번에 부유한 가정 출신의 피실험자들을 구별해냈다. 이는 부유한 가정 출신의 학생들이 거리를 두면서 무덤덤한 태도를 보였기 때문이다. 부유한 집 학생들은 시선이나 미소를 이용해 상대방과 접촉하지 않았다. '파트너'는 아랑곳하지 않은 채 필기구를 만지작거리거나 핸드폰을 체크하고 종이에 무언가를 끄적거리는 등 자신에게만 열중했다.[3]

돈은 사람들 사이의 거리를 떨어뜨려놓지만, 멀어지는 것은 단지 물리적인 거리만은 아니다. 이는 〈사이언스〉가 발표한 또 다른 실험에서도 잘 드러난다. 이 실험에서 피실험자들은 연구자들 중 한 명과 모노폴리 게임을 했다. 첫 번째 게임에서는 판돈을 4,000달러 걸었고, 두 번째는 200달러, 그리고 세 번째는 판돈을 전혀 걸지 않았다. 게임이 모두 끝나자 적당한 핑계를 대고 피실험자들을 복도로 나가도록 했고, 복도에서 연구팀의 한 조수가 연필 몇 자루를 바닥에 떨어뜨렸다.

돈이 사람을 변화시킨 것 같은 결과가 또다시 나왔다. 판돈이 클수록 바닥에 떨어진 연필을 줍는 피실험자의 수가 줄어들었다.[4] 돈이 사람들 사이의 거리를 멀어지게 할 뿐만 아니라 도움을 주고자 하는 의욕도 떨어뜨린 것이다. 이는 또 다른 연구 결과에서도 일치했다. 최근 발표된 한 연구에서는 오히려 부유한 사람들이 수입이 여유롭지 못한 사람들보다 적게 기부하는 것으로 드러났다(이에 비하면 빌 게이츠나 조지 소로스와 같은 명사들은 단연 돋보이는 예외다).[5]

〈사이언스〉가 발표한 세 번째 실험에서는 피실험자들에게 두 가지 활동을 제시하고, 둘 중 어떤 활동을 더 하고 싶은지 물었다. 예를 들어 "친구와 함께 카페에 갈 것인가, 아니면 혼자 집에서 좋아하는 책을 읽을 것인가?" 또는 "집에서 혼자 볼 수 있는 DVD 세 편을 택할 것인가, 아니면 당신이 원하는 사람과 함께 볼 수 있는 2장의 영화표를 택할 것인가?"와 같은 질문이었다.

피실험자들에게 사전에 슬쩍 돈을 상기시키자, 친구나 가족과 함께하는 집단 활동보다는 개인 활동을 택하는 경우가 훨씬 더 많았다. 돈이 낯선 사람들과 멀어지게 할 뿐만 아니라 아주 가까운 사람들인 친구나 가족과도 멀어지게 한다는 사실을 입증한 것이다.

이러한 실험은 6가지 이상의 유형으로 진행됐지만, 항상 거의 동일한 결과가 나왔다.[6] 돈이 개입되거나 연상될 때는 사회적인 성향이 줄어들고 개인적인 경향이 늘어났다. 돈이 많은 사람들은 도움을 주려는 욕구가 적었고, 또 역으로 타인으로부터 도움을 받으려는 성향도 약했다. 중요한 일을 혼자서 처리하고 싶은지 아니면 파트너와 함께 처리하고 싶은지를 물으면, 돈이 많은 사람들은 혼자서 처리하는 쪽을 택한다. 따라서 돈은 타인을 차단하고 독자성을 띠게 하며 비사회적인 성격을 강화시킨다.

왜 그렇지 않겠는가? 돈이 많은 사람은 주변 사람들의 호의에 의존할 필요가 없다. 부자는 주변과 차단되어도 버텨낼 수 있다. 이들은 주변 사람의 도움이 필요할 때 구차하게 사정하지 않아도 된다. 필요한 것이 있으면 언제든지 돈을 지불하면 된다. 다시 말해 부유한 사람들은 주변 사람들로부터 인기나 호의를 얻으려고 애쓸 필요가 없다. 조금 과장해서 말하면 어느 정도는 비사회성을 보여도 무방한 것이다.

:: **관계의 단절이 돈 욕심을 부른다**

지금까지 말한 내용들은 최근 중국에서 실시한 실험에서도 인상적인 방식으로 확인되었다. 우선 피실험자들에게 아무것도 하지 않은 채 사이버볼 게임을 하게 했다. 그 다음으로 80장의 지폐 또는 80장의 종이를 세게 한 뒤 똑같이 사이버볼 게임을 하게 했다.

컴퓨터 게임인 사이버볼은 사람들이 사회적 배제 때문에 특정 조건에서 얼마나 큰 고통을 느끼는지를 알아보고자 개발되었다. 사실 사이버볼 게임의 룰은 간단하다. 우선 두 사람이 공을 주고받는다. 새롭게 게임에 참여한 피실험자는 이 두 사람을 온라인에서 만난 실제 인물로 알고 있지만, 사실은 컴퓨터 프로그램으로 조작된 인물이다. 피실험자가 사이버볼 게임을 시작하면, 처음에는 컴퓨터 속 인물들이 피실험자를 게임에 끼워준다. 피실험자에게도 공을 돌리는 것이다. 이때 피실험자는 팔 모양만으로 화면에 등장한다. 그러다가 갑자기 컴퓨터 속 인물들이 피실험자를 배제시킨다. 피실험자에게 더 이상 공을 주지 않고 자기들끼리만 주고받는 것이다.

겉으로 보기에는 대수롭지 않은 게임이지만, 이 게임에 참가한 사람들은 아무 이유 없이 다른 사람들에게 배제당하는 것을

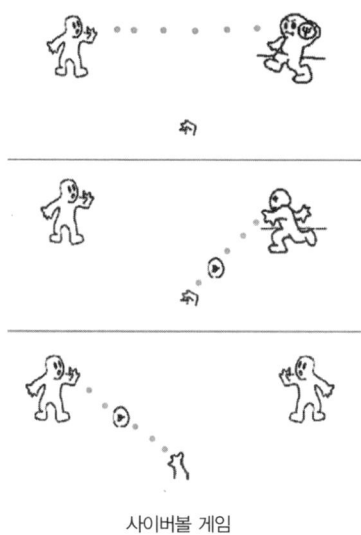

사이버볼 게임

상당히 기분 나쁘게 여겼다. 이는 뇌파를 통해서도 증명되었다. 실험 참가자가 뇌를 스캔하는 장치를 붙이고 사이버볼 게임을 하면서 중간에 배제되는 사회적 고통을 경험하자, 전두대피질이 활성화된 것이다. 뇌의 이 부분은 신체적 고통을 겪을 때도 활성화되는 곳이다. 흔히 만성적인 고통을 느끼는 환자는 이 전두대피질을 제거하는 수술을 했거나 다른 이유로 전두대피질이 손상되었거나 발달되지 않은 경우다. 그들은 고통을 느끼긴 해도 특별히 심한 고통은 아니라고 말한다.[7] 그럼에도 사이버볼 게임 실험의 경우, 게임에서 배제되는 순간 전두대피질

이 비교적 강하게 반응을 보인 것이다.[8]

이제 피실험자들에게 80장의 지폐와 80장의 종이를 세게 한 다음 사이버볼 게임을 실시한 실험 결과를 살펴보자. 80장의 종이를 세고 난 피실험자들은 사이버볼 게임에서 배제되었을 때, 종이를 세지 않고 사이버볼 게임을 했을 때와 유사한 반응을 보였다. 앞에서와 같이 무시당하고 소외되는 느낌을 받은 것이다.

하지만 놀랍게도 80장의 지폐를 센 다음 사이버볼 게임을 했을 때는 결과가 완전히 달랐다. 무시당하고 소외되는 느낌에서 비롯된 고통이 사라진 것이다. 즉 돈을 세는 행위가, 사회적 배제로 인한 고통에 면역과 같은 작용을 한 셈이다. 이는 앞에서 말한 바 있는, 돈을 가진 사람은 주변 사람들로부터 인기나 호의를 얻으려고 애쓸 필요가 없다는 점을 다시 한 번 입증하는 결과다(여기서 피실험자에게 자신이 돈을 가지고 있다는 사실을 확인시키는 것이 매우 중요하다. 즉 피실험자에게 소형 달력을 주어 지난달에 지출한 돈을 기입하게 하는 것이다).[9] 역으로 사회적 배제는 돈에 대한 욕구를 불러일으킨다. 이 경우 돈이 일종의 진통제 역할을 하는 셈이다.

마지막으로 연구자들은 5명씩 짝지은 피실험자들을 대기실로 불러들여 서로 대화를 나눌 시간을 갖게 했다. 그 후 한 명씩 독방으로 보내 다른 4명 중에서 누구와 다음 과제를 함께 하고 싶은지 설문지에 쓰게 했다. 그렇게 작성된 설문지를 가져 간 실험 조교가 얼마 후 다시 독방으로 찾아와 다음과 같이 말했다.

"정말 이상한 일입니다. 이런 일은 좀처럼 일어나지 않는데 말이죠. 다른 4명이 모두 당신과 함께 다음 과제를 하고 싶다고 썼군요."(기분 좋은 버전)

또는 다음과 같은 말도 했다.

"이상하군요. 이런 일은 정말 드뭅니다. 당신과 함께 과제를 하고 싶어하는 사람이 한 사람도 없군요."(기분 나쁜 버전)

이 이야기는 실제로 다른 피실험자들이 설문지에 적은 내용과는 아무런 상관이 없다. 한 피실험자가 어떤 버전을 듣게 될지는 연구자들이 사전에 결정했다. 결국 이 결정으로 피실험자는 호감을 얻느냐 아니면 사회적으로 배제되느냐의 판정을 받게 된 것이다.

또한 이러한 기쁜 경험과 불편한 경험을 한 후, 세 가지 테스트가 행해졌다. 이는 돈에 대한 욕구가 얼마나 강해지는지를 알아보는 테스트였다. 첫 번째 테스트에서는 피실험자들에게 동전을 그리도록 했다. 두 번째 테스트에서는 멋진 것들의 목록(햇빛, 봄, 초콜릿, 해변 등)을 제시하고 이것들 중에서 100만 유로를 받는다면 영원히 포기할 수 있는 것이 무엇인지 말하도록 했다. 마지막으로 피실험자들 모두에게 고아원에 기부를 부탁했다.

결과는 다음과 같았다. 사회적 배제를 경험한 피실험자들은 세 가지 테스트 모두에서 돈 욕심을 나타냈다. 이들은 기쁜 경험을 한 사람들보다 큰 금액의 동전을 그렸고, 100만 유로를 받는다면 멋진 일들을 기꺼이 포기하려 했으며, 고아원을 위한 기부 의사를 밝힌 경우도 훨씬 적었다.[10]

:: 돈과 칭찬은 욕망을 춤추게 한다

뇌를 살펴보면 돈과 사회적 인정의 연관관계를 좀 더 정확하게 파악할 수 있다. 돈과 칭찬은 일정 수준까지 우리 뇌신경의 굶주림을 달래준다.

한 연구팀이 피실험자들에게 뇌를 스캔하는 장치를 붙이고, 판돈이 걸린 카드게임을 하게 했다. 앞에서 언급한 실험들에서 드러났듯이, 카드 게임에서 이겨 돈을 벌게 되면 곧바로 선조체striatum라고 하는 뇌 부위가 활성화되었다. 선조체는 뇌의 중심부에 있으며 '보상체계'에 속한다(1장에서 소개한 2개의 뇌핵인

측좌핵과 미상핵은 선조체의 일부다). 뇌의 이 부분은 욕망을 품을 때, 어떤 것을 간절히 원할 때 활성화되는 곳이다. 또한 주관적으로 기분이 좋아지거나 열광적인 감정을 느낄 때도 활성화될 가능성이 매우 높다. 예를 들면 코카인도 선조체를 활성화시키는 물질이라 할 수 있다.[11]

다시 실험으로 돌아가보자. 다음날, 피실험자들에게 다시 스캔 장치를 붙였다. 이번에는 카드 게임을 통해 돈을 버는 것이 아니라 (사전에 자의적으로 정해놓은) 인성에 대한 평가를 듣게 했다. 예를 들어 연구자들은 피실험자들에게 '성실하다', '인내심이 강하다', '까다롭다', '이기적이다'와 같은 말을 했다. 이번에도 긍정적인 말을 들을 때면 어김없이 선조체가 활성화되었다. 좋은 평가, 즉 칭찬을 받을수록 선조체가 활성화되는 정도는 강해졌다.

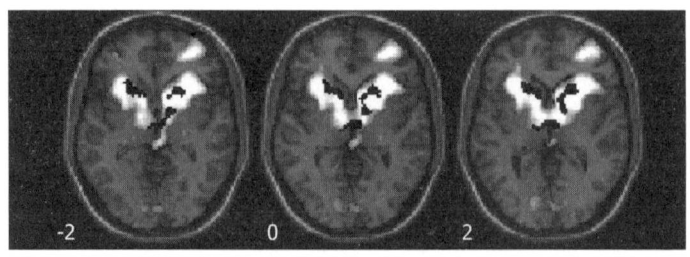

이 그림은 3개의 뇌단층 촬영 사진이다. 단층들은 각각 2밀리미터 두께로, 위에서 내려다본 장면이다. 그림의 위쪽은 얼굴 방향이고, 아래쪽은 후두부 방향이다. 흰색 부위는 돈을 벌어 흥분한 상태를 나타내고, 흰색 부위 속의 검은 부분은 칭찬을 받아 활성화된 것을 나타낸다. 그림에서 나타나듯이, 돈을 벌었을 때와 칭찬을 받았을 때 활성화되는 부위가 서로 겹친다.[12]

이처럼 사회적 인정과 칭찬은 뇌에서 돈을 버는 것과 매우 유사한 상태를 유발하는 것으로 보인다. 이 둘은 적어도 선조체가 활성화되는 정도에 있어서는 거의 동일하다. 다시 말해 (코카인 섭취를 제외하고) 선조체를 활성화시키려면 적어도 두 가지 전략이 필요하다. 주변 사람들로부터 좋은 평가를 받기 위한 행동을 하거나 돈을 버는 것이다.[13]

:: 돈이 사랑을 대체할 수 없는 이유

지구로부터 아주 멀리 떨어진 은하계의 행성이 등장하는 컴퓨터 게임이나 아이폰 앱을 가정해보자. 당신은 이 행성에서 살아가는 생명체다. 당신의 목표는 이 척박한 행성에서 살아남는 것이다.

게임이 시작되는 1단계에서 당신은 아주 작고 미약한 존재다. 당신은 당신을 먹여 살리고 보호해주는 부모에게 전적으로 의존한다. 부모가 당신을 내팽개치면 게임은 끝난다. 게임이 시작에서만 그런 것은 아니다. 게임이 진행되는 동안에도 당신은 주변 사람들에게 크게 의존한다. 당신이 생명 유지를 위한 음식을 얻고 안전한 주거지를 마련하며 비상시 도움을 받는 것도 이들의 호의에 달려 있다.

이러한 상황에서 당신이 부모나 주변 사람들로부터 인정을 받기 위해 온갖 노력을 기울이는 것은 너무도 당연한 일이다. 주변 사람들도 마찬가지다. 이 행성에 있는 모든 존재들은 공동체로 뭉치고자 하며 서로가 서로에게 좋은 인상을 주려고 노력한다. 사형제도가 없는 이 행성에서 가장 큰 벌은 공동체에서 배제되어 타인과 접촉하지 못하도록 차난뇌는 것이다.

그렇게 관계를 잘 유지하며 생명을 이어온 덕분에 당신은 2단계에 도달한다. 2단계에서는 몇 가지 변화가 생긴다. 가장 중요한 변화는 행성에 널리 퍼져 있는 새로운 발명품들이다. 이 발명품은 주변 사람들에 대한 의존성에서 벗어나게 해주는 신비의 약이다.

동화 속 이야기 같아서 믿기 어렵겠지만 신비의 약은 다음과 같은 기능을 한다. 이 약을 책상 위에 놓기만 하면 이전에는 주변 사람들의 인정을 받아야만 얻을 수 있었던 모든 것들을 한꺼번에 얻을 수 있다. 단번에, 그것도 아무런 반대도 없이 말이다. 풍족한 음식, 안전한 주거지, 비상시의 지원까지 그야말로 모든 것을 얻을 수 있다.

사정이 이러하다면, 당신은 분명 행성에 있는 모든 존재와 마찬가지로 이 신비의 약을 손에 넣기 위해 백방으로 뛰어다닐 것이다. 이 경우 이 신비의 약은 게임과 행성의 사회생활에 어떠한 변화를 초래하겠는가?

아마도 돈이 우리를 변화시킨 것과 비슷할 것이다. 돈은 젖먹이 동물이자 집단생활을 하는 우리들이 겪어야 할 운명인 상호의존성으로부터 우리를 어느 정도 해방시켰다. 게임에 비유하자면, 1단계에서 당신은 주변 사람들의 호의를 얻기 위해 끊임없이 노력해야 한다. 또한 생존을 위해 상호 친교의 네트워크도 만들어야 한다. 이러한 네트워크를 유지하려면 많은 시간과 노력이 필요하다. 예를 들어 친구 중 하나가 이사를 간다면, 일요일 아침이라도 일찍 일어나 무거운 박스를 날라줘야 한다. 또 친구 중 하나가 여자친구로부터 이별통보를 받았다면, 자정이 아니라 새벽에 전화해서 울고불고 난리를 쳐도 싫건 좋건 들어줘야 하는 것이다.

2단계가 되면 당신은 이러한 곤혹스런 일을 당할 필요가 없다. 신비의 약만 있다면 무엇이 문제겠는가. 이제 당신은 신비의 약을 얻는 데에만 온 힘을 쏟으면 된다. 신비의 약만 얻으면 일요일 아침에 박스를 나르거나 밤늦은 시간에 친구를 위로하느라 진땀을 뺄 필요가 없다. 쓸데없이 주변 사람들의 눈치를 보며 생존 문제를 고심해야 할 이유도 없는 것이다. 신비의 약으로 모든 것을 단번에 해결하고 유유히 3단계로 넘어가면 그만이다.

의존성에서 벗어나 독립성을 얻게 되면 또 다른 장점들이 따른다. 예를 들어 여행을 하면서 행성을 둘러보다가 마음에 드는 곳이 있으면 어디서건 자리를 잡고 눌러앉을 수 있다. 이제는 생존 때문에 다른 사람들의 인정과 호의에 신경 쓸 필요가 없으며, 오히려 다른 사람들은 당신이 지닌 신비의 약을 인정하고 부러워하게 된다.

이처럼 우리는 돈으로 타인과 교환활동을 해야 한다. 이러한 교환활동은 광범위하게 진행되며 특정 상대에게만 국한되지 않는다. 자유로운 시장경제에서는 일정한 서비스를 제공하는 수많은 공급자가 있다. 어떤 공급자가 마음에 들지 않거나 기대에 못 미치면 곧바로 경쟁업체로 갈아타면 그만이다. 이때 중요한 것은 이 경쟁업체가 우리에게 호의를 표하는지가 아니라 지불한 돈만큼 만족스런 서비스를 제공하는지의 여부다.

돈의 세계에서는 호의와 인기가 기껏해야 부차적인 역할을 할 뿐이기에, 우리는 타인들의 판단에 대해 점점 더 독립성을 갖게 된다. 이웃이 우리에게 내리는 판단은 이제 더 이상 중요하지 않다. 우리는 비상시에도 이웃에게 의존할 필요가 없다. 우리에게 도움은 주지만 인격적인 관심은 가지지 않는, 우리가 가진 돈에 대해서만 관심을 가지는 상대와 거래하면 된다. (반대로 이웃이 곤경에 처했을 경우 마찬가지로 그들 역시 우리를 성가시게 하지 않고 자신들의 문제를 돈으로 해결해야 한다.)

이렇게 (사회보험을 포함한) 돈과 부는 공동체의 유대를 점점 해체시킨다. 결국 남는 것은 개별적인 투사들뿐이다. 이들은 국가라는 이름의 추상적이며 아주 멀리 떨어져 존재하는 최고 기관에 의해 통제된다. 어느 누구도 국가를 친밀하게 알지는 못한다. 하지만 국가가 점점 익명성을 띠어가는 사회의 문제를 해결할 수 있도록 국민 각자가 재정을 분담한다.[14]

바로 이 점이, 이러한 발전과정이 우리 사회에서 부가 늘어나고 있음에도 구성원들의 만족도는 커지지 않는 이유들 중 하나처럼 보인다. 돈과 사회적 인정의 상호 교환에는 한계가 있다. 돈으로 모든 것을 얻을 수는 없다. 더 정확하게 말하자면 우리가 돈으로 얻는 것은 호의와 사랑으로 얻는 것보다는 단기적이며 손쉬운 만족이다. 돈으로는 장기적인 만족을 얻을 수 없다. 이유는 뭘까? 우선 돈의 세계에서는 우리 자신을 인격체로 느낄 수 없다. 주변 사람들의 인정은 생존이라는 목적을 달성하기 위한 수단에 불과하다. 주변 사람들의 관심과 인정은 순수성을 잃어가고 자기목적화되어, 사회적 존재로서 우리가 느끼는 행복에는 아무런 기여도 못하게 된 것이다.

예를 들어 호텔에서 묵는 것과 친한 친구 집에서 하룻밤을 보내는 것의 차이를 생각해보자. 호텔은 손님이 선량한 사람이든 아니든 또는 인종주의자든 동물혐오자든 개의치 않는다. 호텔은 손님이 누구든지 간에 돈만 내면 똑같은 침실과 아침 식사를 제공한다. 심지어 돈의 세계에서는 우리의 지갑 속만이 중요할 뿐이다. 영화 〈귀여운 여인〉에서 리처드 기어가 한 말을 인용해보자.

"가게는 사람들에게 친절한 것이 아니라 신용가드에 친절하다."

하지만 친구들은 이와는 정반대의 행동을 취한다. 우리가 누구인지, 우리가 어떤 성격을 가졌는지, 우리가 어떻게 행동하는지 등, 친구들이 우리에게 숙소를 제공하는 데 중요한 문제는 이런 것들이다. 돈은 이러한 문제에 대한 답을 오염시킨다. 때문에 우정에서 우러나오는 숙소 제공에 돈으로 보상하는 것은 금기사항이다. 우리가 친구 집에서 하룻밤을 보낸 후 지갑을 열어 신용카드를 꺼내거나 100유로를 건넨다면, 어쩌면 이날이 친구 집에서 보내는 마지막 밤이 될지도 모른다. 참된 친구는 신용카드에 친절한 것이 아니라 (특정한) 사람에게 친절하다.

돈이 지배하는 세계를 친구나 친밀한 세계와 비교해보면, 인격성이 전혀 없는 추상적인 세계로 특징지어진다. 돈의 세계에서 중요한 것은 인격이 아니라 우리가 얼마나 많은 돈을 가지고 있는가다. 돈의 세계에서 경험하는 호의는 궁극적으로 우리가 누구인지에 관한 정보는 제공하지 않은 채, 단지 우리의 지갑이 얼마나 채워져 있는지, 이 지갑이 어떠한 이유로 채워졌는지(우리가 이 돈을 벌기 위해 얼마나 힘들게 일했는지, 이 돈을 상속받았는지 또는 훔쳤는지, 주식 투자로 재미를 보았는지, 돈이 많은 배우자와 결혼했는지, 부유한 국가에서 태어났는지 등)에 관한 정보만 제공할 뿐이다. 우리가 돈의 세계에서 성공을 거둔다 해도 인격에 대한 피드백까지 얻을 수 있는 것은 아니다.

하지만 우정의 세계는 이와 다르다. 좋은 친구들을 많이 가지고 있고, 이들로부터 따뜻한 대접을 받는 자는 자신의 인격에 대해서도 어느 정도 추론이 가능하다. 게다가 진정으로 우리에게 신경 써주는 사람이 주변에 있다는 것은 그 자체만으로도 우리의 행복에 결정적으로 기여한다. 하지만 돈의 세계는 행복에 아무런 기여도 하지 않는다. 돈의 세계는 우리에게 신경 써주는 사람들을 불필요한 존재로 만들기 때문이다.

장기간에 걸친 진화의 과정은 우리에게 주변 사람들로부터 사랑을 받는 것이 생존에 중요한 요소라는 사실을 주입시켰다. 이러한 인정과 호의 그리고 인기에 대한 욕구는 (섹스에 대한 욕구와 마찬가지로) 쉽게 떨쳐버릴 수 없는 우리 본성의 일부가 되었다. 절대적인 생물학적 근거인 생존과 번식이 중요성을 잃긴 했지만, 그렇다고 욕구 자체가 사라진 것은 아니다. 우리는 여전히 편안함과 안정감을 느끼기 위해서 주변 사람들의 인정을 필요로 한다. 그리고 이러한 인정을 받지 못하면 고통을 겪는다(이는 우리가 섹스를 하지 못하게 될 때 겪는 고통과 마찬가지다).

때때로 우리는 주변 사람들의 호감을 얻기 위해서 고역도 감수해야 한다. 원치 않아도 함께 조깅을 하는 성의를 표시해야 할 경우도 있다. 돈은 이러한 고역을 덜어주고 단기적인 만족을 얻게 해주는 수단이다(이러한 점에서 돈은 사실상 마약과 유사한 역할을 한다). 하지만 돈은 장기적인 관점에서는 공허하고 무의미한 감정만을 남긴다. 이는 무엇보다도 주변에 우리를 소중하게 여기는 존재가 있는지가 불투명하기 때문에 생기는 현상이다.

여기서 지금까지 말한 내용을 요약해보자. 부는 타인에 대한 의존성을 줄여준다. 긍정적인 면에서 볼 때 타인의 뜻에 따라 움직일 필요가 없다는 것을 의미한다. 돈이 있으면 성가시게 구는 사람들, 굳이 관계를 맺고 싶지 않은 사람들과 거리를 유지할 수 있다. 하지만 부정적인 면에서 보면 우정을 표시할 기회를 없앤다. 즉 친구들과의 친밀한 관계에서 느낄 수 있는 안정과 편안함을 누리지 못하게 한다. 이로 인해 우리는 심리적인 불안을 느끼게 된다. 특히 일이 잘 풀리지 않을 때, 기댈 수 있는 대상이 없다는 것은 큰 타격일 수 있다.

친밀한 세계가 돈의 세계로 대체될수록, 심리적인 안정과 평안에 중요한 역할을 하는 결정적인 요소는 점점 더 사라진다. 이것은 바로 진정한 관심의 표시로서 우리가 사랑이라고 부르는 감정의 또 다른 표현이다. 우리가 돈의 세계에서 경험하는 위장된 호의는 제아무리 화려하게 치장해도 친밀한 세계의 참된 사랑이 주는 만족에는 결코 도달할 수 없다. 왜냐하면 이러한 위장된 호의는 궁극적으로 우리를 향한 것이 아니라 오직 우리의 지갑을 겨냥하고 있음을 잘 알기 때문이다.

예외적으로 아주 노골적인 예를 들어보겠다. 매춘부가 우리에게 제공하는 애교와 섹스는 우리의 매력이나 사랑스러움과는 아무 상관이 없다. 오로지 우리의 지불 능력에 대한 관심의 표현일 뿐이다. 이는 신용카드 회사의 고객 유치 광고도 마찬가지다. 진정한 관심을 내세우는 듯 그럴듯하게 포장하고 있지만 궁극적으로는 우리의 지불 능력만을 염두에 둔 것이다.

"당신의 삶을 더욱 편하게 해줄 누군가를 알고 있습니까? 구하기 힘든 입장권을 구해줄 누군가를? 당신이 원하는 것을 24시간 내내 비서처럼 처리해줄 누군가를? 당신이 레스토랑을 찾거나 아이를 돌볼 사람을 찾을 때, 또는 수리공을 찾을 때 곧바로 도움을 줄 수 있는 누군가를? 그것도 1년 365일 매일? 이런 사람, 모른다고요? 그렇다면 여기 적합한 대안이 있습니다. 아메리칸 익스프레스 플래티늄 카드! 당신의 프리미엄 라이프스타일에 맞는 다양한 혜택을 제공해드립니다."[15]

이 얼마나 놀라운 제안인가! 돈만 충분히 가지고 있다면, 우리가 어떤 사람이든, 우리가 어떻게 행동하든 24시간 함께할 아메리칸 익스프레스라는 친구를 얻을 수 있는 것이다. 물론 이 관계는 우리의 돈이 바닥나는 날까지만 가능하다. 만약 돈이 바닥나는 날이 온다면 아메리칸 엑스프레스는 곧바로 '우정'을 철회할 것이다. 이렇게 퇴짜를 맞게 되면 우리는 다시 가족과 친구에게로 눈길을 돌려 아옹다옹 살아가야 한다. 하지만 적어도 이들로부터는 참된 사랑과 인정을 얻을 수 있다.

— 4 —
가족 vs 사회

:: 양립할 수 없는 행복의 조건

> 가족과 바깥 세상 사이의 선택은 선진국들이 직면한 가장 특이하고 강력한 도전이다.
> 애브너 오퍼, 옥스퍼드 대학 경제사학자 1

조부모와 그 이전 세대들은 선택의 여지가 없었다. 여성은 안에서 가정살림을 맡고, 남성은 밖에서 돈을 벌어야 했다. 여성은 직업 세계와 차단되었을 뿐만 아니라 재정적으로도 남편에게 종속되었다. 그래서 여성들은 대부분 싫건 좋건 평생 동안 결혼생활을 유지해야만 했다.

우리 사회가 자유롭고 부유해질수록, 힘든 육체노동과 단순한 반복노동 위주의 산업사회에서 서비스 사회로 발전해갈수록, 매력적인 직업을 갖고 커리어를 쌓을 기회는 많아졌다. 남성뿐 아니라 여성에게도 일자리가 개방되면서 남녀 간 분업이 무너졌다. 그리고 이제 남성과 여성 모두가 일정한 시점이 되면 가족을 돌볼 것이냐, 아니면 커리어를 쌓을 것이냐를 놓고 선택해야 하는 상황에 직면했다. 노동과 가족이 이전과 같이 남녀 간 단순한 분업에 의해 상호보완되는 것이 아닌 경쟁 상대가 된 것이다.

남성들이 늘 해오던 방식대로 커리어를 쌓는 사이, 여성들 역시 가정에서 바깥 세상으로 진출했다. 여성의 교육시간은 늘어났고 재정적인 종속성도 사라졌으며 부부관계는 약화되었다. 가정을 이루는 일조차 개인적인 자유와 자아실현을 위해 뒷전으로 밀리게 되었다. 오늘날에는 누구나 커리어를 쌓기에 여념이 없다. 투자도 공동체가 아닌 자기 자신에게 한다. 실적을 올려야 자존감을 가질 수 있다고 생각한다. 자신은 물론 만나는 이성 파트너 역시 자의식이 강한 경우가 많아졌다.

이러한 발전과정에 의해 긍정적인 결과가 많아진 것은 분명한 사실이다. 1950년대와 달리 오늘날에는 남성과 여성이 정해진 역할을 하는 파트너로서가 아니라 각자가 자유롭고 동등한 인격체로 만난다. 사랑의 이상적인 전제가 마련된 것이다.

하지만 동전에는 양면이 있는 법이다. 한편으로는 안정된 결혼과 가정이, 다른 한편으로는 보람된 일이 우리의 행복에 기여하므로(이 둘은 사회적 존재인 우리가 얻고 싶어하는 관심과 인정의 탁월한 원천이기도 하다), 우리 모두에게는 행복에 도달할 수 있는 두 가지 경쟁적인 경로가 있는 셈이다.

잘 알려진 바와 같이, 현대인들은 행복의 경로에서 커리어를 우선시한다. 교육과 직업에 신경을 쓰고, 가정은 뒷전에 두는 경우가 많다. 이는 남성과 여성 모두가 지향하는 성공적인 삶에 대한 가치관과 연관되어 있다. 부유해질수록 행복의 가치관 또한 작고 사적인 가정의 세계에서 크고 공적인 커리어의 세계로 옮겨가게 된 것이다. 이러한 전이는 20세기 후반에 일어난 가장 중대한 변화 중 하나라 볼 수 있다.

다음 페이지의 그래프가 보여주듯이, 전체적으로 보면 현대의 행복 철학이 잘못된 길로 들어선 것은 아니다. 커리어를 더 추구하는 부유한 사회일수록 세계에서 가장 행복한 사회에 속한다. 또한 이러한 사회일수록 정치적으로도 안정된, 민주적인 모습을 보여주는데, 이러한 측면이 단순한 물질적 부보다 행복에 더 결정적인 기여를 한다.

하지만 콜롬비아와 푸에르토리코와 같이 상대적으로 가난한 국가들이 행복도에 있어서 세계 정상급인 덴마크와 어깨를 나

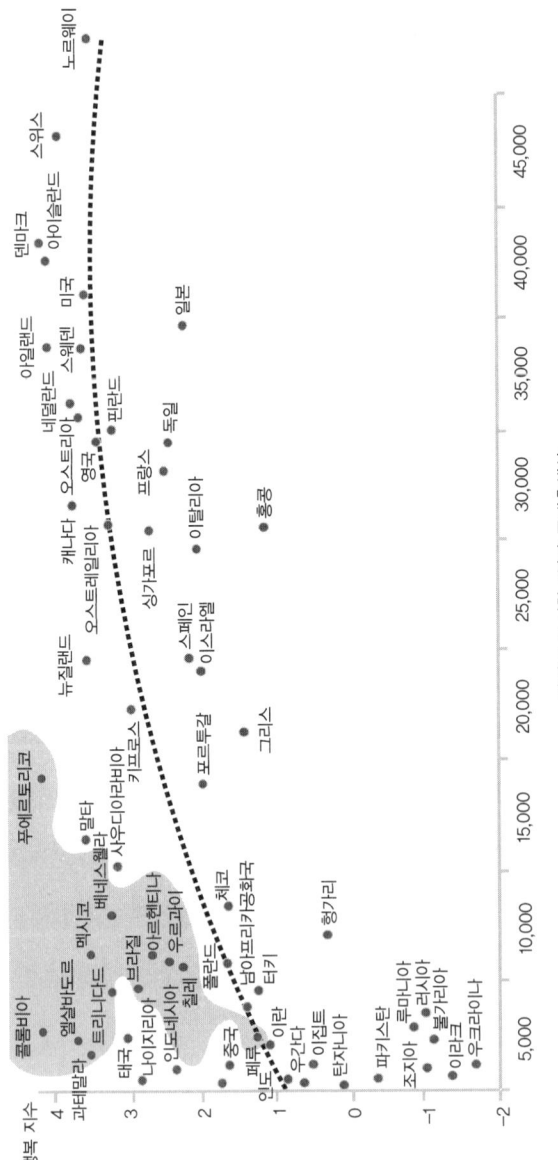

란히 한다는 사실은 주목할 만하다. 그래프의 점선상에 있는 페루를 제외한 점선 위에 있는 국가들은 국가의 부를 놓고 보면 기대하는 것보다 더 행복한 국가라고 말할 수 있다.

예상 외로 행복도가 높은 국가들은 라틴아메리카 국가들이다. 이 국가들은 독일과 비교할 때 무려 4배나 가난하지만, 독일 국민들에 비해 훨씬 행복하다. 반면 독일은 홍콩처럼 상황이 나쁘지는 않지만(홍콩은 '행복＝돈'이라는 등식이 성립되는 나라다. 홍콩의 출산율은 세계에서 두 번째로 낮으며, 삶에 대한 만족도는 무조건 소득에 따라 좌우된다), 국가의 부를 놓고 볼 때 기대할 수 있는 것보다 덜 행복한 국가에 속한다.[2]

이러한 차이에서 어떤 결론을 내릴 수 있을까? 예상과 달리 라틴아메리카 국가들의 행복도가 높은 이유는 무엇일까? 엘살바도르인, 콜롬비아인, 푸에르토리코인, 과테말라인들이 자신들보다 훨씬 부유한 독일인보다 더 크게 행복을 느끼는 이유는 무엇일까?

물론 그 이유가 정확하게 밝혀진 것은 아니다.[3] 어떤 사람들은 작렬하는 태양과 살사춤 그리고 카르페 디엠(현재를 즐겨라)의 자세에서 그 이유를 찾기도 하고, 또 어떤 사람들은 라틴아메리카 국가에 중요한 역할을 하고 있는 가톨릭교에서 그 이유를 찾기도 한다. 종교의 도움으로 삶의 기대치를 낮추고 피할 수 없는 고통의 순간을 묵묵히 감내하거나, 아니면 내세의 삶을 꿈꾸는 대신 현실에 충실한 삶을 살아간다는 것이다.[4] 부를 추구하는 전략의 본질이 원하는 것을 가능한 한 짧은 시간에 가능한 한 많이 얻는 데 있다면, 종교적인 전략의 본질은 소망을 억누르고 얻은 것에 만족하는 태도에 있다는 것, 이것이 가장 큰 차이점 아닐까?

라틴아메리카인들의 행복도가 높은 이유를 설명하려는 이러한 시도들은 어느 정도는 설득력이 있다. 하지만 작렬하는 태양과 살사춤보다 더 중요한 요소가 빠져 있다. 라틴아메리카인들이 누리는 행복은 그들이 가족과 사회생활에 부여하는 가치와 관련이 있다.

앞의 행복 그래프를 다음과 같이 해석해보자. 그래프의 오른쪽에 있는 국가일수록 더 부유하고, 돈의 세계에서 행복을 찾는 경향이 강하다. 그렇게 돈을 추구하다 보니 사람들 사이의 거리는 점점 더 멀어진다. 가족도 예외는 아니다. 이렇게 생각하면 라틴아메리카인들의 높은 행복도뿐만 아니라, 부유하지만 가족관계는 약한 독인인들의 비교적 낮은 행복도 설명이 가능하다.

물론 이러한 설명은 다분히 가설적이며 분명 맞지 않는 부분도 있다(그렇다면 이탈리아의 행복도가 낮은 이유는 어떻게 설명해야 하는가?). 이는 복잡한 현상을 개별적인 요인으로 거슬러 올라가 설명하려 하기 때문이다. 그럼에도 이러한 가설에 타당성을 부여할 수 있는 몇 가지 증거는 있다. 예를 들어 라틴아메리카인들이 앞의 행복 그래프의 오른쪽에 있는 부유한 국가의 국민들보다 가족에게 훨씬 큰 의미를 부여한다는 연구 결과가 그것이다.[5]

최근 하버드 대학에서 80개국을 대상으로 실시한 가족 위상 파악을 위한 연구에서도 같은 결론이 입증된 바 있다. 이탈리아의 경제학자 파올라 귈리아노를 중심으로 한 연구진은 전 세계인들을 대상으로 가족 위상에 대한 설문조사를 실시했다. 자녀들에게는 부모에 대한 존경심이 얼마나 큰지를 묻고, 부모들에게는 자녀들을 위해 본인의 행복을 얼마나 뒷전에 놓을 수 있는지를 물었다. 비록 완벽하진 않더라도 이 설문조사를 통해 해당 국가에서 가족 위상에 대한 어느 정도 유용한 기준을 세우게 되었다. 가족은 라틴아메리카뿐만 아니라 아프리카와 아시아에서도 매우 중요한 의미를 지니지만 북유럽에서는 중요도가 훨씬 낮았다. 특히 독일에서는 가족의 위상이 매우 낮았다.

가족 간의 유대가 약하거나 중간 수준에 속하는 40개국 중 유대가 약한 순부터 나열하면 다음과 같다. 리투아니아, 독일, 네덜란드, 벨라루스, 스웨덴, 에스토니아, 핀란드, 노르웨이, 오스트리아, 스위스, 그리스, 아이슬란드, 러시아, 일본, 룩셈부르크, 체코, 대한민국, 라트비아, 중국, 영국, 벨기에, 크로아

티아, 우크라이나, 아제르바이잔, 슬로바키아, 오스트레일리아, 뉴질랜드, 헝가리, 불가리아, 슬로베니아, 프랑스, 우루과이, 아일랜드, 아르메니아, 북아일랜드, 포르투갈, 방글라데시, 몰다비아, 대만순으로 나타나는데, 여기서 독일은 리투아니아 다음으로 가족 간의 유대가 약한 것으로 드러났다.[6]

반면 가족 간의 유대가 강한 40개국 중 유대가 강한 순부터 나열하면 다음과 같다. 나이지리이, 푸에르토리코, 짐바브웨, 이집트, 베네수엘라, 필리핀, 몰타, 보스니아-헤르체고비나, 인도네시아, 파키스탄, 엘살바도르, 모로코, 베트남, 요르단, 마케도니아, 싱가포르, 알제리, 탄자니아, 칠레, 멕시코, 우간다, 남아프리카공화국, 몬테네그로, 브라질, 세르비아, 알바니아, 인도, 콜롬비아, 폴란드, 아르헨티나, 조지아, 페루, 이탈리아, 미국, 도미니카공화국, 스페인, 터키, 캐나다, 이란순으로 나타나는데, 조사한 남아메리카 국가들 중에서는 우루과이를 제외하고 모두 가족 유대가 강한 것으로 드러났다.

하버드 대학 연구진들이 입증한 또 다른 결과는 아미시파가 보험을 기피하는 것과 관련해 매우 흥미로운 시사점을 던져준다. 가족 유대가 강한 국민들은 사회보험을 확충할 경우 세금을 낼 의사가 약했다. 이는 위급한 상황이 생겨도 가족이 보험 역할을 수행하기 때문으로 짐작된다. 동시에 가족 간의 유대는 높은 만족도를 불러온다. 그리고 이는 가족 위상을 높이고 행복도를 높이는 데 긍정적인 영향을 미친다. 실제로 가족이 중심 역할을 하는 국가의 국민들은 예외가 있기는 해도 비교적 행복감을 크게 느끼는 경향을 보였다.[7]

지금까지 말한 것을 요약해보면 다음과 같다. 우리는 돈이 많아질수록 사적이고 친밀한 관계로부터 점점 멀어진다. 사회가 부유해질수록 구성원들은 점점 더 각자의 길을 가며 개인적인 소망과 계획을 추구하게 된다. 그리고 이는 가족 간의 유대와 사회적인 관계에 부정적인 영향을 미친다. 가족이라는 작은 세계는 중요성을 잃어가고, 우리는 점점 더 바깥 세상에서 얻는 인정, 즉 커리어에만 집중한다.

부유한 사회에서 가족이 점점 중요성을 잃어가는 것은 부유한 국가들에서 나타나는 가족 형태만 보아도 알 수 있다. 가족이 점점 줄어드는 것은 물론, 그나마도 대부분 소가족 형태를 띠고 있다.

부유한 사회에는 선택지가 많고, 구성원들은 점점 늘어나는 선택지 앞에서 고민하게 된다. 누구와 결혼할 것인가? 여행을 많이 할 것인가? 유학을 떠날 것인가? 멋지고 흥미진진한 커리어를 쌓을 것인가? 가족과 아이는 수많은 선택지 중 하나에 불과하다. 부유한 국가에서 출생률은 대략 여성 1명당 아이 2명을 낳는 정도의 '대체비율' 이하로 떨어졌다. 가난한 나라에서 이주해오는 사람들이 없다면 인구가 줄어들 수밖에 없는 처지에 놓인 것이다.[8]

부유한 국민들은 점점 더 가족을 구성하려 하지 않는다. 그나마 남아 있는 소수의 가족과도 단절될 위험에 처해 있다. 오늘날 독일에서 3대로 구성된 가족은 사실상 과거의 유산이 되어버렸고, 가족 구성원들도 거의 대부분 떨어져 살고 있다. 게다가 핵심 가족(여성, 남성, 아이)도 국가가 부유할수록 더 일찍부터 해체된다. 한 연구 자료에 따르면 국가의 부와 편부모하에 성장하는 아이들 사이에 뚜렷한 연관관계가 있음을 알 수 있다.[9] 실제로 1인당 국내총생산이 높은 나라일수록 편부모와 사는 아이들의 수도 함께 증가하는 비율을 보였다.

부모는(적어도 부모의 한쪽은) 아이들이 어릴지라도 가족을 떠나 독자적인 길을 자유롭게 선택할 수 있다. 사회가 부유할수록 부모에게는 가족이 함께 지내야 한다는 사회적 의무와도 같은 '선택지' 외에도, 이와 경쟁하는 또 다른 매력적인 선택지가 늘어나는 것이다.

하지만 이러한 상황은 아이들에게는 다른 의미를 지닌다. 아무리 부유할지라도 그것은 중요치 않으며, 아이들에게는 부모와 함께 지내는 것만이 간절히 원하는 유일한 선택지일 수 있다. 그러나 대부분 아이들에게는 선택권이 없다. 만약 이때 아이들이 부모와 함께 살기를 바란다면, 부는 부모와 아이들 사이의 고통스런 이해관계에서 갈등을 유발하는 원인이 될 수도 있다. 이는 아이들이 살고 있는 국가가 얼마나 부유한지와는 별개의 문제다.[10]

:: 절대 다수가 느끼는 상대적 빈곤

나에게는 다니엘이라는 친구가 있다. 친한 친구 사이에 흔히 그러듯이 다니엘과 나는 같은 주제를 놓고 자주 대화를 나눈다. 우리가 만날 때마다 토론하는 주제는 아이와 관련된 것들이다. 우리가 아이를 가질 능력이 되는가 하는 것이다.

다니엘은 나에게 아이를 키우는 데 얼마나 많은 돈이 드는지 조목조목 따지며 금액까지 구체적으로 제시했다. 이렇게 계산하다 보면, 아이 1명당 드는 비용이 10만 유로를 초과하는 것은 시간문제였다. 아이가 18세가 되기 전까지는 그래도 나은 편이다. 대학에 들어가면 이제 그 비용은 훌쩍 뛴다. 다니엘의 계산은 상당히 논리적이고 설득력이 있었으며, 심지어 아이를 가질 엄두도 내지 못할 만큼 위협적이었다. 사실 이것이 그의 목적이었다.

우리는 포도주잔을 기울이며 앞으로 가질지도 모르는 아이에게 드는 비용에 대해 정말 진지하게 걱정하곤 했다. 그것도 세계에서 부유한 편에 속하는 나라, 격변하는 역사를 거쳐 마침내 정치적인 안정을 이뤄낸 나라에서 말이다(내 부모 중 한 분은 전쟁 중에, 또 다른 분은 전쟁 직후에 상대적으로 그리 부유하지 않은 집안에서 태어났다. 이렇게 내 조부모는 이런 불안한 상황에서 아이를 갖고 낳을 결정을 내렸을까? 대담한 모험을 감행했다고 말하는 게 맞지 않을까?). 다니엘과 나만 이러한 일로 고민하고 있는 것일까? 다른 사람들은 대체 어떤 방식으로 이 문제를 해결하고 있는 것일까? 하지만 이러한 걱정이 나라 전체의 문제가 되는 데는 그리 오랜 시간이 걸리지 않았다.[11]

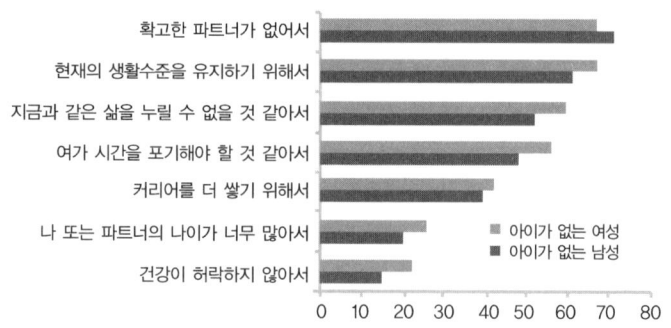

퍼센트로 표시한 아이를 가지지 않는 결정적인 이유

아이가 없는 독일인에게 아이를 가지지 않는 이유를 물으면, 직업을 갖고 커리어 쌓기에 몰두하기 위해서가 일차적인 이유는 아니라고 대답한다. 앞에서 이미 다룬 것처럼 결혼할 상대를 만나지 못해 혼자 살기 때문이기도 하지만, 그보다 더 큰 문제는 다른 데 있다. 우리들 대부분은 아이를 가지게 되면 현재 누리고 있는 생활을 유지할 수 없다고 생각한다. 생활수준 자체가 점차적으로 떨어질 수밖에 없다는 불안감을 느끼는 것이다.[12]

우리가 가정을 꾸리지 않는 이유는 우선적으로 물질적인 이해관계 때문이다. 전 세계에서, 그 어느 때보다도 물질적으로 부유한 나라에서 살고 있으면서도 말이다. 어떻게 이런 일이 생길 수 있는가? 왜 우리는 현실 그대로 부유하게 느끼지 않는 걸까? 도대체 이런 터무니없는 일이 왜 생기는 걸까?

하지만 조금만 깊이 생각해보면, 여기서 부각되는 불안이 겉으로 드러나는 것처럼 그렇게 잘못된 것이 아니라는 사실을 알 수 있다. 아니, 오히려 이러한 우려는 충분히 설득력이 있다. 어쩌면 부가 늘어나도 행복도가 자동적으로 높아지지 않는 이유를 설명해주는 결정적인 근거가 될 수도 있다.

기본적인 욕구가 충족되는 곳에서는, 즉 거의 모두가 의식주 문제를 해결할 수 있는 곳에서는 의식주에 관련된 문제가 자명한 것이 된다. 이 자명한 것에 대해서는 더 이상 걱정할 필요가 없다. 이제 우리가 신경 써야 할 것은 다른 문제다. "생존하는 데 충분한 돈이 있는가?"라는 문제 역시 마찬가지다. 생존은 이제 더 이상 불면의 밤을 지새우며 고민해야 하는 문제가 아니다. 그 대신 우리가 고민해야 하는 문제는 다음과 같은 것이다. "나는 이웃에 비해 충분한 돈을 가지고 있는가?", "나는 내 친구나 동료의 생활수준을 따라갈 수 있는가?"

이는 사치스런 문제로 보일 수도 있지만 자세히 살펴보면 절대적인 욕구다. 또한 주변 사람들에 비해 상대적으로 좋은 여건을 마련하고자 하는 것은 상당히 기본적인 욕구이기도 하다. 순수하게 생물학적인 측면에서 살펴보아도 우리처럼 성적으로 번식하는 종에게 생존만이 문제가 된 적은 없었다. 만약 그랬다면 당신과 나는 결코 존재하지 않았을 것이다. 우리 부모는 오로지 생존만을 고민했을 것이고, 우리를 낳으려고 온갖 고생을 하지도 않았을 것이다.

자연의 관점에서 볼 때 우리의 생존은 원칙적으로 매우 중요하다. 왜냐하면 일정한 생존 기간은 번식할 수 있는 전제가 되기 때문이다. 그러므로 제아무리 뛰어난 생존 기술을 가졌다 할지라도 자손을 남기지 않는다면 진화상의 실패일 뿐이다.

번식을 위해서는 생존 중에 치열한 경쟁을 통해 적어도 한 사람의 이성으로 하여금 우리를 선택하도록 설득해야 한다. 하지만 그 이성이 쉽게 우리를 선택한다는 보장이 있는가? 왜 그 또는 그녀가 수많은 경쟁자들을 뿌리치고 하필이면 우리를 선택해야 한단 말인가?

대답은 분명하다. 우리는 이웃이 가지고 있지 않은 무엇인가를 가지고 있어야 한다. 우리는 이웃보다 더 멋지고 더 부유하며, 더 지적이고 더 성공해야 한다. 한마디로 우리가 이웃보다 더 매력적이어야 하는 것이다. 이 때문에 세상은 우리가 늘 이웃의 정원을 살피며, 그곳의 풀이 우리 것보다 더 푸르지 않도록 유의하게 만들었다.

하버드 대학의 연구진들은 피실험자들에게 다음과 같은 두 가지 상황에서 어떤 경우를 더 선호하는지 물었다.

A) 당신의 연봉은 5만 유로인데, 주변 사람들의 연봉은 2만 5,000유로다.
B) 당신의 연봉은 10만 유로인데, 주변 사람들의 연봉은 20만 유로다.

A) 당신의 IQ는 110인데, 주변 사람들의 IQ는 90이다.
B) 당신의 IQ는 130인데, 주변 사람들의 IQ는 150이다.

A) 당신의 신체적 매력도는 6인데, 주변 사람들의 신체적 매력도는 4이다.

B) 당신의 신체적 매력도는 8인데, 주변 사람들의 신체적 매력도는 10이다.

IQ가 130이면 정말 대단하지 않은가? 우주의 신비도 꿰뚫어볼 수 있고, 어려운 수학 문제도 잘 풀 수 있으며, 끼다로운 과제도 해결할 수 있을 것이다. 하지만 복잡한 문제를 풀 수 있는 능력은 크게 마음에 와 닿지 않는 것 같다. 물론 이런 IQ를 갖는 것은 누구나 원하는 일이긴 하지만, 이보다 더 중요한 것은 주변 사람들과 비교했을 때 머리가 나쁘다는 인상을 주지 않는 일이다. 앞의 실험에서 피실험자들 다수는 A를 선택했다.[13]

그렇다. 전 세계적으로 볼 때 우리는 대부분 매우 부유하지만, 바로 옆에 사는 이웃과 비교하면(직접적인 경쟁 상대를 생각하면) 부유하다고 느끼지 않는다. 이런 현상은, 텔레비전만 보아도 알 수 있듯 주변이 우리보다 훨씬 부유한 사람들로 가득 차 있기 때문이다.

한 연구 결과에 따르면, 돈의 위력이 커지는 것과 더불어 상대적으로 열등하다는 것도 중국인들의 불만에 크게 기여했다.

경제 성장으로 지난 몇 년 사이에 거의 모든 중국인들이 부유해졌지만, 소수의 백만장자와 억만장자들이 보통 사람들의 만족도를 끌어내린 것이다.

자본주의 도입의 영향으로 중국인들에게 돈은 점점 더 중요한 것으로 부각되고 있다. 이를테면 1990년대까지만 해도 중국인들의 재정 만족도와 삶에 대한 만족도 사이에는 연관관계가 약했다. 사람들의 행복도는 수입이 얼마인가에 따라 좌우되지 않았다. 오히려 건강에 따라 좌우되는 경향이 컸다. 중국인들의 삶에서 돈은 결정적인 역할을 하지 못했던 것이다.

하지만 이제는 크게 달라졌다. 최근 홍콩뿐만 아니라 중국 본토에서도 삶에 대한 만족도가 월급에 대한 만족도와 거의 동일시되고 있다. 예전에는 돈이 인생의 행복을 가져다주는 여러 요소들 중 하나에 불과했다면, 오늘날에는 행복을 결정짓는 가장 중요한 요소가 된 것이다.

이로써 행복의 다른 원천들은 모두 뒷전으로 내몰리고 있다. 중국은 자본주의 사회의 위험을 적나라하게 노출하고 있으며, 극단적으로 말하면 이제 돈 없이는 삶의 재미를 느낄 수 없는 지경에까지 이르렀다. 이에 대해 브레멘 야콥스 대학의 연구팀은 다음과 같이 연구 결과를 요약했다.

"현재 중국에서는 돈이 곧 행복이다."

하지만 유감스럽게도 이러한 변화과정에서 중국인들 대부분은 상대적으로 더 가난해졌다.[14]

오로지 생존만이 문제라면, 부유한 국가들에서 발생하는 불만이나 투쟁의 근거는 더 이상 존재하지 않을 것이다. 하지만 우리는 여전히 생존을 위해, 다시 말해 의식주를 위해 싸우고 있을 뿐만 아니라 사회적 지위를 위해서도 싸우고 있다.

아미시파는 이러한 지위에 대한 갈증을 종교와 수많은 금지 규칙을 통해 미연에 방지하려고 한다. 왜냐하면 지위에 대한 갈증은 육체적인 갈증과는 달리 절대적인 만족을 몰라 파국에 이르는 결과를 초래할 수도 있기 때문이다. 따라서 아미시파의 삶은 높낮이가 없이 고요하고 차분하게 흘러간다. 비유적으로 말하자면 아미시파의 삶은 큰 소리로 떠드는 것이 금지된 파티와 같다. 다소 황량하게 느껴질 때도 있지만(아미시파의 삶 자체를 파티라고 말할 수 없다고 주장하는 이들도 있다), 이들의 삶은 한바탕 잔치가 끝나도 목이 쉬는 사람이 없는 조용한 파티와 같다.

반면 우리 사회에는 이러한 금지 규칙이 없다. 가장 큰 소리로 외치는 자가 가장 큰 주목을 받는다. 어떤 사람이 주목을 끌기 위해 소리를 내기 시작하면 이웃에 있는 다른 사람들도 덩달아 소리를 높인다. 이렇게 파티의 수위는 점점 높아지고, 결

국에는 파티가 끝난 뒤 목소리가 잠기는 사람이 발생하는 지경에까지 이른다.[15]

　자연의 섭리에서 보면, 가능한 한 높은 사회적 지위를 얻기 위한 투쟁은 그 자체가 목적이 아니라 생존과 번식이라는 목적을 달성하기 위한 수단이다. 순수한 생물학적 시각에서 살펴본다면, 우리가 짝을 찾아 가족을 구성하는 것은 적어도 '진화의 과업'을 부분적으로는 달성했음을 의미한다. 그러나 생물학적 시각을 벗어나면, 그 의미는 달라진다. 가족을 구성하는 것은 자아정체성이나 사회적인 인정 추구만을 의미하지 않는다. 우리는 일을 통해서도 인정을 얻지만, 가족을 통해 보다 더 절대적인 인정을 얻는다. 가족 안에서는 누구나 작은 스타이며 누구나 전폭적인 주목과 지지를 받는다.

　반면 커리어의 세계는 이와 다르다. 사회에서는 가장 높은 지위에 있는 사람이 가장 큰 주목을 받고 인정을 받는다. 어느 사회에서나 정상에 서는 사람은 항상 소수일 뿐이다. 우리 사회가 제아무리 부유해지고 발전할지라도 빌 게이츠와 같은 사람은 단 한 사람만 존재할 수 있다. 마찬가지로 대통령이나 톱 모델, 영화스타, 축구스타, 노벨상 수상자 등도 소수만 존재할 뿐이다. 이처럼 정상의 자리에는 소수의 특권자들만 존재하므로 나머지 절대 다수는 항상 상대적인 빈곤을 느끼게 된다.

 행복의 기준을 돈이나 커리어에 맞추고 다른 모든 것들을 하위에 둘수록, 소수의 특권자만이 월계관을 차지하는 투쟁은 계속된다. 이러한 세계에서 우리와 같은 절대 다수는 늘 상대적인 패배자가 되고 만다. 공식적인 주목과 인정을 얻고자 노력하는 삶은 결국 현대의 고질병 중 하나인 영원한 불안과 방황을 초래할 수도 있다. 이 점에 대해서는 다음 장에서 자세히 살펴볼 것이다.

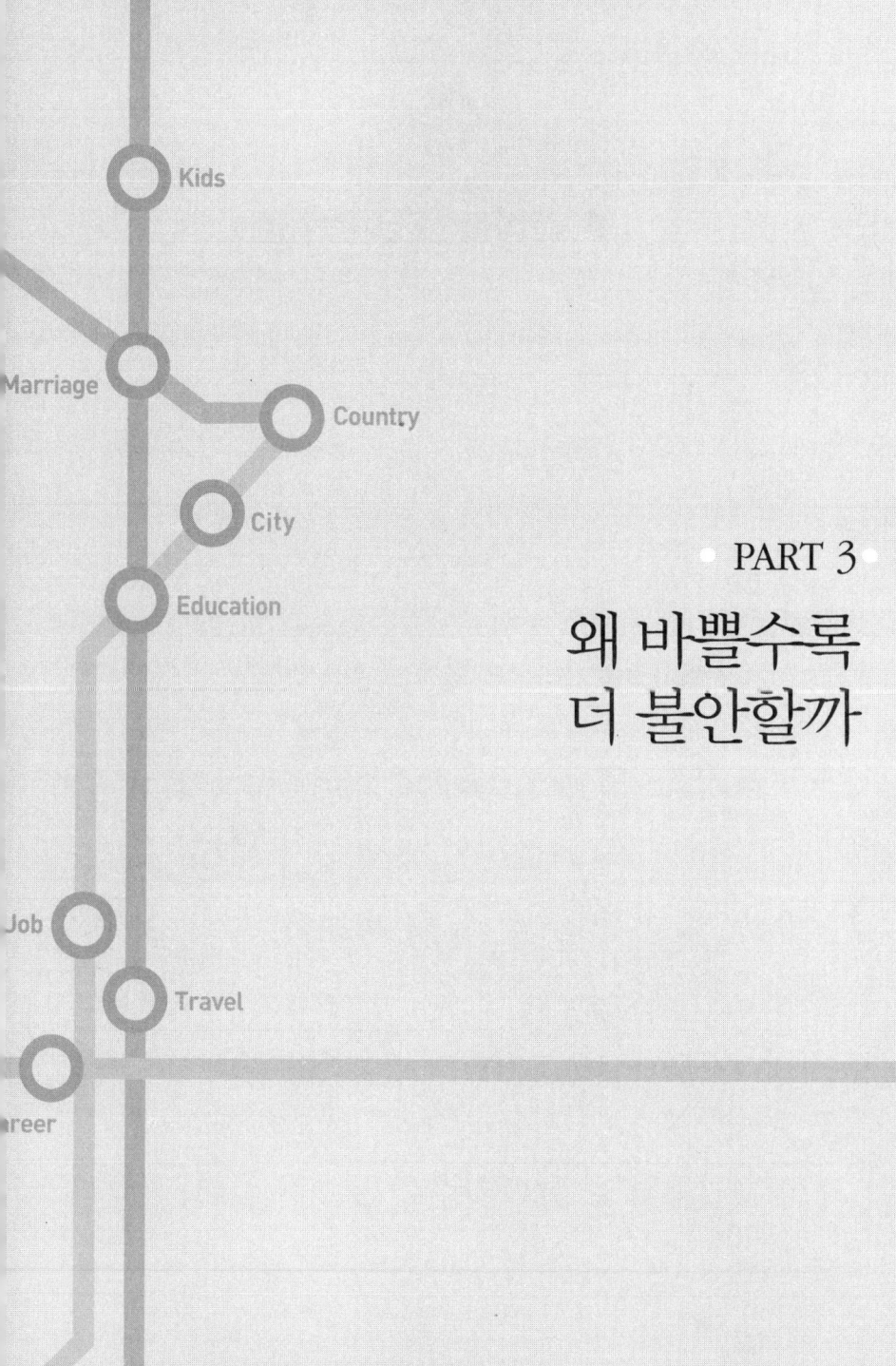

• PART 3 •

왜 바쁠수록
더 불안할까

― 1 ―
불안은 어떻게 생기는가

:: **자유롭고 풍족하지만, 스트레스에 시달리는 현대인**

현대인의 모습을 삽화로 그려본다면 도시형 노이로제 환자로 묘사하는 것이 적합할 것 같다. 이 모습은 앞의 1장과 2장의 핵심 내용과도 부합된다.

첫째, 현대인은 상대적으로 독립적이고 자유롭다. 현대인의 문제는 그가 어떤 결정을 내리고 무엇을 해야 하는지가 정해져 있다는 데 있지 않다. 오히려 그가 원하는 것이 무엇인지 정확히 알지 못한다는 데 있다. 그래서 그는 결정을 내릴 때 온갖 생각을 하며 주저하는 경우가 많다.

둘째, 현대인은 의식주에 대한 걱정을 하지 않아도 되며 (역사적으로나 전 세계적으로 비교해볼 때) 물질적으로 가난하지도 않다. 그는 많은 것을 가지고 있고, 많은 것을 이룬 상태다. 하지만 행복감을 느끼기에는 무언가 부족하다고 여기고 불만을 품는다(그래도 여기까지는 봐줄 만하다).

자, 지금까지 언급한 사실들을 통해 우리는 현대인의 영혼에 어느 정도 근접했다. 하지만 여기에 결정적인 성질 한 가지가 빠져 있다. 이것이 바로 현대인의 중요한 특징이다(이 성질은 '도시형 노이로제 환자'라는 말에서 어느 정도 암시된다). 그것은 바로 셋째, 현대인이 맞서 싸우고 있는 내면의 불안, 현대인이 겪고 있는 끊임없는 스트레스와 만성적인 방황이다.

정말이지 진기한 현상이다. 객관적으로 볼 때 우리는 특권과도 같은 상황을 누리며 어느 정도 여유를 부릴 수 있다. 하지만 우리들 대부분은 긴장의 끈을 놓지 않는다. 왜 이러한 현상이 벌어질까?

이는 한편으로 이해할 수도 있는 일이다. 물질적인 풍요 속에서 항상 무언가가 부족한 것처럼 느껴지지만 그것이 무엇인지조차 명확하지 않다. 이러한 결핍을 느낀다면, 마냥 느긋한 자세로 '나는 행복하고 만족한다!'라고 말할 수는 없을 것이다.

이 장에서는 우리 사회의 방황과 불안이라는 주제를 다룬다. 나는 오늘날 생활 속에서 여유를 찾지 못하도록 하는 불안유발자가 무엇인지 밝히려고 한다. 끊임없이 기승을 부리는 내외의 불안은 도대체 어디서 오는 것인가? 왜 우리는 항상 분주하게 움직여야만 하는가? 왜 우리는 끊임없이 활동하고 있는데도 충분히 일하지 못했다는 불편한 감정에 시달려야만 하는가?

노이로제 증상이 생기는 원인은 우리의 본성에서, 즉 우리 안에서 찾을 수 있다. 뿐만 아니라 주변 환경의 영향에서도 찾을 수 있다. 그러므로 현대인의 전형적인 거주지인 대도시를 주목해보는 것도 도움이 된다. 대도시는 지금까지 이 책에서 서술한 모든 것이 최고로 부각되고 완성되는 곳이다. 우리는 부의 최대치를 이룬 대도시에서 최대의 자유를 만끽하고자 한다. 그런 면에서 대도시는 한적한 시골과 비교할 때 분주함으로 들끓는다.

:: **자유, 돈 그리고 분주함**

지난 수십 년 동안 우리의 자유와 부가 끊임없이 확대된 것처럼, 분주함 역시 점점 보편화되고 확대되고 있다. 베를린의 여론조사 기관 포르자의 설문조사에 따르면, '시인과 사상가의 나라'로 불렸던 독일은 꽤 오래전부터 '여유와 낭만을 즐길 줄 아는 나라'에서 '스트레스를 받고 서두르며 끊임없이 일하는 나라'로 변화하는 중이다.

포르자의 연구 결과에 따르면, 지난 몇 년 동안 독일인들은 2명 중 1명꼴로 만성적인 스트레스에 시달려온 것으로 나타났다. 독일 남성들 절반 이상이 앞으로도 스트레스가 계속 늘어날 것이라고 전망했으며, 독일 여성들은 일을 시작하면 좀처럼 중단하지 못하고 있다. 이미 건강에도 여러 가지 문제가 발생하고 있다. 피로, 근육마비, 허리통, 두통, 수면장애 등은 그나마 가벼운 부작용에 속한다. 이러한 부작용은 일을 계속할 경우 심장마비와 같은 치명적인 장애나 우울증, 무기력증과 같은

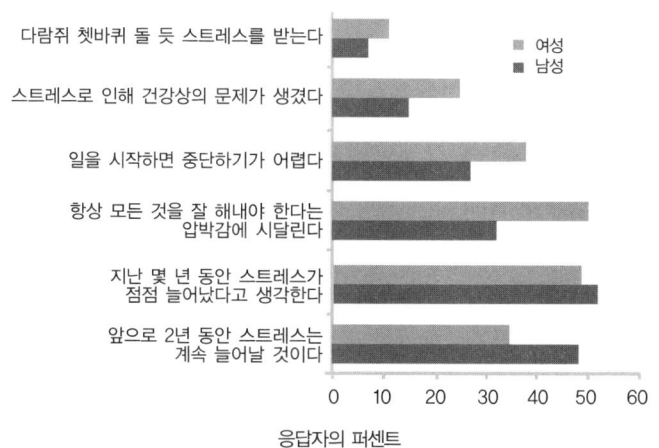

정신질환을 초래할 수도 있다.¹ 실제로 한 건강보험의 자료에 따르면, 2004년에서 2009년 사이 무기력증으로 인한 결근 일수가 남녀를 포함한 피보험자 1,000명당 4.6일에서 47.1일로 무려 10배 이상 늘어난 것으로 나타났다.²

과거로 시선을 돌려보면, 우리가 현재 체험하고 있는 이러한 분주함은 그 출발점이 18세기까지 거슬러 올라간다. 현재 나타나는 분주함은 역시적인 트렌드의 잠정적인 정점에 불과하다.³ 삶의 속도가 보편적으로 빨라지기 시작한 것은 산업화 시대였다. 섬세한 감각을 지닌 사람들은 이미 그 당시에 당혹감을 느끼고 경험했다. 예를 들어 독일의 대문호 괴테는 주변에서 자신이 직접 느끼고 새롭게 관찰한 이 성급한 태도를 "벨로치퍼리시veloziferisch(괴테가 '빠름' 또는 '운동'을 뜻하는 라틴어 'velo'와 '악마적'을 뜻하는 'luziferisch'를 결합해 만든, 악마처럼 성급하다는 뜻의 신조어)"라고 조롱했다.⁴

괴테의 언급이 있은 후 거의 50년이 지난 19세기 말, 속도의 트렌드는 점점 더 뚜렷해졌다. 당시 사람들이 피부로 느낄 정도였다. 독일의 철학자 니체는 이 현상의 원인을 성찰하기 시작했다. 니체는 성급함이 확산되는 현상을 미국식 생활방식이 독감처럼 번진 탓으로 돌렸다. 그는 자신의 아포리즘에서 이러한 성급함을 지칭해 '미국인들이 금을 탐하는 태도에서 나타나는 야만성'이라고 비웃었다. 또한 그는 '숨 가쁘게 서두르는 노동'을 '신세계의 고유한 악습'으로 여겼다. 이 악습은 유럽에도 전파되어 그곳을 야만적으로 만들며, 기이한 정신결핍증까지 퍼뜨리기 시작했다.

사람들은 이제 휴식을 부끄러워한다. 오랜 사색에 대해선 양심의 가책까지 느낀다. 시계를 바라보며 점심 식사는 어떻게 할 것인지 생각하고, 눈은 주식 시세가 나와 있는 신문을 향해 있다. 사람들은 언제나 무언가를 '놓치는 것'은 아닌가 불안해하며 살고 있다. '아무것도 안 하느니 차라리 무슨 일이라도 한다'는 원칙이 모든 교양과 고상한 취미를 파괴하고 있다.

여러분의 소중한 시간을 낭비하지 않기 위해, 니체의 장황한 서술은 건너뛰고 곧바로 결론 부분을 소개한다.

"오늘날 노동은 양심을 점점 더 자신의 편으로 끌어들이고 있다. 쉬거나 놀면서 즐거움을 찾는 행위는 '피로 회복에 대한 욕구'라는 이름으로 불리며, 수치심의 대상이 되었다. 피크닉을 떠났다가 들키기라도 하면, 사람들은 '건강도 생각해야지'라며 변명하기 바쁘다. 명상적인 삶을 추구하는 여유를 즐기고 싶을 때, 다시 말해 사상과 친구를 동반한 산책을 하고 싶을 때 양심의 가책을 느껴야 하는 처지가 된 것이다. [……] 하지만 과거에는 사정이 정반대였다. 노동이 양심의 가책을 느끼는 대상이었다. 훌륭한 가문 출신 사람이 노동을 할 수밖에 없는 처지에 내몰렸을 때, 그들은 그것을 숨겼다. 노예는 자신이 경멸을 받고 있다는 압박을 느끼며 그것을 해야 했다. 노동 그 자체가 바로 경멸의 대상이었던 것이다."[5]

여기서 니체는 고대 그리스인들을 풍자하고 있는 것처럼 보인다. 고대 그리스인들에게는(이를테면 아리스토텔레스에게는) 명상적인 삶, 사유 그리고 한가로움이 선망의 대상이자 순수한 행복이었다. 그렇다면 노동은? 그것은 사실상 노예의 몫이었다.

오늘날에는 사정이 달라졌다. 그렇다고 노동이 선망의 대상이 되었다는 말은 아니다. 다만 바쁘다는 것이 최고로 높이 평가받는 척도가 되었다. 일을 많이 하는 사람일수록, 스트레스가 많은 사람일수록 그리고 스케줄이 빈틈없이 꽉 차 있는 사람일수록, 더욱더 중요한 인물로 인식되는 것이다. 왜 이렇게 되었을까? 어떻게 해서 이런 중대한 변화가 생긴 것일까? 분주함이 이렇게 주목받는 이유는 무엇일까? 왜 우리는 거의 쉴 틈도 없이 정신없이 일하다가 밤이 되면 매번 오늘도 시간을 충분히 활용하지 못했고, 일을 충분히 다 하지 못했다는 이해할 수 없는 감정을(다시 말해 만성적인 불만을) 느끼며 잠자리에 들어야 하는가?

앞으로 살펴보겠지만, 이러한 불안과 성급함에 기여하는 것은 바로 우리의 자유와 부다. 이와 같은 판단은 성급하게 일에만 몰두하는 태도를 '신세계의 고유한 악습'으로 파악한 니체의 통찰과 일치한다. 신세계의 특징은 무엇인가? 미국하면 가장 먼저 떠오르는 특징으로 카우보이와 햄버거, 즉 자유와 부 이외에 무엇이 있겠는가? 전 세계에서 자유의 이상이 가장 두드러지게 부각된 곳은? 지난 수십 년 동안 그리고 지금도 여전히 부가 가장 높은 수준에 도달한 곳은? 바로 미국이다. 자유(더 중요한 의미를 띠는 것은 자유의 이상이다), 돈 그리고 분주함은 서구 세계를 특징짓는 삼두마차와 같다.

그런데 자유와 부의 결과로 나타나는 분주함은 현대적인 생활방식의 역설로 생각할 수 있다. 왜냐하면 원래는 정반대의 현상이 나타나야 정상이기 때문이다. 자유와 부가 우리를 성급하고 분주한 활동을 하도록 내모는 것이 아니라, 오히려 안정되고 여유로운 마음 상태를 갖도록 해야 마땅하지 않는가?

:: **불안은 어디에서 오는가**

불안유발자 1: 자유 | 중세 유럽 사회는 대체로 경직된 위계질서 사회였고 이는 18세기 말까지 영향을 미쳤다(18세기 말에 봉기한 프

랑스 혁명의 주요 결과 중 하나는 이러한 신분사회의 폐지였다). 간단하게 말해 농민의 아들로 태어나면 농민이 되었고 이 신분은 평생 유지되었다. 이와 반대로 귀족 집안에서 태어난 자는 평생 귀족으로 남았다. 평범한 시민이 제후가 되거나 그 반대로 제후가 시민이 되는 것은 불가능한 일이었다. 배우였다가 주지사가 된 아널드 슈워제네거가 이룬 기적은 신분사회에서는 상상할 수도 없는 일이었다. 당시 사람들이 제아무리 꿈을 꾼다 해도 그들의 꿈은 아메리칸 드림이 될 수 없었다.

이러한 경직된 사회구조는 이루 말할 수 없을 정도로 불평등했다. 하지만 구성원들의 헛된 욕심을 막고 안정을 유지하는 역할도 했다. 중세 시대의 농민은 더 높은 지위에 오르고자 하는 희망을 품을 수 없었다. 역으로 귀족은 자신의 신분적 특권을 잃을지도 모른다는 염려를 할 필요가 없었다. (이와 반대로 오늘날에는 어떤 귀족이 박사학위를 사칭했다는 사실이 드러나면, 그의 커리어는 단번에 추락하고 만다. 세습된 귀족 칭호 대신에 취득한 박사학위가, 즉 능력주의 원칙이 자신의 사회적 지위에 결정적인 역할을 하게 된 것이다.)

그리고 경직된 사회구조는 또 다른 이유에서 진정제 역할을 하기도 했다. 태어날 때 우리에게 주어진 신분은 우리의 재능이나 성실성과는 아무런 상관이 없다. 신분사회에서 어떤 사람의 지위는 그의 개성이나 능력을 판단할 수 있는 아무런 근거도 제공하지 않는다. 사회적 지위는 단지 그 가문에 대한 정보만을 제공할 뿐이다. 그러므로 그 지위가 구성원들 개개인에게 미치는 영향력도 미미했다. 귀족이나 농민, 어느 쪽도 마찬가지였다. 농민은 자신의 지위에 대해 자부심을 가질 수 없었지만 그렇다고 부끄러워할 이유도 없었다.

하지만 오늘날에는 상황이 완전히 달라졌다. 경직된 사회구조는 수백 년의 세월을 거치면서 해체되었고 역동성을 띠게 되었다. 이제 우리 사회에서 커리어에 영향력을 미치는 것은 출신 집안이 아니라 각자의 재능, 성실성, 그리고 지속적인 성과다. 오늘날과 같은 성과 사회에서는 끊임없이 노력만 한다면 높은 지위를 얻을 수 있다. 적어도 출세할 기회와 가능성이 열리게 된 셈이다. 우리가 얻은 지위는 곧 우리가 어떤 사람인지를 나타내주는 증명서와 같은 역할을 하게 됐다. 이때부터 쉴 틈 없이 움직이는 활동 그 자체는 매력적이고 유혹적인 대상으로 변했다. 과거에는 이런 분주함을 좋아하는 사람이 거의 없었는데도 말이다.

프랑스 소설가 알랭 드 보통은 그의 저서 《불안》에서 이러한 발전과정에 대해 다음과 같이 말하고 있다.

"수백 년 동안 경직된 신분제도로 인해 억눌려 있던, 재능 있고 똑똑한 개인들이 이제 전반적으로 비교적 동등한 조건하에서 자유롭게 자신의 재능을 표현할 수 있게 되었다. 출신, 성별, 인종, 연령은 더 이상 개인의 발전으로 넘을 수 없는 장애가 아니다. 마침내 사회적인 재화의 분배에 정의의 요소가 도입된 것이다."

그리고 보통은 다음과 같이 덧붙인다.

"물론 여기에는 어두운 면도 있다. 성공한 사람이 그럴 만한 자격이 있어서 성공했다면, 실패한 사람 역시 그럴 만한 요인이 있어서 실패했다는 이야기가 되기 때문이다. 능력주의 시대를 맞아 정의는 부만이 아니라 빈곤의 분배에도 관여하게 된 것이다. 낮은 지위는 이제 안타까운 것이 아니라, 그래 마땅한 것처럼 보이게 되었다. 능력주의 사회에서 상속 같은 유리한 조건 없이 경제적인 성공을 거둔 개인은, 과거 부모에게 유산을 물려받은 귀족은 결코 경험할 수 없었던 개인적인 정당성을 확보했다. 그러나 동시에 경제적인 실패는 과거 농민들은 다행스럽게도 겪을 필요가 없었던 수치감과 연결되었다. 훌륭하고 똑똑하고 유능한데도 왜 여전히 가난한가? 이 문제는 능력주의 시대에 성공을 거두지 못한 사람들이 답해야 하는 더 모질고 괴로운 문제가 되었다."[6]

사회적 자유는 당당한 승리자만 배출한 것이 아니라 괴로운 실패자, 즉 루저도 양산한 것이다. '성취자' 또는 '실패자'라는 사회적 딱지는 '공작' 또는 '백작'과 같은 귀족사회의 영구적인 호칭과는 반대로 항상 일시적이고 잠정적인 성격을 띤다.

민주주의 사회에서 지위의 높이는 지난 몇 년간 우리가 쏟아부은 노력에 비례한다(우리 사회의 발전 속도가 빠를수록 이 기간은 더욱더 짧아진다). 우리가 속도를 낮출 경우 쉴 틈 없이 바쁘게 움직이는 주변 사람들에게 뒤처질 것이라고 생각한다. 또한 위계질서에서도 추락할 수 있다고 생각한다. 이러한 유연한 역동성은 우리의 정의감과 부합한다. 누군가가 높은 지위에 있다면, 과거 언젠가 그가 무언가를 성취했기 때문에 그런 지위에 올랐을 것이라 여기게 된다.

그런데 문제는 여기서 그치지 않는다. 그들은 주변 사람들의 인정에 보답하기 위해 끊임없이 생산성을 유지해야 한다. 이 때문에 자유로운 사회에서의 새로운 역설적인 압박, 즉 거의 강제적인 사회적 압력이 생기는 것이다. 이 압력 때문에 우리는 주변 사람들과 계속해서 경쟁하게 된다. 그리고 끊임없이 성과를 보이도록 강요받는다. 하지만 경쟁자는 자유롭지 않다. 경쟁자의 태도는 함께 경쟁하는 '적'에 의해 정해진다.

그렇다. 우리의 자유가 커질수록, 대부분 사람들 간의 경쟁도 더욱더 자유롭게 펼쳐진다. 독일의 고속도로에서 차를 몰아보면 이 원칙을 체감할 수 있다. 제한속도가 없는 곳에서는 500PS 성능의 BMW M5를 모는 것이 합리적이다. 그런데 50PS 성능의 차로 무제한 고속도로를 달리게 된다면? 다른 차들의 꽁무니를 쫓아가는 신세가 될 뿐만 아니라 질주하는 500PS의 차들을 보며 굴욕감도 참아내야 한다.

노동 세계에서도 마찬가지다. 작업시간 등록기(타임레코더)의 점점 느려지는 작업시간 기록을 보고 자신이 늙었다는 절망적인 생각에 빠질 수 있다. 압력은 위에서만 내려오는 것이 아니다. 사방에서, 그것도 즉각적으로 밀려온다. 동료들이 '직장은 내 집이다'라는 구호를 외치며 사무실에서 텐트를 칠 때 당신이 이에 대해 어떠한 반응도 보이지 않는다면, 얼마 지나지 않아 루저에 속하게 될 것이다. 그리고 승진은 당신이 아니라 당신의 동료들 중 한 명이 하게 될 것이다.

노동은 도핑테스트가 없는 올림픽 경기와 같다. 나는 한 신문사 견습생 시절에 경험한 일을 아직도 생생히 기억한다. 한 동료가 나를 복도 끝으로 데리고 가더니 지나가는 직원 하나를 가리키며 나직이 말했다.

"저 사람은 사장 눈 밖에 났어."

내가 왜냐고 묻자, 그 동료는 이렇게 말했다.

"칼퇴근만 한다는 소문이 사장 귀에 들어갔기 때문이야."

친구나 이웃 사이에서 소비 경쟁이 이루어지면, 우리의 감각이나 행동은 그 경쟁에 영향을 받을 수밖에 없다. 주변 사람들로부터 영향을 받지 않으려면 자의식이 강하거나 스토아학파와 같은 초연한 마음을 가져야 한다. 하지만 우리들 중에서 과연 이러한 사람이 얼마나 되겠는가? 아마 대다수의 사람들이 압력을 받고 마음이 동해 덩달아 소비 경쟁에 나설 것이다. 그러면서도 우리는 '지위 경쟁'에 동참하고 있다는 것은 의식하지 못한다. 눈에 띄지 않는 사소한 일에서 사람들 사이의 경쟁은 힘을 발휘하기 시작한다. 작고 하찮은 일일수록 경쟁이라 느껴지지 않기에 더 동참하게 되는 것이다.

압력은 보통 사소한 일에서 시작된다. 때로는 거의 솜털처럼 가볍게 느껴진다. 예를 들면 다음과 같다. 한 친구가 신형 노트북을 들고 와서 화질과 성능이 얼마나 좋은지 설명한다. 신제품에 대한 정보를 주고자 하는 선의의 뜻이었을지도 모른다. 그러나 다음날, 갑자기 자신의 구형 컴퓨터의 속도가 느리게 느껴진다. 화면도 안경에 무언가가 낀 것처럼 흐릿하게 보인다. 이제 더 이상 이런 구닥다리로는 일할 수 없다는 생각이 든다. 컴퓨터를 바꿔야겠다는 말이 절로 나오게 되는 것이다!

또는 오랫동안 보지 못했던 친구를 만난다. 청바지에 밝은

갈색 부츠 차림을 한 이 친구가 너무나도 멋져 보인다. 갑자기 친구 앞에 서 있는 자신이 너무도 초라해 보인다. 결국 새 옷과 신발을 장만할 때가 되었다는 생각까지 하게 되는 것이다!

또는 지인이 새로 단장한 주방을 보여주기 위해 식사 초대를 한다. 눈처럼 새하얀 싱크대와 반짝반짝 빛나는 세련된 디자인의 수도꼭지. 이런 주방을 보고 나면 누구나 갖고 싶다는 생각을 하지 않을 수 없을 것이다!

사람들 사이의 경쟁은 별 생각 없이 따라 하는 태도와 피할 수 없는 압력이 결부되어 나선형을 그리듯 폭발한다. 축구 경기장에서 열광한 나머지 갑자기 자리에서 벌떡 일어나 뒷사람의 시선을 가려버리는 경우와 마찬가지다. 그러다 보면 뒷사람도 자리에서 일어나게 되고, 연쇄반응이 계속 이어진다. 결국 모두가 일어서게 된다. 그렇다고 일어서서 경기를 관람하는 것이 절대 편한 것은 아니다. 앉아 있는 것이 훨씬 더 편하다. 하지만 어리석게도 앉아 있는 것은 모두가 일어선 상태에서는 결코 매력적인 선택지가 될 수 없다. 축구 경기를 제대로 보려면 일어서야 하는 것이다.

미국의 경제학자 로버트 프랭크는 이를 "한 사람에게는 좋은 것 같지만, 결국 모두에게는 어리석은 일"이라고 정리한다. 한 사람이 단기적으로 이익을 보면, 다른 모든 사람들도 이를 따라 하게 된다. 그러나 결국에는 어느 누구도 이익을 보지 못한다. 어떠한 경쟁이든 돈, 시간 그리고 에너지가 들기 마련이다. 이것들을 더 중요한 일에 사용하지 않는다면, 경우에 따라서는 모두가 손해를 볼 수도 있다.[7]

하지만 사회적 압력은 초과근무도 불사하며, 더 열심히 일해 더 많은 돈을 벌도록 강요한다. 원래는 다른 곳에서 시간을 사용하는 것이 훨씬 더 나은데도 말이다.

그러나 우리는 쉴 틈 없이 분주하게 일하는 태도를 버리지 못한다. 우리 시대의 귀족이나 제후는 일에 대한 열정이 뜨거운 나머지 분주하게 사는 사람들이기 때문이다. 일반적으로 일의 템포는 가장 느린 사람이 아니라 가장 빠른 사람에 의해서 결정된다. 몇몇 사람들이 더 열심히 일하면 다른 사람들이 받는 압력도 상대적으로 높아진다. 뒤늦게 이미 익숙해진 상태를 그대로 유지하려고 해도 어쩔 수 없다.

불안유발자 2: 선택 가능성의 확대 | 자유는 사람 사이의 경쟁뿐만 아니라 만성적인 분주함에도 영향을 미친다. 이는 오늘날 여기저기서 주어지는 수많은 선택지로 나타난다. 동양적인 명상에서 영감을 얻은 조언자들은 우리에게 '지금 여기'에 살라고 충고한다. 즉 앞으로 해야 할 일을 고민하기보다는 '현재를 즐기

는 법'을 배워야 한다는 것이다. 하지만 도대체 어떻게 현재를 즐길 수 있는가? 현재 (지금 행하는 활동 이외에) 해야 할 일들이 너무도 많은데 말이다.

선택지가 다양한 오늘날, 이 문제를 해결하기 위한 전략은 원칙적으로 두 가지 뿐이다. 하나는 끊임없이 많은 일을 하는 것이고, 또 다른 하나는 끊임없이 일을 하지 않고 그냥 내버려두는 것이다. 하지만 둘 다 만족스러운 전략은 아니다. 끊임없이 많은 일을 할 수 있는 사람은 없다. 그렇기 때문에 항상 무언가를 놓치고 있다고 느낀다. 이 느낌을 최소화하기 위해 매일 우리에게 주어진 24시간 동안 가능한 한 많은 일을 하려 애쓴다. 그러나 활동을 많이 할수록 스트레스도 늘어난다. 결과적으로 압력이 점점 커져 여유롭게 현재를 즐기는 것은 거의 불가능해지고 만다. 오히려 심적으로 조급해하며 모든 활동을 할 수밖에 없다. 항상 그다음 일이 눈앞에 아른거려 서두르지 않으면 놓칠지도 모른다는 염려가 되기 때문이다.

예나 대학의 사회학자 하르트무트 로자는 수많은 삶의 선택지들을 가능한 한 많이 활용하고자 하는 시도에서 죽음에 대한 세속적인 답을 발견한다.

"두 배로 빠르게 사는 사람은 두 배로 많은 가능성을 실현하고, 두 배로 많은 목표를 달성하며, 더 많은 경험과 체험을 쌓을 수 있다. 따라서 그는 세상에서 주어지는 선택지들을 소진할 수 있을 만큼 두 배로 늘인다."

하르트무트 로자는 이렇게 진단하며 다음과 같은 결론을 내린다.

"더 빠르게 사는 자는 한 번만 주어지는 생존 기간에 수많은 삶의 과제를 해결할 수 있고, 경험과 체험의 가능성도 확대한다. 바로 무한 속도를 가정함으로써 '영원한 삶'의 지평을 되찾게 되는 것이다. 무한히 빠르게 활동하는 자는 죽음을 더 이상 선택지를 없애는 대상으로서 두려워할 필요가 없다. 삶과 죽음 사이에는 무한한 '삶의 과제들'이 펼쳐져 있는 것이다."[8]

효율적인 노동방식과 생활방식은 어려운 처지의 무게를 덜어주지 않는다. 아니, 오히려 더 무겁게 만든다. 아침이면 시간을 절약하기 위해 자동차로 쏜살같이 출근한다. 저녁이면 퇴근 후 부족한 운동량을 보충하기 위해 피트니스센터 러닝머신으로 달려간다. 여기서 또 다른 불안유발자인 높은 유동성(직장과 주거지가 멀리 떨어져 있는 경우가 많다)과 개인주의(대부분 색다르고 독자적인 일을 하려고 한다. 따라서 공동 작업은 별도로 계획하고 따로 일정을 잡아야 한다)가 등장한다. 이 모든 것을 고려하면, 대다수가 '활동 체증' 현상으로 고통을 받게 된다. 이는 우리가 일을 적게 하기 때문이 아니다. 너무나도 많은 일을 하기 때문에 일어난다.

그럼에도 산더미 같은 일들이 처리되지 않은 상태로 우리 앞에 놓여 있다. 그 이유는 오늘날 우리가 할 수도 있고, 하고 싶어하며, 또 '해야만 하는' 일들이 너무도 많기 때문이다. 일반적으로 우리의 내적 불안지수는 우리가 하는 절대적인 일의 양 때문에 나타나는 것이 아니다. 우리가 하는 일을 우리가 할 수 있고, 하기 원하는 활동의 총합의 수와 비교해보면 알 수 있다.

$$\text{개인적인 불안지수} = 10 - \left\{ \frac{\text{행한 일}}{\text{할 수도 있고/하고 싶어하며/해야 하는 일}} \times 10 \right\}$$

중세 시대 전형적인 농민(또는 귀족)이 하루에 4~5가지 일을 한다고 생각해보자. 대부분 농민은 이 일들을 해가 지기 전에 끝낸다. 그 당시에는 따로 시간을 보낼 텔레비전이나 피트니스 센터 또는 웹사이트나 통신매체가 없었다. 따라서 그는 일에만 집중할 수 있었다. 가족과 친구도 근처에서 살기에 멀리 여행을 갈 필요도 없었다. 만약 이 농부가 해야 할 일 5가지 중에서 4가지를 끝내고 밤에 잠자리에 든다면, 내적 불안지수는 위의 공식에 따라 다음과 같이 계산될 수 있다.

$$10 - (4/5 \times 10) = 2$$

불안지수는 2에 불과하다! 반면 오늘날 현대인들은 이렇게 낮은 불안지수를 꿈에도 기대할 수 없다. 우리들 대부분은 여유로운 중세 농민보다 더 많은 일을 한다. 하루에 적어도 10가지 이상의 일(퇴근 후에 곧바로 피트니스센터로 가거나, 멀리 떨어져 사는 친구를 만나거나, 텔레비전 연속극을 보거나, 페이스북 혹은 이메일을 체크하는 등)을 한다. 우리가 할 수 있거나 하고 싶거나 해야 하는 일이 적어도 100가지는 된다. 가족을 방문하거나 여의치 않으면 전화라도 한다. 정비소를 방문하거나 자동차를 청소한다. 또는 수영 코스를 등록하거나 그림 전시회를 관람하거나 책을 읽는다. 이렇게 해서 하루가 저물면 불안지수는 가공할 만한 수치 9에 도달한다. 중세 사람들보다 훨씬 더 바쁘게 활동하면서도 늘 잠자리에 들 때면 일을 제대로 마치지 못했다고 느낀다. 이런 상태에서 어떻게 편하게 잠을 잘 수 있겠는가?

불안유발자 3: 시간＝돈 | 자유와 더불어 우리에게 이런 수많은 가능성을 열어준 것은 바로 '부'다. 부는 공급을 풍요롭게 한다. 부는 점점 더 많은 사람들에게 텔레비전과 피트니스센터, 장거

리 여행의 문을 활짝 열어준다.

하지만 돈은 또 다른 독특한 방식으로 분주한 활동과 불안에 기여한다. 시간을 낭비하거나 버릴 수 있다는 생각은 돈을 대입해보면 좀 더 구체적으로 이해할 수 있다. 예를 들어 지불하는 기회비용으로 파악해보면 이해가 쉬울 것이다.

벤자민 플랭클린은 200년도 더 전에 이러한 상관관계를 '시간은 돈'이라는 공식으로 압축해서 표현했다.

"시간이 돈이라는 것을 잊지 말라. 일을 하면 하루에 10실링을 벌 수 있는 사람이 반나절을 빈둥거리거나 산책을 했다면? 비록 오락을 하느라 6펜스만 썼다 하더라도 그 돈만 쓴 것이 아니다. 실제로 그 사람은 6펜스 외에도 5실링을 더 쓴 것이다. 아니 더 정확하게 말하면 5실링을 내다버린 셈이다."[9]

플랭클린의 공식은 '모든 활동은 생산성(활용도)과 연결된다'라는 생활감정을 표현하고 있다. 이 공식은 시계를 스톱워치로 변화시킨다. 어떤 일이 있어도 시간을 낭비해서는 안 된다. 왜? 시간은 소중하기 때문이다. 문자 그대로 도구적인 의미로 파악하면, 시간은 돈으로 환산될 수 있다. 초침이 흘러갈 때마다 지폐를 내보내야 한다. 우리가 일을 하면 이 지폐를 잡는 것이 되고, 일을 하지 않으면 허공에 날려 보내는 꼴이 된다.

플랭클린의 눈으로 세상을 보는 자에게는 아무 일도 하지 않고 보내는 시간과 아무런 수익도 없는 사교모임은 시간 낭비다. 기껏해야 목적을 위한 수단인 필요악과 다를 바 없다. 니체는 다음과 같이 말한다.

"이제부터 우리는 더 이상 단순히 즐기거나 재미에 빠져들어서는 안 된다. 또한 단순히 꿈에 젖어들거나 사유에 빠져서도 안 된다. 이제는 즐거움이나 재미 그리고 사유도 생산성과 결부되어야 한다."

오늘날 아이들에게 책을 읽어주는 것도 마찬가지다. 즉 아이들에게 책을 읽어주는 것은 단순히 재미를 주거나 흥미진진한 낯선 세계로 이끌어주기 위해서가 아니라, 책을 읽어주면 아이들의 좌뇌에 있는 뉴런과 시냅스에 좋은 영향을 주기 때문이다. 반면 이와 비슷한 맥락에서 사유와 통찰은 평가절하되고 있다. 흥미롭기는 하지만 유감스럽게도 일상생활에서 활용도가 적기 때문이다.

우리는 스톱워치를 차고 오락을 즐긴다. 이런 식으로 하면 때때로 휴식을 즐기는 것도 더욱 생산적이 될 수 있다. 우리는 에너지를 충전하고 창조성을 발휘하기 위해, 다시 말해 최적의 상태로 일을 하기 위해 휴식을 취하고 휴가를 간다. 경제 용어를 빌리자면, 우리는 가능한 한 빠르게 제 기능을 발휘하고자 창조적인 휴식을 취하는 것이다.

경제 규칙을 배우는 것이 나쁘다는 말은 아니다. 나는 생산성과 능률에 대해 반감을 가지고 있지는 않다. 하지만 왜 경제의 척도가 만물의 척도가 되어야 하며 삶의 마지막 보루인 여가시간마저 좌우해야 하는가? 이 여가만큼은 자유로울 수 없는가? 경제의 이해관계가 개인의 이해관계와 완전히 일치해야만 하는가?

돈은 영원한 불안감을 불러일으키기에 더없이 적합하다. 우리는 돈을 아무리 많이 가지고 있어도 만족하지 못한다. 이는 '스크루지 원리'라고도 말할 수 있다. 돈은 더 많이 가진다고 해도 어느 순간부터 비합리적인 생각이 들거나 거부반응이 일어나는 자연적인 한계가 없다.

비교를 위해 예를 들어보겠다. 한 수렵채취 집단이 일정한 양의 고기를 사냥하고 열매를 모은다고 가정해보자. 이 집단은 언젠가는 더 많은 고기를 사냥하고 열매를 모으는 것이 무의미하다고 여기는 시점에 도달할 것이다. 아무리 많은 고기와 열매가 있어도 더 먹을 사람이 없다면 썩고 말 것이기 때문이다.

하지만 이는 돈을 쫓고 모으는 우리들에게는 해당되지 않는다. 돈은 아무 문제 없이 보관할 수 있고 유동적이며 가볍고 유연하다. 집, 부동산, 무거운 가구, 할머니의 은수저 등과 같은 고전적인 소유물은 언젠가는 짐이 될 수 있다. 하지만 돈은 그렇지 않다. 돈은 보관 장소도 많이 필요로 하지 않고 간수하기도 쉬우며 대개의 경우 썩지도 않는다. 돈은 잘만 투자하면 운이 따를 경우 더 많은 돈을 불러올 수도 있다.

― 2 ―
익명성이 분주함을 유발하는 이유

:: **로제토 마을의 기적**

자유, 수많은 선택 가능성, 부, 돈 이외에 또 다른 불안유발자가 있다. 내 판단으로는 이것이 가장 뼈아픈 고통을 준다. 이 불안유발자를 이해하는 가장 좋은 방법은 로제토의 역사를 살펴보는 것이다.

뉴욕에서 서쪽으로 1시간 정도 차를 타고 가면 펜실베이니아 주 언덕에 위치한 함석 채석장이 펼쳐진다. 이 언덕을 오르내리는 좁다란 길 양쪽으로 로제토라는 이름을 가진 상당히 목가적인 마을이 있다.

20세기 초반, 로제토 마을 사람들은 그들끼리만 오순도순 살아갔다. 세상 사람들에게 로제토는 거의 알려지지 않았다. 로제토 사람들도 바깥 세상과 접하는 경우가 드물었다. 1,600명 남짓 되는 로제토 사람들은 95퍼센트 이상이 이탈리아 출신이다. 이들은 자신들의 전통을 고수했고, 외부 세계에도 별 관심이 없었다. 여성들은 소규모 의류 공장에서 일하며 블라우스와 셔츠를 만들었다. 남성들은 함석 채석장이나 이웃 제철소에서 일했다. 일요일에는 꼬박꼬박 성당에 나갔고 정기적으로 축제도 열었다. 로제토는 대체로 아담하고 조용한 마을이었다. 인근에 있는 다른 마을과도 큰 차이가 없었다.

오클라호마 대학 의대에서 강의를 하던 의사 스튜어트 울프가 이 마을을 알게 된 것은 순전히 우연이었다. 오클라호마 대학은 로제토로부터 2,000킬로미터 이상 떨어져 있었다. 1950년대 말, 울프는 로제토에서 그리 멀지 않은 한 농장에서 여름 휴가를 보내고 있었다. 그는 이 지역 동료 의사와 식사하는 자리에서 놀라운 이야기를 들었다.

"저는 이곳에서 17년간 일해왔습니다. 그동안 많은 환자들을 치료했는데 이상하게도 로제토 지역에 사는 65세 미만 사람들 중에는 심장마비 환자가 거의 없었습니다."

심장마비 환자가 없었다고? 울프가 놀라는 것은 당연했다.

이에 대해 미국의 베스트셀러 저자 말콤 글래드웰은 다음과 같이 말한다.

"1950년대라면 콜레스테롤 저하제와 심장병 예방을 위한 적극적인 치료법이 개발되기 전이라 울프가 놀라는 것은 당연합니다."

조깅과 같은 운동이나 피트니스센터는 아직 유행하기도 전이었다. 게다가 당시 미국 사람들은 담배도 자연스럽게 피웠다. 비만도 이미 문제가 되고 있었다.

"안타깝게도 당시 미국에서는 심장마비가 65세 미만 남성의 사망 원인 중 선두를 달리고 있었습니다. 상식적으로 의사가 특정 지역에서 심장마비 환자를 만나지 못했다는 것은 거의 불가능한 일이죠."[1]

호기심을 느낀 울프는 '로제토의 기적'을 조사해보기로 결심했다. 울프는 오클라호마 대학으로 돌아가 연구팀을 꾸렸다. 그는 로제토만 조사한 것이 아니라 뱅고어를 비롯한 인근 마을들도 함께 조사했다. 울프와 연구팀은 주민들의 사망증명서를 확인했다. 또한 병원을 방문해 진료기록을 조사하고, 사망자들의 주치의들도 면담했다. 이렇게 해서 지난 몇 년간의 심장마비 사망률을 밝혀냈다.[2] 실제로 로제토의 심장마비 사망률은 놀라울 정도로 낮았다. 인근 마을 뱅고어보다도 절반 이상이나 낮은 것으로 드러났다(뱅고어의 주민들도 로제토 주민들과 똑같은 의사로부터 치료를 받았다).

로제토 주민들은 거의 대부분이 로마에서 동남쪽으로 300킬로미터 정도 떨어진 이탈리아 포자지방의 로제토라는 마을 출신이다. 19세기 말, 이들은 신세계에서 새로운 희망을 찾고자 미국으로 이주해 펜실베이니아에 정착했다. 그리고 정착지의 이름을 고향 이름에서 따와 로제토라 지었다. 그렇다면 로제토 사람들은 특별히 튼튼한 신체와 유례없이 심장마비에 강한 유전자를 타고 나기라도 했다는 말인가?

울프는 수수께끼의 해답을 찾아 나섰다. 그는 오클라호마 대학의 사회학자 존 브룬과 공동으로 미국의 다른 지역에 흩어져 살지만 마을 축제(로제토의 카르멜산에 세워진 성모 교회에서 성모 마리아를 기리는 행사)에 참석하고자 매년 고향을 방문하는 이탈리아 로제토 출신 사람들을 추적했다. 그리고 그들의 집안사람들도 역시 심장마비 사망률이 낮은지 조사했다. 하지만 이들의 심장마비 사망률은 다른 미국인들과 큰 차이가 없었다. 로제토 출신이라도 로제토에 머물며 로제토식 전통을 지키는 사람들만이 특유의 건강을 유지할 수 있었다. 로제토의 수호신은 로제토를 떠나지 않고 로제토에서 충심을 지키는 사람들에게만 미소를 보내고 있었다.

유전자는 해답이 될 수 없었다. 그렇다면 과연 무엇 때문일까? 식생활 때문일까? 처음에는 이 추측도 주목을 끌었다. 하지만 조사 결과 타당성이 없는 것으로 입증되었다. 로제토 사람들은 둘째가라면 서러워할 정도로 애연가였고 기름진 음식도 좋아했다. 건강에 좋은 올리브유를 사용하기도 했지만 값싼 식용 돼지기름과 버터도 애용했다. 또한 햄과 살라미 그리고 계란을 즐겨 먹었고 직접 만든 포도주도 마음껏 마셨다. 로제토 사람들은 대체로 식탁에 오르는 것이면 무엇이든 가리지 않고 먹었다. 심지어 이들은 건강에 특별히 신경 쓰는 것 같지도 않았다.

식생활에서 한 가지 특이한 점이 있다면, 특정한 날이면 가족들이 함께 모여 비슷한 음식을 해먹는다는 것이었다. 한 마을 주민은 이 독특한 풍습에 대해 이렇게 말한다.

"거의 모든 마을 사람들이 월요일마다 스페차티를 먹었어요. 시금치를 넣은 계란수프죠. 화요일에는 토마토소스를 뿌린 스파게티를 먹었고요. 수요일에는 감자를 넣어 튀긴 닭고기를, 목요일에는 다시 스파게티를 먹었고, 금요일에는 물론 생선을 먹었죠. 토요일에는 송아지고기와 페퍼로니를, 일요일에는 이탈리아식 전채요리와 고기완자를 넣은 스파게티를 먹었어요."[3]

로제토 사람들은 흔히 먹는 음식과 특별식을 적절히 섞어 먹었다. 이 특별식 또한 마을 사람들이 모여 함께 나눠 먹는 독특한 공동체 생활 관습 중 하나였다.

울프와 브룬이 로제토에 오래 머물며 마을 사람들이 교제하는 방식을 자세히 볼수록, 그들의 공동체생활에 대해 점점 더 많은 것을 알게 되었다. 울프와 브룬은 다음과 같이 보고한다.

"로제토 주민들은 종교 축제, 생일파티, 졸업식 또는 약혼식을 할 때면 함께 모여 일종의 긍정적인 공동체 정신을 발휘했다. 로제토에서는 가족이 구심체 역할을 했다. 반면 이웃 마을들에서는 전형적인 미국식 전통에 따라 철저히 개인이 관심의 초점이었다."[4]

그렇다면 두 사람이 찾아 나선 수수께끼의 해답은 로제토 사람들의 긍정적인 공동체 정신에 숨어 있었는가? 이 해답은 시간이 지나면서 점점 설득력을 얻었다.

로제토에서는 구성원 간의 끈끈한 연대 때문에 사회적 지위도 큰 힘을 발휘할 수 없었다. 로제토에는 다른 지역보다 부유한 사람들이 많았지만, 가진 돈을 과시하거나 허세를 부리는 사람은 거의 없었다. 울프와 브룬은 그때의 경험에 대해 이렇게 말한다.

"로제토 주민들을 인터뷰하면서 그들과 친해졌다. 부유한 공장주들이라 해도 옷이나 태도 면에서는 가난한 노동자와 별반 차이가 없었다. 로제토의 집들은 부유하든 가난하든 상관없이 서로 옹기종기 모여 있었다. 대놓고 부를 드러내지도 않았다."[5]

부를 과시하기를 꺼려하는 성향은 오랜 전통의 일부였다. 이는 '악마의 눈(이탈리아어로는 malocchio)'의 신화에서 유래한다. 이 신화는 여러 문화권에서도 나타나는데, 이웃의 시기심 어린 시선만으로도 불행이나 병 그리고 죽음을 초래할 수 있다는 믿음을 뜻한다. 따라서 사람들은 잘난 체하는 태도 때문에 이웃의 따가운 시선을 받지 않도록 조심했다. 로제토를 오랫동안 연구하며 심지어 혈통까지 조사했음에도 결국 비합리적인 신화에서 해답의 실마리를 찾은 것은 참 아이러니하다. 결국 울프는 이러한 연대의식이 심장마비 사망률을 낮추는 데 결정적인 역할을 한 것으로 판단하였다.

물론 이것 역시 처음에는 잠정적인 가설에 불과했다. 의학적인 입장에서 볼 때 '공동체 정신'처럼 비의학적이고 모호한 개념이 심장이라는 펌프 역학에 영향을 미칠 수 있다는 것 자체가 도무지 설득력이 없었다. 조상들의 지혜와도 같은 울프의 가설을 전문가들은 당연히 회의적으로 받아들였다. 하지만 시간은 결국 이 가설의 편이었다. 점점 더 주목할 만한 증거들이 수집되기 시작한 것이다.

로제토의 젊은 세대들이 성장함에 따라, 매혹적인 미국식 생활방식을 받아들이면서 로제토 특유의 전통과 문화를 저버리는 일이 벌어졌다. 19세기 이주민들은 서서히 늙어갔고, 주민 수도 줄어들어 영향력도 사라졌다. 1960년대에 이르기까지 로제토 사람들은 3대가 한 집에 모여 살았다. 성장한 자녀들도 거의 대부분 근처에 거주했다. 하지만 이제 이러한 풍습은 보기 어려워졌다. 새로운 젊은 세대들은 보다 나은 교육과 직업을 찾아 나섰다. 이들은 마을이 제공하는 제한된 기회에 만족하지 못했다. 로제토를 떠나 대도시의 대학으로 진학했고, 훗날 의사나 변호사가 되어 다시 고향으로 돌아왔다. 점차 부유한 계층이 형성되었다. 이들은 여가시간에 예전처럼 공동체 축제를 하는 대신 라스베가스나 유럽으로 여행을 떠났다. 크루즈 여행을 하는 경우도 적지 않았다.

의식적으로 검소한 생활을 하는 로제토의 전통은 이제 의미를 잃어갔다. 벤츠나 캐딜락 그리고 롤스로이스와 같은 고급 승용차들이 거리를 메우기 시작했다. 일부 부자들은 마을 외곽에 정원과 분수 그리고 수영장까지 갖춘 고급 주택을 지었다. 대저택도 꼬리를 물고 들어섰다. 집값만 10만 달러가 넘는 고급 인테리어를 갖춘 빌라도 생겨났다.

모두가 이러한 변화를 환영한 것은 아니었다. 이러한 발전을 추진했던 사람들 중에도 반신반의하는 사람들이 적지 않았다. 당시 부유한 생활을 하던 한 여성은 다음과 같이 말했다.

"나는 로제토를 떠난 것을 유감스럽게 생각해요. 나는 필요로 하는 모든 것을 가졌지요. 사람만 제외하고요. 우리가 마을에 살 땐 언제든 이웃이 우리 집 주방으로 와 함께 요리를 하곤 했어요. 정겨운 수다도 떨고요. 우리는 무슨 일이 일어나면 언제든 달려가 서로를 도왔어요. 주변에 늘 나를 도와줄 사람들이 있었기에 외로움을 느낄 겨를도 없었어요. 하지만 이제는 그 시절로 돌아가고 싶어도 돌아갈 수가 없네요. 정말 그 시절이 그리워요."[6]

로제토가 현대식으로 바뀐 것 중 하나는 사람들이 의식적으로 건강에 신경을 쓴다는 점이다. 이제 이들은 지방 섭취를 줄이기 위해 노력하고 있다. 여성들은 살을 빼기 위해, 남성들은 흡연을 줄이기 위해 애쓰고 있다. 그럼에도 로제토 사람들의 심

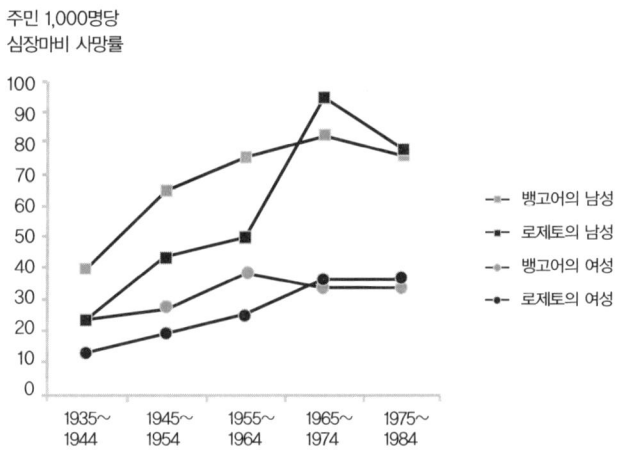

장은 예전 같지 않다. 사람들이 공동체 정신과 시골마을의 한적함에 거리를 둘수록 심장은 예전의 강인함을 잃어가고 있다.

캐딜락과 빌라, 지위 경쟁 그리고 성공한 이웃에게 뒤지고 싶지 않은 마음에서 오는 압박감 등이 결국 심장 순환에 문제를 일으킨 것이다. 1970년에 이르자 로제토는 이제 더 이상 특이한 마을이 아니었다. 이제 이 마을의 신비는 사라졌다. 그리고 심장마비 사망률 역시 이웃 마을 뱅고어와 큰 차이가 없게 되었다.[7]

:: 인정받기 위해 치러야 할 대가

"사랑받는 사람이 되려면 얼마나 많은 논문을 써야 하나?" 또는 "매력적인 인물이 되려면 얼마나 많은 비행기를 타야 하나?" 이 둘은 서로 관계가 전혀 없고 다소 과장된 말이기도 하다. 하지만 바로 이처럼 어울리지 않는 관계에 문제가 숨어 있다.
미리암 메켈 〈자신의 무기력증에 대해〉[8]

대중은 내가 어린 시절에 갖지 못했던 것을 내게 준다. 바로 주목과 사랑이 그 것이다.
샤를로테 로셰[9]

불안은 자유뿐만 아니라 살면서 만나게 되는 수많은 선택지 그리고 부를 먹고 자란다. 그러다 활동이나 성과를 통해 우리가 가치 있는 존재라는 감정이 들면 불안은 고개를 들기 시작한다. 로제토 사람들이 분주하고 유행을 좇는 삶의 태도를 가지게 된 이유는 무엇일까?

원래 그들에게는 현대적인 도시형 노이로제 환자들에게서는 찾아볼 수 없는 결정적인 요소가 있었다. 그러나 이제는 그 요소가 사라지고 말았다. 심장마비에 걸린 최초의 로제토 주민은 왕성하게 일하던 사람으로 40세가 되기 전에 죽었다. 그는 노이로제 증상을 보였고 휴식할 줄도 몰랐다.

"나는 일을 끝내야 직성이 풀리는 사람입니다."

그가 죽기 얼마 전에 연구팀과의 대화에서 한 말이었다.

그는 마을에서도 만성적인 아웃사이더였다. 결혼을 하고 2년 후 로제토가 아닌 이웃 마을에 회사를 차렸다. 마을의 어떤 단체에도 속하지 않았고 로제토에는 정작 친한 친구가 없었다. 처음 창업한 회사가 파산하는 시련을 겪었지만, 얼마 지나지 않아 또 다른 회사를 차렸다. 이번에는 성공적이었다. 값비싼 자동차를 사고, 일주일에 1,000달러 이상씩 지출하며 호화로운 생활을 했다. 한마디로 왕처럼 살았다. 스트레스와 격무에 시달리다 39세에 심장마비로 죽을 때까지.

울프와 브룬은 스트레스가 많고 비교적 이른 시기에 심장마비로 죽은 로제토 사람들과 그렇지 않은 사람들의 삶의 내력을 비교해보았다. 그들 사이에는 뚜렷한 차이점이 있었다. 분주한 삶을 산 사람들은 대부분 마을 공동체에서 스스로 이방인이라고 느끼고 있었다. 공동체의 일부가 되지 못했던 것이다. 분주한 삶을 산 한 로제토 사람은 죽기 5년 전, 인터뷰에서 이렇게 말했다.

"저는 마을 사람들과 어울리지 않았습니다. 그들과는 다른 삶을 살았죠. 로제토 사람이 아닌 것이나 마찬가지였습니다."

이 사람 역시 스트레스가 많았고 노이로제 증상이 있었다. 그는 자신의 삶에서 원했던 것을 이루었느냐는 물음에 "아닙니다. 그 때문에 이 노이로제 증상이 생겼는걸요"라고 대답했다. 이 사람은 41세의 나이로 세상을 떠났다.

울프와 브룬은 심장마비 환자들을 조사한 결과를 다음과 같이 요약했다.

"이들은 심장마비 증세가 나타나기 전, 위기 상황에서 가족이나 공동체의 도움을 거의 받지 못했다. 하지만 다른 로제토 사람들의 경우, 이러한 도움은 누구나 받을 수 있었다. 아웃사이더들은 일에 몰두하며 인정이나 지원을 받기 위해 고군분투한 듯 보였다. 하지만 혼자만의 힘으로 성공하려는 시도가 실패할 경우, 고립감과 무기력감이 생기고 실패자라는 낙인이 찍힌다. 결국 이들은 아웃사이더로 간주되어 이웃의 도움도 받지 못하게 된다."[10]

그렇다면 다음과 같은 질문을 던질 수도 있다. 공동체에서 소속감을 느끼지 못하는 사람들이 소수가 아니라 아주 많다면 어떤 일이 일어날까? 사회 속에서 공동체 형성이 제대로 이루어지지 않은 경우 말이다. 익명성을 띠는 사회에서 가족 유대와 같은 것은 없고 가족이 해체되었다면, 어떤 일이 발생할까?

이러한 상황에서는 그 사회 구성원들의 소속감이 잠재적으로 결여되지 않겠는가? 이런 경우, 구성원들은 어떤 반응을 보일 것인가? 다른 곳에서 주목과 인정을 찾으려고 하지 않겠는가? 분주하게 생활하며 유행을 좇았던 일부 로제토 사람들처럼 일이나 업적을 통해서, 혹은 돈을 펑펑 쓰거나 비행기 여행을 하며 자기과시를 하지 않았을까? 주변 사람들로부터 어느 정도 인정받을 수 있다는 희망을 품으면서 말이다.

익명성을 띠는 사회에서 값비싼 자동차, 화려한 집, 멋진 옷을 구매하는 것과 같은 과시적 소비는 서로를 잘 아는 공동체 사회에서 전혀 다른 의미를 가진다. 마을이나 가족과 같은 작은 공동체에서 지위에 많은 투자를 하는 것은 헛수고와 같다. 이런 공동체에서는 구성원들이 서로를 너무도 잘 알고 있기 때문이다. 이를테면 사람들은 파울 또는 수잔네가 무엇을 가지고 있는지, 어떤 집에서 사는지 너무도 뻔히 잘 알고 있다. 이런 상황에서 파울이 무리하게 포르셰를 사서 허세를 부릴 필요는 전혀 없는 것이다.

작은 공동체에서 구성원의 가치는 업적이나 재정 능력에 따라 정의되는 것이 아니다. 이웃 간의 연대나 사랑과 같은 특성에 따라 정의되는 것이 다반사다. 누가 이웃을 위해 헌신하는지는 시간이 지나면서 저절로 알게 된다. 여기서 가장 중요한 것은 바로 사람을 아는 것이다(포르셰는 그 물건에 투자할 재력은 증명하지만, 사람들에게 투자하는 연대감은 증명하지 못한다).

사회가 유동적이고 비개인화될수록, 즉 현대적으로 대도시화될수록, 우리는 사람에 대해 아는 것이 적어진다. 주변 사람들에 대해 알 수 있는 것은 점점 더 직접 볼 수 있는 것에 한정된다. 주변 사람들과의 만남이 일회적이고 가볍적으로 변함에 따라, 다른 사람들이 우리에 대해 아는 것은 겉모습에 한정되는 경우가 많다.[11] 지위나 겉모습에 투자하게 되는 것도 이 때문이다. 사회가 익명성을 띨수록, 가상이 점점 더 큰 힘을 발휘하는 것이다.

소스타인 베블런은 사회적 익명성과 지위의 상징인 권력과의 관계에 주목해, 1899년 《유한계급론》을 썼다. 이 책에서 자신이 관찰한 내용을 다음과 같이 말하고 있다.

"현대사회의 산업조직은 이전과는 작용 방식이 다르다. 흔히 개인과 가족을 상호 접촉도 거의 없이 단순히 먹고사는 느낌만 주는 병렬관계로 내몰곤 한다. 기계적인 대화만 나누는 이웃은 종종 사회적으로 안면 있는 사람도 못 된다. 그럼에도 아무 생각 없이 던지는 호의적인 말들은 높이 평가받는다. 사적인 관계를 맺기 싫은 이런 관객들에게 자신의 재력을 드러낼 수 있는 유일한 방법은 끊임없이 자신의 지불 능력을 과시하는 것이다. 현대사회에서는 서로의 일상에 대해서 잘 모르는 사람들이 대규모로 자주 모이는 장소가 늘어나고 있다. 교회, 극장, 무도장, 호텔, 공원, 상점 등이 바로 이런 곳이다. 개인들은 이곳에서 주변 관객들에게 강한 인상을 심어주고, 그들의 시선을 받으며, 자기만족감을 만끽하고자 한다. 그래서 자신의 재력을 남들이 인식하도록 강한 이미지를 남기고자 한다. 잠시 스치고 지나가는 행인일지라도 쉽게 알아차릴 수 있도록 말이다. 이는 오늘날 과시적 소비 효용이 여가 효용에 비교될 만큼 커지고 있다는 증거다. 과시적 소비는 이제 명성 획득의 수단일 뿐만 아니라 체면 유지를 위한 요소로도 강조되고 있다. 또한 사람들 간의 접촉이 가장 광범위하게 이루어지고 인구 이동이 가장 심한 사회의 구성원들에게는 최선의 소비로 여겨진다. 이러한 과시적 소비는 상대적으로 시골보다는 도시 사람들에게 많이 요구되고, 그런 요구는 갈수록 강해지고 있다. 그 결과, 체면치레를 위해 하루 벌어 하루 사는 생활습관이 도시 사람들 사이에서 훨씬 더 널리 퍼지고 있다. 이에 시골의 농부와 그의 아내, 딸들은 동일한 소득의 도시 숙련공 가족들에 비해 옷차림이나 예법 면에서 유행에 한참 뒤떨어진다는 평가를 받기도 한다."[12]

베를런에 따르면, 물질주의 경향은 (로제토 사람들의 변화된 모습과 마찬가지로) 원시 상태를 회복시키기 위한 절망적인 시도로 여겨진다. 다시 말해 더 이상 소속감을 느낄 수 없는 사회에서 차가운 대접을 받거나 냉대를 당하지 않고, 최소한의 존경심을 받고자 하는 시도인 것이다.

우리는 우선 작은 동료 집단에서 존중받고 싶어한다. 이러한 존중은 대부분 성과를 올려 얻는다. 나아가 비교적 작은 공동체에서도 원시 상태와 같은 여건을 만들고자 한다. 사무실을 나서자마자 익명의 세계에서 우리의 가치를 과시한다. 자신을 모르는 사람이라도 누구나 알아볼 수 있는 지위 상징(라코스테 셔츠, 벤츠 등)으로 치장한다. 사회의 익명성과 무관심에서 벗어나는 방법은 어느 정도 유명세를 타는 것뿐이다. 이는 차가운 바깥 세상을 '축소시키고' '친밀하게' 만든다. 이렇게 하면 익명성은 적어도 한쪽 방향에서는 사라진다. 우리에게 불어닥치던 차가운 바람이 온화한 바람으로 바뀐다. 이제 사람들은 우리의 얼굴을 알아보게 된다. 아무것도 모르는 상관없는 사람이 아니라 이름을 가진 인물로, 인간으로 대접받게 되는 것이다.

"이 세상에서 바쁘고 힘들게 노력하며 사는 이유는 무엇 때문인가? 탐욕과 야망을 품고, 부를 추구하고, 권력과 명성을 얻으려는 목적은 무엇인가? 자연적인 욕구를 충족하기 위해서인가? 그것이라면 노동자의 최저 임금으로도 얻을 수 있다. 그렇다면 우리 삶의 위대한 목적인 삶의 조건을 개선해서 얻는 것은 과연 무엇인가?"

애덤 스미스는 이렇게 질문하고 다음과 같이 답했다.

"다른 사람들이 주목을 하고, 관심을 쏟고, 공감 어린 표정으로 사근사근하게 맞장구를 치며 알은체해주는 것, 바로 이것이 우리가 얻을 수 있는 모든 것이다. 부자가 자신의 부를 즐거워하는 것은 부를 통해 자연스럽게 세상의 관심을 끌어모은다고 생각하기 때문이다. 반면 가난한 사람은 가난을 부끄러워한다. 가난으로 인해 세상의 관심, 사람들의 시야에서 사라졌다고 느끼기 때문이다. 아무도 우리에게 주목하지 않는다는 것은, 곧 인간 본성에서 나오는 가장 강렬한 욕구에 대한 충족을 기대할 수 없다는 뜻이다. 가난한 사람은 어디에 있든 아무도 관심을 두지 않는다. 수많은 사람들이 모인 곳에 있어도 자신의 단칸방에 처박혀 있을 때나 다름없는 미미한 존재일 뿐이다. 반면 지위와 이름이 있는 사람은 온 세상이 주목한다. 사람들은 그의 행동에 관심을 가진다. 그의 말 한 마디, 행동 하나에도 그냥 지나치지 않는다. 수많은 사람들이 모인 곳에서도 모든 사람들의 시선은 그에게 집중된다. [……] 만일 그의 행동이 부적절하지만 않다면, 그는 언제나 주변 사람들의 관심과 관찰의 대상이 된다. 이로 인해 그가 어느 정도의 제약을 받고 자유를 상실하게 되더라도, 바로 이 점이 그를 선망의 대상으로 만든다고 여긴다. 그리고 그 선망만 있다면 그것을 추구하는 과정에서 반드시 겪게 되는 고생이나 근심과 모욕쯤은 충분히 견딜 수 있다고 생각한다. 무엇보다 중요한 것은, 이것을 획득하기 위해서 그는 반드시 모든 여유와 안일, 근심걱정이 없는 안전한 상태를 잃어버린다는 것이다."[13]

익명성을 띠는 현대사회에서 주변 사람들로부터 어느 정도 인정받을 수 있는 가능성을 높이는 데는 세 가지 전략이 있다. 첫째는 높은 사회적 지위를 얻는 것이고, 둘째는 돈을 많이 버는 것이며, 셋째는 유명해지는 것이다. 하지만 이러한 세 가지 목표, 즉 높은 지위, 재산, 명성을 이루기 위해서는 고된 노동과 만성적인 분주함이라는 대가를 치러야 한다.

— 3 —
주의력결핍 사회

∷ 이제는 가장 어려워진, 친밀한 핸드폰 대화

요즘 나를 방문하는 친구들이 가장 먼저 던지는 질문 중 하나는 그 흔한 "잘 지내니?"가 아니라 "도대체 언제 너랑 인터넷에서 만날 수 있는 거니?"다. 하지만 막상 인터넷으로 접속해도 몇 마디 대화만 나누고는 곧바로 사라진다. 이제 더 이상 한 사람과 온 마음을 다해 또는 주의집중해서 만나지 않는다. 그러면 세상사 너무도 많은 일을 놓쳐버리기 때문이다.

우리는 지금 어느 한 곳에 머물러 있지만 곧바로 다른 곳으로, 즉 다른 친구나 가족, 사무실 등으로 옮겨간다. 그리고 이메일이나 페이스북을 통해 다른 대륙과도 연결되는 삶을 산다. 우리는 한 번에 네 사람이나 여덟 사람, 혹은 그 이상을 만날 수 있다는 것에 만족해한다. 심지어 건성으로라도 만날 수 있다고 생각한다. 그러다 보니 한 사람하고만 주의를 집중해 만나는 것은 오히려 사치스러운 일이 되고 말았다. 어쩌면 아는 사람과 둘만의 오붓한 시간을 보내는 사람이야말로 진정으로 행복한 사람일지도 모른다.

핸드폰(신호음을 내고 불빛을 깜박이며 진동하는 기구)이 우리에게 마술적인, 거의 최면술에 가까운 영향력을 미치는 것도 집중력을 상실해버린 우리 문화의 한 단면이다. 이제 전자제품은 우리가 직접적으로 대면하는 사람들보다 우선권을 가진다. 핸드폰이 기계음을 내고 찡얼거리는 순간, 조금 전까지 옆에서 대화를 나누고 있던 친구는 사라져버리고 만다. 정확히 말하면, 그는 여전히 나를 위해 그대로 있는데도 그의 대화 상대인 내가 사라져버리는 것이다. 그는 나를 대화 상대로 붙잡아두고 있지만, 나의 관심은 신호음을 내는 전자제품으로 향하고 마는 것이다.

우리 사회는 이전보다 훨씬 더 자기 자신에게 몰두한다. 이로 인해 타인에 대한 주의집중도는 약해졌다. 정보를 제공받는 경로도 점점 많아지는 데에 따른 결과다. 정보의 홍수 속에서

엄선된 정보만을 습득하려고 하는 자는(주의력을 집중하려는 자는) 큰 기회비용을 감수해야 한다. 페이스북과 같은 사회적 네트워크는 많은 사람들과 동시에 접속할 수 있다. 이러한 무한한 가능성 속에서 일부 사람들하고만 접속하는 자는 놓쳐버린 접속에 대한 비용을 지불해야 하는 것이다.

물론 기회비용을 낮추려는 시도는 한다. 하지만 우리가 할 수 있는 것은 단지 개별적인 정보나 사람에게 집중하는 주의력을 낮춰 집중도를 2등분, 4등분, 8등분…… 하는 방법뿐이다.

나는 아이폰이나 페이스북을 이용하며 자란 세대가 아니다. 그러나 요즘 청소년들은 어릴 때부터 이러한 통신매체에 익숙해져 있으며 여러 경로를 통해 접속하고 있다. 한마디로 이런 매체들이 몸에 배어 있는 셈이다. 이 말은 상당히 설득력이 있지만, 전적으로 옳은 것은 아니다. 페이스북을 즐기는 세대 내에서도 서서히 주의력이 분산되는 문제점을 느끼는 사람들이 늘어나고 있기 때문이다.

MIT 대학의 사회학자 셰리 터클은 인터넷을 통한 가상경험이 일반화되면서 나타나는 자아의 변화에 주목해왔다. 셰리 터클은 수백 명의 젊은이들과 부모를 대상으로 새로운 매체가 이들에게 미치는 영향을 연구했다. 놀랍게도 이 연구에서 젊은이들이 부모와 친구들의 만성적인 주의력 분산에 대해 불만을 토로한다는 사실이 드러났다. 너무나도 당연한 것, 가까운 사람들과 집중해서 대화하고 소통하는 것을 이제는 애써 쟁취해야 한다는 사실이 많은 이들의 마음을 아프게 하고 있다.

셰리 터클이 인터뷰한 사람들 중 하나인 25세의 휴는 멀티태스킹(한 대의 컴퓨터로 2가지 이상의 작업을 동시에 처리하거나, 여러 명과 동시에 문자나 통화를 하며 다른 일을 하는 것)에 대해 불만을 토로하며, "이제 '친밀한 핸드폰 대화를 할 시간'이 필요하다"고 말했다. 친구들과 통화할 때 '이 시간만큼은 다른 사람들로부터 걸려오는 전화를 받지 않고 다른 일을 하지 않아야 한다'는 것이다. 휴는 친구들이 이동 중에 전화를 걸면 기분이 나빠진다고 토로했다.

"나는 마케팅 회의를 하며 틈틈이 전화하는 사람과는 진지한 대화를 나눌 수 없습니다."

그러면서 그는 자신이 '친밀한 핸드폰 대화 시간 가지기 운동'을 펼치며 겪었던 경험담을 전했다.

"핸드폰으로 친밀하게 대화하는 시간을 갖는 것이 가장 어려워요. 사람들은 이러한 시간에 관심을 보이지 않았어요."

하지만 휴는 이 운동이 어느 정도 성공을 거두자마자 얼마 못 가 다시 후회하기 시작했다. 수많은 일들이 끊임없이 벌어지는 세상에서 차분히 앉아 그와의 대화에만 집중해달라고 요구하는 것이 사람들에게 얼마나 과도한 부담을 주는지를 깨달 았던 것이다. 그는 한 친구의 말을 전했다.

"내가 전화를 걸었을 때, 우울증이나 이혼 또는 해고와 같은 굵직한 화젯거리를 꺼내지 않는다면 넌 분명 실망할 거야. 친밀한 핸드폰 대화 시간을 요청할 때는 무언가 그럴 만한 사건이 있어야 해."[1]

이 말은 오늘날 주의집중을 한다는 것이 얼마나 큰 가치가 있는 일인지를 보여준다. 누군가가 우리에게 주의를 집중해주기를 원한다면, 우리에게 그만 한 가치가 있어야 한다(유일한 예외는 어머니일 것이다). 머릿속으로 충분히 고민하고 준비해서 상대방에게 주의를 집중할 만한 화젯거리를 제공해야 한다. 그렇지 않으면, 주의집중에서 패배자가 되고 말 것이다. 또한 주변 사람들의 주목도 받지 못한 채 존재의 의미를 상실해버릴 것이다.

:: 정보의 홍수와 주의력결핍

충격적인 감정을 일으키지 못하는 평범한 대화는 주변 사람들의 주의집중을 이끌어내기가 어렵다. 평범하고 일상적인 일은 물밀듯이 밀려오는 정보의 홍수에 익숙해져버린 뇌에게 변화무쌍한 먹잇감을 입맛대로 제공하지 못한다. 한마디로 말해, 우리는 지속적으로 정보를 받아야 직성이 풀린다. 물론 정보에 중독되었다는 말은 지나친 표현일 수도 있다. 그러나 늘 새롭고 스펙터클한 정보가 유입하다 보니 그것이 줄어들 경우 노이로제나 집중력 저하와 같은 금단증상을 느끼게 된다. 이는 흡연을 장시간 중단했을 때 니코틴의 혈중농도가 저하되는 것과 매우 유사한 증상이다.

우리가 처한 상황은 상당히 모순적이다. 한편으로 우리는 친밀한 휴대폰 대화 시간을 요구하는 휴처럼 우리에게 주의집중하지 않는 현상의 희생자다. 이들은 변화무쌍한 정보의 끊임없는 유입을 원한다. 우리는 주변 사람들이 우리에게 주의를 집중하도록 지속적으로 노력하고, 정보도 다양하게 제공해야 하며 경우에 따라서는 목소리도 높여야 한다. 하지만 수많은 정보의 유입에 길들여진 주변 사람들은 웬만해선 만족하지 않는다. 쉽게 지루해하며 우리로부터 등을 돌려 새롭고 흥미진진한 사건을 찾아 나선다. (이러한 사건들은 사방에 널려 있다. 당장 컴퓨터를 켜보라!)

그러나 또 다른 한편으로 우리는 휴의 친구들과 같은 가해자이기도 하다. 지속적이고 완전한 주의집중은 대가가 너무 비싸다. 우리 역시 요구 사항이 많다. 어떠한 정보도 그냥 흘려보내려고 하지 않으며 동시에 재미있고 새로운 정보를 지속적으로 찾는다. 이러한 정보 유입이 중단되거나 우리의 뇌에 유입된 정보의 농도가 임계점 이하로 떨어지면 급격하게 지루함과 권태감을 느낀다.

이러한 '가해자-피해자' 현상은 주의력결핍과잉행동장애(이하 ADHD) 증상을 떠올리게 한다. 나의 옛 동료에게는 아들 두 명이 있다. 둘 다 ADHD 증상을 보이고 있다. 이때 ADHD 증상이란 모든 면에서 집중하지 못하는 현상을 말하는 것은 아니다. 실제로 이들이 그랜드 셰프트 오토 IV 게임을 할 때는, 체스의 대가나 항공 관제사에 비길 만한 놀라운 집중력을 발휘한다. 그렇다면 이들이 집중하지 못하는 때는 언제일까?

식탁에 가만히 앉아서 먹는 것 외에는 아무것도 하지 않을 때, 즉 이들의 뇌에 충분할 정도로 부하가 걸리지 않을 때 비로소 이상 행동을 보인다. 비디오 게임 자체가 이들의 뇌를 충분한 정보 유입에 익숙해지도록 만들고, 주변의 다른 것들에 대해서는 아무런 반응을 보이지 않도록 만드는 것인지도 모른다. (이들은 설탕에 맛이 길들여져 칼로리가 낮은 다른 음식물은 입에 대지도 않으려는 아이와 같다.)[2]

날마다 정보의 홍수와 대면하고 있는 우리들이야말로

ADHD 증상에 점점 근접해가고 있는 것은 아닐까? 주의력결핍과잉행동장애는 이제 더 이상 건강한 사람들이 자신들과는 무관하다고 무시할 수 있는 현상이 아니다. 환자들이야말로 그저 건강한 사람들도 겪고 있는 이 현상의 극단적인 모습일지도 모른다. 건강한 사람과 환자를 구분하는 것은 너무도 단순한 이분법이다. 그러므로 유동적인 현실에서는 제대로 평가할 수 없다.

정보의 홍수는 사회가 부유해질수록 더 강화된다는 사실을 고려하면, 한 국가의 부와 ADHD의 빈도가 왜 연관성을 나타내는지 쉽게 이해할 수 있다.[3]

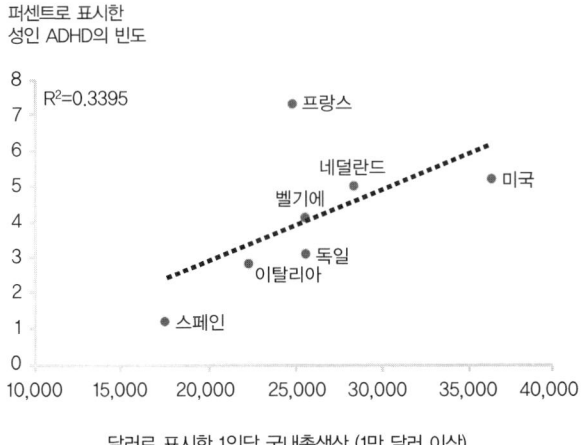

정보의 홍수와 주의력결핍 사이의 연관관계는 횡뿐만 아니라 종으로도 나타난다. 역사적으로 살펴보면, 우리 모두는 미약하게나마 주의력결핍장애를 겪어온 것으로 보인다. 현대인들의 뇌는 이전보다 훨씬 더 오락, 기분전환, 새것, 중단 등에 목말라한다. 어쩌면 중세 시대 사람들의 시각에서는 우리 현대인들 전체가 ADHD 환자로 보일지도 모른다.

정보의 유입에 대한 중독 현상이 인상적으로 관찰되는 분야는 우리의 지각과 관련이 있다. 특히 우리의 시각 습관은 지난 수십 년간 급격하게 변화했다. 고전의 반열에 오른 명화들을 보면, 많은 장면들이 길게 이어지는 느낌을 받는다. 몇 초, 심지어 몇 분 동안 아무 일도 일어나지 않는 장면들이 이어진다. 마음만 먹으면 그 사이에 주방에 가서 페퍼민트 차를 끓일 수 있을 정도다. 하지만 제임스 본드 영화는 어떠한가? 영화를 보다가 잠깐 냉장고에서 맥주 한 병이라도 꺼내 오면, 그 사이에 세 번의 추격 장면과 두 번의 결정적인 줄거리 전환, 네 번의 살인 시도 그리고 여덟 번의 싸움이 이미 끝났을 정도다.

영화의 이러한 가속도는 객관적으로도 확인할 수 있다. 시간당 쇼트(영화의 연속촬영 장면)의 평균 길이가 어떻게 달라졌는지를 계산하는 방식이다. 마틴 스코세이지 감독이 만든 영화의 쇼트 길이는 다음과 같다.[4]

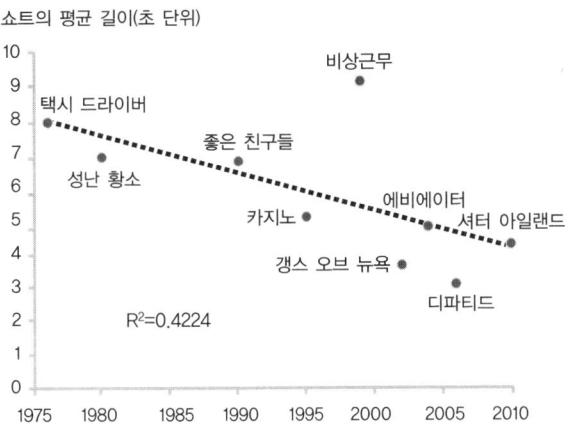

　1970년대 관객에게 쇼트 길이가 8초인 영화를 선보였던 스코세이지 감독도 이후에는 영화의 쇼트 길이를 관객의 요구에 맞춰 줄여나갔다. 점점 짧아진 쇼트는 최근 들어 이전의 두 배 정도로 빨라졌다. 이러한 발전과정이 모든 영화감독들에게서 나타난 것은 아니지만, 연구 결과에 따르면 시대의 흐름에 따라 거의 동일한 흐름을 보이고 있는 것으로 드러났다. 영화는 지난 수십 년 동안 점점 더 빨라지면서 우리의 신경을 강하게 자극하고 있다.[5]

　쇼트 길이의 축소는 점점 더 까다로워지고 있는 우리의 주의력을 끌기 위한 여러 수단들 중 하나에 불과하다. 오늘날에는 요란한 카메라 움직임과 함께 2초간 지속되는 쇼트에서도 여러 번 줌이 교체된다. 정보의 유입을 높이려는 마지막 시도인 3D는 전혀 새로운 시각적 차원을 제공한다.

영화는 영화 그 자체나 우리의 여가생활에만 국한되는 트렌드를 제공하지 않는다. 영화는 우리의 정보 중독 현상과 더불어 장시간 동일한(쉽게 지루함을 주는) 일에 집중하지 못하는 현상을 드러낸다. 이는 우리 삶의 거의 모든 영역에서 관찰할 수 있다.

나의 개인적인 예를 들어보겠다. 최근 베를린의 오스트크로이츠 역에 설치된 케이블 송신탑에 방화 사건이 발생해 하루 종일 인터넷이 중단된 적이 있었다. 나는 컴퓨터 앞에 앉아 글을 쓰려고 했지만 답답한 마음에 아무 일도 할 수가 없었다. 구글, 페이스북, 이메일 등 그 어떤 것과도 연결될 수 없다니! 멍한 상태에서 하루가 그대로 흘러갔다. 자정 무렵에 인터넷이 다시 연결되자 그제야 해방된 기분이 들었다. 가슴이 뻥 뚫린 듯했다. 마치 술을 갑자기 끊은 상태에서 답답함을 느끼던 중, 시원한 맥주 한 잔을 들이켜고 난 기분이었다. 이 사건으로 인해 내가 일할 때조차 얼마나 일에 집중하지 못하는지, 또한 얼마나 일을 중단하고 인터넷을 보거나 다른 기분전환을 하고 싶어하는지를 새삼 깨달았다. 중단으로 인한 금단증상과 함께 기분전환에 대한 중독증세까지 느낀 셈이다.

이러한 현상은 나 혼자만 경험하는 것은 아니다. 연구자들은 캘리포니아의 자산관리회사 사원들을 대상으로 아침부터 밤까지 그들의 일하는 모습을 추적했다. 이 사원들은 평균 11분 30초 동안 한 가지 일을 하고, 그다음 다른 일로 넘어갔다. 이들이 한 가지 일을 한다고 해서 그 시간 내내 한 가지 서류를 읽는 데만 몰두하고 다른 일에 신경을 쓰지 않는 것은 아니었다. 오히려 이들은 한 가지 일을 하면서 지속적으로 다양한 일에 관여했다. 예를 들어 처음에는 계산기를 두드리며 2분간 전화통화를 하고, 그러다가 누군가가 찾아오면 하던 일을 중단하고 이야기를 나눈다. 그다음에 다시 제자리로 돌아와 이메일을 쓰거나 또다시 잠깐 동료와 협의를 한다.

이렇게 하루가 흘러간다. 끊임없이 누군가에 의해 하던 일이 중단되거나 스스로 중단하면서 공식적인 미팅, 거래처 상담, 전화통화 등으로 인해 참을 수 없을 정도로 시간이 조각조각 나는 것이다.[6]

:: 집중력이 분산되지 않는 곳을 찾아라

주의력결핍 트렌드의 주요 원인이 인터넷이라고 진단하는 사람들이 있다. 일부 사람들은 월드와이드웹을 주의집중의 파괴자로 여긴다. 저널리스트 니콜라스 카는 《생각하지 않는 사람들》에서 다음과 같이 말한다.

"온라인상에서든 오프라인상에서든 나의 뇌는 인터넷의 유통방식, 즉 숨 가쁘게 빠른 속도로 움직이는 작은 조각들의 흐름에 따라 정보를 받아들인다. 한때 나는 언어의 바다를 헤엄치는 스쿠버다이버였다."

또한 그는 주의력을 집중할 수 있었던 과거, 그리고 인터넷이 일상화된 이후 집중력의 변화에 대해 다음과 같이 말한다.

"나는 책이나 긴 기사에 쉽게 집중할 수 있는 사람이었다. 나의 사고력은 일부러 꼬아놓은 서사구조나 논리의 변화 등을 쉽게 따라갈 수 있었다. 장시간 긴 산문 속을 헤매고 다닐 수도 있었다. 하지만 요즘은 좀처럼 그러기가 쉽지 않다. 책을 한두 쪽만 읽어도 집중력이 흐트러지며 안절부절못하고 문맥을 놓쳐버린다. 그러다 곧 다른 할 일을 찾아 나선다. 나는 곧 다루기 어려운 뇌를 잡아끌어 다시 글에 집중하려 애쓴다. 예전에는 독서하는 행위가 지극히 자연스런 일이었지만 이제는 투쟁이 되어버렸다."

니콜라스 카가 내가 하고 싶은 말을 그대로 대변하고 있는 셈이다. 웹사이트의 각종 하이퍼링크들만 해도 이러한 주의력 분산의 기회를 동시다발적으로 제공한다. 한 곳에 오래 머물기 위해선 인내심을 단련해야 할 지경이다. 게다가 다른 곳으로 관심을 돌리는 것은 너무나도 손쉽다. 그럴 기회도 사방에 널려 있다. 마우스 클릭 한 번이면 지금 하고 있는 일에서 새롭고 유혹적인 세계로 재빨리 옮겨갈 수 있다. (이렇게 하지 않으면 수많은 미지의 세계를 놓치게 된다!) 사정이 이러한데 어떻게 장시간 한 가지 일에만 몰두할 수 있겠는가?

니콜라스 카는 다음과 같이 덧붙인다.

"처음에는 중년에 들어서면서 머리가 무뎌져서 일어나는 현상이려니 생각했다. 하지만 나의 뇌가 단순히 일시적으로 표류하는 정도가 아님을 깨달았다. 나의 뇌는 굶주려 있었다. 뇌는 인터넷이 제공하는 방식으로 정보가 제공되기를 바란다. 더 많은 정보가 주어질수록 더 허기를 느끼게 된 것이다. 나는 컴퓨터를 사용하지 않을 때조차도 이메일을 확인하고, 링크를 클릭하며 구글에서 무언가를 검색하고 싶어했다. 나는 끊임없이 세계와 연결되고 싶었다."[7]

니콜라스 카의 견해에 동의할 수밖에 없는 이유는 많다. 첫째, 우리는 온라인상으로 많은 사람들과 접촉한다. 인터넷이 갑자기 사라지면, 이러한 접촉도 잠시 단절되어 고립감을 느끼게 된다. 허전한 마음에 집에 있어도 친구나 가족 방문 후에 갑자기 홀로 남겨졌을 때처럼 텅 빈 감정을 느낀다.

둘째, 온갖 정보를 보유하고 있는 인터넷은 우리 자아의 확대된 부분, 즉 정보의 고성능 외부 저장소가 된 지 오래다. 우리 자아에서 이 부분을 제거하는 것은 정신적인 절단수술을 감행하는 것과 같다.

셋째, 인터넷은 거대한 공짜 유원지와 같다. 항상 무언가를 발견할 수 있고, 항상 무슨 일이 일어나며 항상 무엇인가를 할 수도 있다. 세상에 대해 새로운 것을 경험할 수 있는 장소 말이다. 인터넷이 없다면, 이 모든 것도 사라진다.

그렇다고 인터넷이 우리를 바보로 만들고 있다는 말은 아니다(니콜라스 카의 이 책은 원래 잡지에 기고한 글 "구글이 우리를 바보로 만들고 있는가?"에서 출발했다). 니콜라스 카의 말과는 달리, '정독'이 우리 뇌에서 '완전히 자연스러운 것'이었던 적은 없다. 오히려 이와는 정반대로 항상 고도로 인위적인 노력을 해야만 하는 힘겨운 행위였다. 문자로 이루어진 환경은 우리 뇌가 형성된 과정과는 별로 공통점이 없다. 문자 형태로 이루어진 추상적인 상징에 장시간 집중한다는 것은, 우리 뇌에게는 늘 상대적으로 힘겨운 일이었다. 우리 뇌는 무엇보다도 열매를 모으고 이성을 유혹하며 맹수를 피하는 데 최적화되어 있기 때문이다.

하지만 다른 한편으로 뇌는 니콜라스 카가 생각하는 것보다는 더 강하다. 인터넷은 강력하지만 그렇다고 우리 뇌를 완전히 새롭게 조직할 만큼 힘을 가지고 있지는 않다. 물론 인터넷이 우리 뇌에 나쁜 버릇을 들인 것은 맞다. 그러나 뇌의 변화는 니콜라스 카가 생각하는 것 이상으로 영향이 크지는 않다. 또한 돌이킬 수 없을 정도로 굳어져 있는 것도 아니며, 무엇보다도 우리를 바보로 만들지도 않는다.

나는 여자친구가 네덜란드의 위트레흐트로 옮긴 이후로 매번 특수한 상황에 처했다. 여자친구를 만나기 위해 6시간 반 동안이나 기차를 타야 했던 것이다. 그 기차 안에서 갑자기 내가 놀라울 정도로 집중력이 있다는 사실을 알게 되었다(난 정말이지 불교 승려와 같은 정신집중의 대가는 아니다). 기차 여행을 하는 동안에 일에 대한 생각은 의식적으로 잊기 위해 업무와 관련된 서류나 책은 갖고 가지 않았다. 다만 몇 가지 딱딱한 읽을거리만 가방에 넣어 갔다. 그런데 이 책들(〈사이언스〉와 몇 권의 책)이 내게 쏠쏠한 재미를 준 것이다.

여기서 나는 기차 여행을 홍보하려는 것이 아니다. 문제는 니콜라스 카나 그와 유사한 주장을 하는 사람들의 말이 옳은지를 검토해보자는 것이다. 집중력뿐만 아니라 사고나 지성도 인터넷으로 인해 타격을 받는지의 여부 말이다. 집중력에 관해서라면 나는 니콜라스 카의 견해에 부분적으로 동의한다. 컴퓨터 앞에 앉거나, 아니 컴퓨터 근처만 가도 우리 뇌는 끊임없이 많은 오락을 기대한다. 따라서 우리의 집중력은 매우 낮은 수준으로 내려간다. 반대로 재미있는 오락거리가 없는 환경에서는 뇌가 기대치를 낮춘다. 이 경우는 비교적 장시간 한 가지 일에 몰두하기가 쉽다. 마땅히 따로 할 일이 없기 때문이다. 다시 말해 우리는 의도한 바를 추구할 수 있고, 우리의 집중력을 향상시킬 수 있다.

이때는 우리 뇌의 정보 욕구가 식욕과 다소 비슷한 양상을 보인다. 집에 먹거리가 가득 차 있을 때는 다이어트가 간단치 않고 성공할 가능성도 희박한 법이다. 집중력을 높이기 위해서 정신적인 먹거리를 차단하는 것만으로는 충분치 않다(이는 인터넷이 차단되어 하루 종일 불안한 시간을 보낸 경험에서 알 수 있다). 이러한 먹거리가 아예 없는 곳으로 피해야 한다. 경우에 따라서는 집을 떠나 우리의 집중력이 분산되지 않는 장소를 찾아야 한다. 내게는 기차가 이런 장소의 역할을 한 것이다. 당신이 이보다 더 매력적이고 값싼 오프라인 오아시스를 찾지 말라는 법은 없다.

— 4 —
방황하는 도시형 노이로제 환자

:: 여기서 할 수 있다면 어디서도 할 수 있어

많은 사람들은(특히 전형적인 도시형 노이로제 환자들은) 가장 멋진 오프라인 오아시스 하면, 먼 시골 어느 곳이나 자연이 그대로 보존되어 있는 한적한 곳을 가장 먼저 떠올릴 것이다. 예를 들어 인적이 드문 오스트제(동해) 해안 같은 곳은 마을에서 멀리 떨어져 있으며 차로는 갈 수 없고 걸어가거나 자전거로만 갈 수 있다.

도시인들은 숨이 턱 막힐 것처럼 꽉 찬 지하철을 타거나 창문으로 보이는 회색빛 콘크리트 건물을 볼 때 도시를 떠나고 싶은 동경을 품는다. 이러한 동경은 긍정적이든 부정적이든 이 책의 주제가 도시에 대해 드러내고 있는 것과 관련이 있다.

- **첫 번째: 자유, 선택지 그리고 삶의 가능성** | 답답한 느낌을 주는 시골과는 달리 자유로운 공간이 가장 많은 곳이 도시다. 도시는 우리에게 삶의 가능성을 가장 많이 제공한다. "여기서 할 수 있다면, 어디서도 할 수 있어"라는 말에는 기회뿐만 아니라 성공의 압력도 포함되어 있다. 출세하려는 사람들은 어쩔 수 없이 도시로 몰려든다. 하지만 도시에는 빈민가와 범죄와 같은 성공의 그늘도 짙게 드리워져 있다.

- **두 번째: 부** | 흔히 세계적으로 부가 가장 많이 모여드는 곳이 바로 도시다. 하지만 도시에서 살기 위해 감수해야 하는 비교적 높은 비용은 돈을 벌어야 한다는 압력을 강화시킨다. 도시는 시골보다 더 현대적이고, 시골은 도시보다 더 낡았다. 이는 도시에서는 소비의 폭도 커진다는 것을 의미한다. 따라서 도시인들은 이에 상응하는 비용을 감수해야 한다.

- **세 번째: 분주함** | 지루하게 느껴지는 시골과 달리 분주함과 주의력결핍이 기세를 떨치는 곳이 도시다. 도시에서는 사교 형

태도 달라진다. 도시인들은 서로 이야기를 나눌 시간이 적다. 따라서 시골 사람들에 비해 덜 공손하다. 이는 도시인들이 시골 사람들보다 이기적이라는 말은 아니다. 도시인들이 모든 것에 시선을 쏟을 수는 없다는 말이다. 경우에 따라서는 무시해야 할 때도 있다. 이는 도시에서 말에게 눈가리개를 하는 것과 같은 이유다. 뉴욕과 같은 대도시에서 모든 것과 모든 사람에게 무제한적으로 주의를 집중하면 아무 일도 할 수 없다. 이런 사람은 만성적인 노이로제 환자가 되고 탈진 상태에 빠지고 만다.[1]

이러한 특징들은 도시를 화려하게 보이게 한다. 만약 외계인이 밤에 지구에 다가오면 도시의 불빛만을 보게 될지도 모른다. 사실 지구는 지역에 따라 낮과 밤이 엇갈린다. 따라서 외계인이 도시의 불빛만 본다는 것은 순전히 가설일 뿐이다. 하지만 외계인이 지구의 지배자가 누구인지 알기 위해서라면 굳이 지구에 발을 딛을 필요까지는 없다. 외계인에게 나사가 찍은 인공위성 사진을 보여주는 것만으로도 충분하다. 즉 미국, 유럽, 일본이 가장 밝은 빛을 발한다. 나머지 대륙들은 아예 눈에 띄지도 않는다. 아프리카에서 유일하게 눈에 띄는 곳은 가장 북쪽에 있는 카이로와 같은 도시들과 남쪽에 있는 요하네스버

그 같은 도시들뿐이다. 요하네스버그는 남아프리카공화국의 경제 중심지이자 가장 큰 도시다. 인공위성 사진의 밝기를 측정하면 심지어 각 지역의 국내총생산까지도 예측할 수 있다.

도시에서는 트렌드와 혁신이 시작될 뿐만 아니라 혁명도 일어난다. 서구 철학이 꽃핀 곳은 고대 그리스의 아테네였다. 하이든, 모차르트, 베토벤, 슈베르트가 한때 음악 활동을 했던 곳은 오스트리아 빈이었다. 이날리아의 밀라노는 유행의 도시이고, 프랑스 파리는 사랑의 도시다.

이처럼 각각의 도시들은 독자적인 유기체처럼 저마다 개성을 지닌다. 하지만 보편적인 도시 해부학과 문법 같은 공통점도 지닌다. 이 해부학은 어떤 모습을 띠는가? 도시의 본질은 무엇이며, 도시와 시골의 차이는 무엇인가? 왜 도시는 우리를 노이로제 증상에 이르도록 만드는가?

:: 도시가 커질수록 스트레스도 커진다

시골에서 도시로, 더 나아가 수백만 명이 모여 사는 대도시로 변화된 것은 마틴 스코세이지 감독의 영화들이 겪는 발전과정과 비교할 수 있다. 도시의 규모가 점점 커지는 것은 영화의 '쇼트 길이'가 점점 짧아지는 것과 같다. 이는 대도시에서 활동할 때, 시간 단위당 우리에게 밀어닥치는 시각적인 풍경에 해당된다. 시골이나 해변 또는 사막에서는 잠시 눈을 감고 몇 시간 동안 걷다가 다시 눈을 떠봐도 똑같은 모습이다. 변화를 거의 느끼지 못한다. 이와 반대로 대도시에서는 몇 분 또는 심지어 몇 발자국만 걸어도 완전히 다른 세상과 만나게 된다. 조금 전까지만 해도 차이나타운에 있었는데, 지금은 리틀 이탈리아에 와 있는 것이다!

여행객에게는 도시의 건축 스타일과 감각적인 풍경이 가장 먼저 눈에 들어온다. 하지만 이들은 도시의 일부에 불과할 뿐 대표적인 특성을 나타내지도, 일상적인 모습을 드러내지도 못한다. 이보다 더 중요한 것은 도시에 살고 있는 주민들이다. 특히 주민의 수와 이로 인해 형성되는 사람들 사이의 접촉 빈도다.

사업가인 당신에게 20분의 시간이 주어진다고 가정해보자(이는 원칙을 구체화하기 위한 인위적인 예에 불과하다). 당신이 시골에 있다면 이 짧은 시간 안에 기껏해야 몇 명, 직업상 당신이 의존하고 있는 사람들만 만날 수 있을 것이다. 고객이나 하청업자 또는 당신에게는 없는 정보와 전문지식, 능력을 지닌 전문가들 말이다. 물론 이들을 다른 사람으로 대체한다는 것은 매우 어렵다.

반면 도시는 이와 다르다. 같은 시간에 당신이 대도시에 있다면 많은 동료와 협력 파트너, 회사와 접촉할 수 있다. 이는 도시가 시골보다 더 크고, 빽빽한 건물들로 가득 차 있기 때문이다. 도시 건축은 공간을 시골보다 훨씬 효과적으로 이용한다. 간단히 말해 시골은 2차원적으로 건설되지만, 대도시는 엘리베이터의 도움으로 3차원으로 확대된다.[2] 고층건물의 한 층 안에서도 수많은 아이디어가 결합되어 다양한 세계가 펼쳐진다.

이러한 높은 접촉빈도는 도시를 역동적으로 만든다. 새로운 지식과 능력을 지닌 사람들이 항상 도시로 밀려들기 때문에 도시의 역동성은 점점 더 커진다. 인간은 사회성이 큰 존재다. 인간은 가장 강한 종이기 때문에 성공한 것이 아니라(영양은 인간보다 빠르고, 사자는 인간보다 더 강하다), 다른 어떤 종보다 서로 협력을 잘하기 때문에 성공한 것이다.

도시는 이러한 인간의 고유한 특성을 구현해놓은 곳이기도 하다. 도시는 공간적인 밀도 면에서 시골보다 훨씬 경제적이다. 시골 사람들이 도시인들만큼의 체험빈도와 접촉빈도에 도달하려면 훨씬 더 빠르게 공간 이동을 해야 한다. 달리 말해 시골에는 대중교통망이 없어서 어떤 일을 하건 자동차가 있어야 한다(시골에서 대중교통망을 건설하더라도 수익이 나지 않는다. 관건은 역시 경제성이다). 따라서 대도시의 1인당 이산화탄소 배출량이 중소도시보다 더 적은 것은 우연이 아니다. 실제로 주민 수가 가장 많이 밀집해 있는 독일의 수도 베를린에서 배출하는 이산화탄소량이 다른 주변 도시에 비해 절반 가까이 적은 것으로 드러났다. 이는 도시가 클수록 주민의 환경이 더 녹색을 띠게 됨을 의미한다.[3]

이러한 '규모의 경제학'은 생물학자들이 익히 알고 있는 세계, 즉 동물의 세계를 연상시킨다. 따라서 우리가 도시를 (성장하면서 독자적인 삶을 살아가는) 유기체와 비교하는 것은 헛된 일이 아니다. 대도시처럼 큰 동물들도 작은 동물들보다 더 많은 에너지를 소비하고 더 많은 먹이를 먹는다. 하지만 큰 동물들은 몸의 크기에 비해서는 상당히 적게 먹는 편이다. 아프리카 코끼리는 뾰족뒤쥐보다는 훨씬 더 절약하는 생활을 한다. 이는 어쩔 수 없다. 코끼리가 쥐처럼 운동을 하려면 끊임없이 먹어야 한다. 코끼리는 몸의 크기로 인해 엄청난 에너지를 소비하기 때문에 운동량을 줄여 '더 경제적인' 생활을 할 수밖에 없다. 따라서 코끼리의 심장은 개의 심장보다 더 느리게 박동하고, 개의 심장은 쥐의 심장보다 더 느리게 박동한다.

몸의 크기로 인한 느림은 심장에만 국한되는 것은 아니다.

몸의 가장 작은 구성요소에 이르기까지 확대된다. 코끼리나 말, 돼지의 각 세포는 쥐의 세포보다 에너지와 산소를 덜 소비한다(심장박동과 혈액순환의 목표는 몸에 에너지와 산소를 공급하고 이산화탄소와 같은 노폐물을 배출하는 것이다). 일반적으로 말해 동물의 세계에서는 다음과 같은 규칙이 적용된다. 유기체가 클수록, 이 개체의 각 체세포의 산소 소비량은 더 적어진다.[4] 달리 말해 동물이 클수록, 이 동물을 구성하는 요소(심장, 각 세포)의 운동속도는 더 느려진다. 동물의 크기가 행동을 느리게 만드는 요인이 되는 셈이다.

반대로 동물의 체세포를 몸에서 떼어내면, 크기로 인해 생기는 느림 효과는 사라진다.[5] 여러 포유동물에서 체세포를 떼어내 증식시키면, 각 세포들의 산소 소비량은 거의 비슷한 것으로 드러난다. 원래 자라던 환경에서 벗어난 쥐와 소의 세포는 운동속도 면에서 큰 차이가 없다. 따라서 몸을 구성하는 요소의 운동속도를 결정하는 것은 그 요소를 이루고 있는 몸(몸의 속도)인 셈이다.

이러한 사실들이 도시와 시골의 차이와 무슨 관련이 있는가? 도시와 시골도 동물의 세계에 비유하면 다양한 크기의 몸 또는 유기체로 볼 수 있다. 이때 주민은 이 유기체의 (유일하지는 않지만) 결정적인 '구성요소'에 속한다. 도시 유기체에 실제 동물들과 동일한 법칙을 적용해보면, 도시 주민은 (동물의 체세포처럼) 전체 주민의 수가 늘어날수록 더 효과적이고 더 절약적인 생활을 하리라고 기대할 수 있다.

미국 뉴멕시코 산타페 연구소의 이론물리학자 루이 베텐코트와 제프리 웨스트는 이 문제를 체계적으로 연구했다(산타페 연구소는 노벨상을 수상한 물리학자 머레이 겔만이 중심이 되어 설립된 학제간 연구소다). 이 두 연구자는 미국과 유럽 그리고 중국의 여러 도시들을 돌아다니며 자료를 수집했다. 이 자료는 주유소의 숫자, 전선의 길이, 물 소비량, 전기 소비량, 범죄율, 특허의 수, 에이즈 환자의 수, 은행 예금액 등 매우 다양하다. 그들은 이 지표들을 도시의 크기와 비교해 다음과 같은 결론을 얻었다.

어디에 있는 도시든, 즉 독일 헤센 주에 있든 중국 남부에 있든, 도시의 크기는 그 도시를 이루고 있는 구성요소에 결정적인 영향을 미친다. 생물학에서와 마찬가지로 도시의 사회간접자본은 도시가 커짐에 따라 더 경제성을 띤다. 따라서 대도시에는 소도시보다 주유소가 더 많은 것이 사실이다. 하지만 도시 주민의 숫자가 늘어날수록 1인당 주유소의 숫자는 줄어든다. 전선, 수도관 그리고 도로의 길이도 마찬가지다.

놀랍게도 도시의 몸이 항상 생물학의 법칙을 따르는 것은 아니다. 실제로 조사한 자료에 따르면 정반대의 결과를 나타냈다. 동물의 세계와는 달리, 도시들은 크기가 클수록 지표들이 줄어드는 것이 아니라 오히려 증가했다. 예를 들어 도시 주민의 수가 늘어날수록 주민 1인당 획득한 특허의 수도 오히려 증가했다. 특허의 숫자를 놓고 보면, 200만 명이 사는 대도시는 100만 명이 사는 도시를 2개 합친 것보다 더(평균적으로 약 15퍼센트 더) 창의적인 것으로 나타났다. 도시가 클수록, 그 도시에 살고 있는 주민의 창의력도 커진 것이다. 뿐만 아니라 경제적으로도 더 생산적이고 범죄율도 높으며 병에 전염될 가능성도 높았다. 즉 도시 주민의 수가 늘어날수록, 1인당 국내총생산, 범죄율 그리고 에이즈 감염률도 높아진 것이다.[6]

일반적으로 도시의 크기가 클수록, 도시의 속도도 빨라진다 (경제적인 생산성은 시간 단위당 생산된 재화의 가치를 말한다). 이러한 가속도는 도시 주민의 생활태도에서도 나타나는데, 예를 들면 다음과 같다. 이미 살펴보았듯이, 도시의 '체험빈도'는 시골의 체험빈도보다 더 크다. 그래서 도시에서는 시골에서보다 더 느리게 활동하는 것이 여러 가지 면에서 합리적이다. 수백만 명이 모여 사는 대도시에서는 이동거리가 몇 미터에 불과하고, 시골에서는 수백 미터에 달하는 경우가 흔하다. 따라서 시골 사람들이 도시인들이 누리는 체험빈도에 도달하기 위해서는 훨씬 더 빠르게 공간 이동을 해야 한다.

하지만 연구 결과에 따르면 실제로는 정반대의 현상이 나타났다. 대도시인들은 느리게 이동하는 것이 아니라 한 단계 더 빠르게 이동하고 있었다. 실제로 1970년대부터 오늘날에 이르기까지 독일의 50개 이상의 시골과 도시를 대상으로 총 1만 명 이상의 주민을 관찰한 결과, 주민의 수가 많을수록 초당 0.1미터씩 속도가 빨라지는 것으로 나타났다.[7] 독일의 수도 베를린을 비롯한 부르클린, 함부르크, 프라하 등에 사는 대도시인들이 훨씬 빠른 이동속도를 보였다.

전체적으로 보면, 도시라는 유기체의 환경은 생물학적인 몸의 환경과는 다른 규칙이 적용되는 것으로 드러난다. 도시는 일종의 몸 또는 유기체일 수 있다. 하지만 이 유기체는 동물의 세계에서 통용되는 법칙을 뛰어넘는다. 대도시들은 구성요소들, 즉 주민들의 생활속도를 느리게 하는 것이 아니라 더 빠르게 한다. 각각의 도시인들은 도시가 클수록 더 빠르게 이동하고 더 효율적으로 일하며 더 독창적이다. 코끼리의 세포는 코끼리 몸이라는 환경 속에 있을 때 더 느려지지만 오히려 사람은 대도시라는 환경 속에 있을 때 더 빠르게 생활한다. 결국 도시 주민의 수가 늘어날수록 사람들은 더 빠르게 생활하는 셈이다. 이러한 현상은 매우 단순하게 설명할 수도 있다. 빠른 템포를 좋아하는 사람은 대도시에서 살기를 선호하고 대도시에 살면서 속도를 더 높이게 되는 것이다.

다른 한편으로 도시라는 환경도 주민들에게 영향을 미치며 주민들의 일상생활을 가속화시킨다. 여기서 앞에서 말한 '불안 공식'을 상기해보자. 일반적으로 한 도시가 주민들에게 제공하는 활동은 도시가 클수록 점점 더 광범위해지고, 이와 함께 주민들의 내적 불안도 점점 더 커진다. 따라서 주민들은 분주하게 움직일 수밖에 없는 것이다.

각종 정보와 최신 트렌드는 대도시인들을 자극해 상호간의 접촉을 활성화시킨다. 수많은 대학, 컨퍼런스, 강연회 등이 있는 대도시보다 더 많은 지식과 새로운 아이디어를 접할 수 있는 곳은 없다. 사람들은 주변 사람들에게 지식과 아이디어뿐만 아니라 바이러스와 박테리아도 전파한다. 이로 인해 대도시에서는 1인당 특허 수치가 이례적으로 높지만, 더불어 사람들 상호간의 빈번한 접촉의 부작용으로 생기는 에이즈 감염률도 높다.

창의적인 아이디어라고 해서 항상 인류에게 긍정적인 축복을 주는 것만은 아니다. 사람들은 특허를 받기 위해 새로운 아이디어를 내는 것이 아니라 은행 강도를 하기 위해 기발한 아이디어를 낼 수도 있다. 명예로운 일을 위해 아이디어나 기회를 만드는 사람들이 있는가 하면 범죄 행위를 위해 아이디어나 기회를 만드는 사람들도 있는 것이다.

마지막으로 아주 중요한 사실이 한 가지 더 있다. 인구밀도가 높은 것이 항상 창의적인 효과나 전염 효과만을 발휘하는 것은 아니다. 과도한 부담을 주어 스트레스를 높이거나 불안감을 줄 수도 있는데, 이것이 '도시형 노이로제 환자 효과'다. 즉 도시가 클수록, 도시 주민들이 스트레스나 정신질환과 씨름하는 경우가 많아진다는 것이다. 이는 연구 결과에서도 입증되고 있다.

경우에 따라서 도시는 주민들의 내성을 강하게 만들기도 한다. 도시에 머무는 기간이 길어질수록 스트레스에 대한 내성이 길러질 수도 있다는 뜻이다. 하지만 이러한 일은 보기 드문 예외에 속하며 반대의 경우가 더 일반적이다. 우리가 도시에 오래 머물수록, 또는 더 이른 나이에 도시에서 살수록, 스트레스에 대해 더 민감하게 반응한다. 그리하여 연구자들은 우리의 뇌를 통해 우리가 도시에서 성장했는지 또는 살고 있는 도시가 얼마나 큰지를 알아낼 수 있다.

과학전문지 〈네이처〉에 발표된 연구 결과를 살펴보자. 독일 뇌 연구팀이 1만 명 이상 살고 있는 시골 주민들과 1만 명 이상 살고 있는 대도시 주민들, 또 이러한 대도시에서 어린 시절을 보낸 사람들을 조사했다. 연구팀은 이 피실험자들에게 어려운 수학문제를 풀도록 해서 스트레스를 준 다음 자기공명영상 촬영장치를 통해 이들의 뇌활동을 기록했다. 그러면서 중간중간 시간압박으로 스트레스를 더 높이는가 하면, 피실험자들이 끼고 있는 이어폰을 통해 문제를 제대로 풀지 못한다고 질타하기도 했다.

실험 결과는 다음과 같았다. 피실험자들이 살고 있는 도시가 클수록, 또는 어린 시절을 도시에서 보낸 사람일수록, 스트레스에 반응하는 뇌 부위, 편도체가 촬영 화면에서 더 밝게 빛났다. 스트레스를 받을 때 시골 사람들의 편도체는 특별한 반응을 보

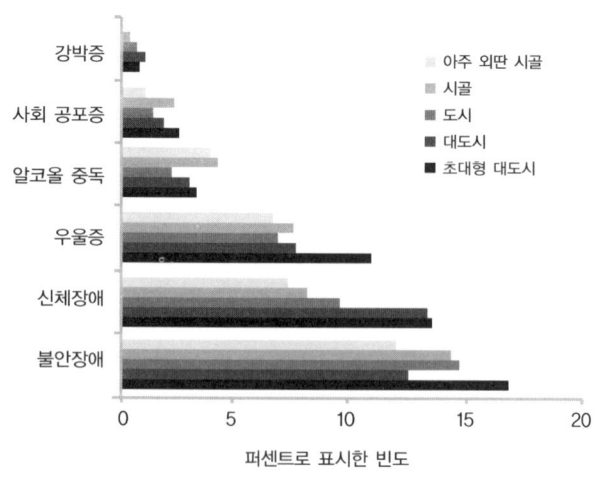

이 그래프는 독일의 상황을 나타낸다. 도시에서는 정신질환에 걸릴 위험이 높다. 알코올 중독은 시골과 대도시의 차이가 거의 없다. 여기서 말하는 '신체' 장애는 신체기관의 이상으로 생긴 장애가 아니라 정신적인 이상 증세로 생기는 장애를 가리킨다. 신체장애의 예로는 피로나 통증 또는 심장순환 장애 등이 있다.[8]

이지 않았던 반면 도시인들의 경우는 강한 반응을 보였고, 특히 대도시인들은 더욱더 강한 반응을 보였다. 편도체는 특히 불안감을 촉발시키는 데 중요한 역할을 하는 뇌 부위다. 당신이 밤에 음산한 골목길을 걷고 있을 때 위가 거북한 느낌이 든다면, 편도체가 이상반응을 보여 당신의 몸이 비상사태에 돌입했음을 경고하고 있는 거라고 보면 된다.

대도시가 주는 자극적인 효과도 마찬가지다. 연구자들은 편도체를 통한 일종의 지속적인 경고상태가 스트레스성 질환을 초래한다고 말한다. 이러한 질환으로는 우울증과 같은 정신장애를 들 수 있다.[9]

:: 페이스북이 하나의 거대 도시라면

시골과 도시에서는 뇌가 다르게 반응한다. 환경이 다르면 뇌도 그에 따라 적응한다는 점을 고려하면 그리 놀라운 사실은 아니다. 하지만 이와 관련해 다음과 같은 질문을 던져볼 수 있을 것이다. 이러한 차이는 얼마나 오래 지속되는가? 인터넷 시대에서는 사는 장소의 역할이 줄어드는 것 아닌가? 물론 누구나 이메일이나 페이스북을 통해 언제든 어느 곳에 있는 사람과도 접촉할 수 있다. 세계 어느 곳이든 직접 달려가지 않아도 사건현장에 있을 수 있다.

도시의 분주함을 초래하는 두 가지 추진력은 (1) 풍경과 정보, 그리고 행사 등의 빈도와 (2) 사람들 상호간의 접촉 빈도다. 하지만 가상 세계에서는 이러한 '빈도'가 실제 세계에서보다 훨씬 더 높다. 따라서 분주함을 분석함에 있어서 아직도 최종 단계에 도달하지 않은 셈이다(온라인 마을 주민들도 가속화되는 정도는 매우 강력하다). 대도시가 분주함을 초래하는 힘이 강하다고 해도, 컴퓨터 앞에서 20분 동안 멀티태스킹을 하면 훨씬 높은 체험빈도와 정보빈도 그리고 접촉빈도가 생길 수 있다.

오프라인 이용자는 대도시의 정글을 누비며 자신의 업무를 처리한다. 고객을 찾아 이리저리 구석구석 돌아다니거나 정보를 찾기 위해 도서관에서 먼지 쌓인 책들을 뒤적인다. 같은 시간에 효율적이고 경제적으로 온라인망을 서핑하는 온라인 이용자와 비교할 경우 이러한 고생은 너무나도 차이가 나고, 애처로운 영웅의 모습마저 연상시킨다. 이전에는 조사하는 데 몇시간, 며칠, 몇 주씩 걸렸던 것이 이제는 단 몇 번의 클릭만으로 해결되는 경우도 많다. 이전에는 각지를 돌아다니며 고객들과 접촉했지만, 이제는 더 쉽고 빠르게 더 많은 고객들과 접속할 수 있다. 접촉의 빈도를 놓고 보면, 인터넷은 타의 추종을 불허한다. 런던이나 도쿄와 같은 대도시에서 어떤 행사를 열거나 사람들 상호간의 교류 가능성을 제공한다고 해도 온라인의 파급력은 따라갈 수 없다.

물론 가상 세계는 도시적 상황과는 차원이 다르긴 하다. 그렇다고 산타페 연구소의 연구 결과를 가상 세계에 적용하는 것을 단순한 탁상공론으로 볼 수는 없다. 온라인형 인간이 인터넷이라는 초대형 도시의 주민이 될 경우 기존의 대도시 주민들보다 훨씬 더 생산적이고 독창적인 존재가 될 수도 있다. 또한 훨씬 더 분주하고 스트레스를 받기 쉬운 존재가 될 수도 있다.

인터넷이 있긴 해도 여전히 수많은 회사원들이 매일매일 자동차나 기차 또는 비행기를 타고 거래처 담당자나 고객을 만나기 위해 이동한다. 학자들은 연구실에만 박혀 논문을 쓰는 대신, 동료들을 만나기 위해 컨퍼런스를 찾아 여행한다. 작가들은 유튜브에 동영상을 올리는 간단한 방법 대신, 외딴 시골을 방문해 저자강연회를 연다. 경우에 따라서는 10명도 되지 않는 열성 독자들을 위해서 말이다.

또 다른 예를 들어보겠다. 당신은 페이스북을 하고 있는가? 그렇다면 당신은 페이스북 친구들을 어떻게 알게 되었는가? 실제로 페이스북에서는 오프라인 세계에서 한 번도 만나본 적이

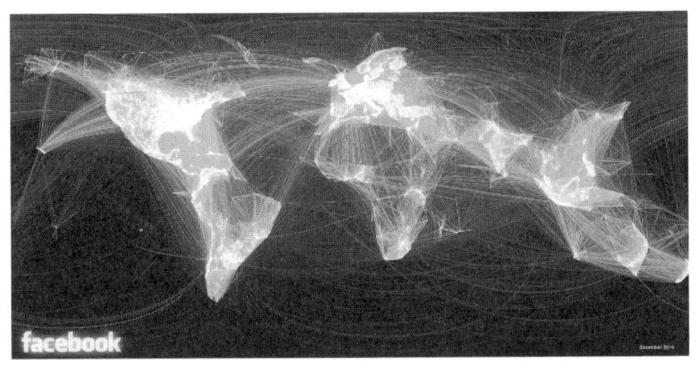

이 사진은 1,000만 명에 달하는 페이스북 회원들의 친구망을 표시한 것이다. 페이스북이 하나의 도시라면, 이 도시의 인구는 7억 5,000만 명에 달하고 각 주민에게는 100명 이상의 친구가 있으며, 도시 자체는 주민들에게 9억 곳 이상의 방문지를 제공한다. 이러한 초대형 도시에서는 70가지 이상의 언어가 사용된다.[10]

없는 사람들과 친구맺기를 시도하는 경우가 거의 드물다. 실생활에서 여러 번 만난 사람들과 친구맺기를 하는 경우가 대부분이다. 수백 명의 페이스북 회원들을 대상으로 설문조사한 결과에 따르면, 실생활에서 여러 번 만난 적이 있는 사람들과 친구맺기를 시도하는 경우가 무려 89퍼센트에 달했다. 반면 한 번 만난 적이 있는 사람들과 친구맺기를 한 경우는 7퍼센트, 전혀 만난 적이 없는 사람들이 친구맺기를 한 경우는 3퍼센트에 불과했다.[11]

이 결과는 앞으로도 큰 변화가 없을 것이다. 우리는 생물학적 존재로서 신뢰와 친밀함을 얻기 위해서 항상 주변 사람들과의 직접적인 접촉에 의존할 수밖에 없다. 또한 주변 사람들과의 직접적인 접촉은 결코 비효율적이거나 비생산적이지 않다. 오히려 정반대다. 효율성과 생산성을 높이기 위해 우리는 개인적인 친밀함을 필요로 한다.

과학의 세계는 이에 대한 경험적인 증거를 제공한다. 과거에는 천재들이 홀로 칩거하며 놀라운 발견을 해내는 것이 관례였다. 하지만 오늘날에는 이와는 반대로 팀을 이루어 작업하는 경향이 늘고 있다. 팀은 공간적으로 더 가까운 장소에서 공동작업을 할수록 더 성공할 확률이 높다. 이는 그 팀의 논문이 미치는 영향에서 직접적으로 드러난다.

흔히 과학 논문에서는 저자 목록의 선두에 있는 연구자들이 실질적으로 주요 작업을 한 사람들이고, 끝에 있는 연구자들은 대개 프로젝트의 책임자들(실험실장, 연구소장, 프로젝트를 위해 예산을 얻고 연구 방향을 정한 사람들)이다. 하버드 대학의 한 연구는 일정 기간 동안 이 대학에서 발표된 논문의 일부를 분석하면서 두 가지 측면에 초점을 맞추었다. 첫째, 논문이 동료 연구자들에 의해 얼마나 자주 인용되는지(이는 인용지수 또는 영향력 지수라고 불리는데, 논문의 중요도를 가늠하는 척도가 된다)와 둘째, 참여한 연구자들이 어디에서 작업하는지가 분석의 대상이었다.

연구 결과 실질적인 저자와 마지막에 인용되는 저자들의 공간적인 거리와 연구의 성공 사이에 뚜렷한 연관관계가 있음이 드러났다. 논문의 두 저자들이 공간적으로 가까울수록, 논문이 동료들에 의해 더 자주 인용되었다. 두 저자들이 같은 건물에서 연구할 경우에 가장 자주 인용되었고, 같은 도시에서 연구할 경우가 그 다음순이었다. 연구자들이 서로 다른 도시에서 사는 경우는 논문의 인용빈도가 앞의 경우들보다 낮았다.[12]

따라서 인터넷은 직접적인 접촉의 대용물이 아니라 보완재 역할을 할 뿐이다. 페이스북 회원들이 페이스북 회원이 아닌 사람들보다 실제 세계에서 더 많은 친구들을 가지고 있다는 사실도 이에 부합한다.[13] 주변 사람들과의 직접적인 교류는 우리 존재의 본질에 속한다. 도시는 이러한 본질이 가장 잘 부각되는 곳이다. 인류 역사상 최초로 도시에 사는 사람의 수가 시골에 사는 사람의 수를 능가하고 있다. 그리고 앞으로도 점점 더 많은 사람들이 대도시에서 살게 될 것이다.[14]

분주함을 재촉하는 대도시의 추진력에 끊임없이 확대되는 온라인 세계의 추진력이 가세하고 있다. 시골 주민들은 점점 더 도시 주민이 되고, 도시 주민들과 시골 주민들은 점점 더 인터넷 세계의 주민이 되고 있다(현재 추세라면 오프라인 시민보다 온라인 시민이 많아지는 것은 시간 문제에 불과하다). 현대인의 분주한 생활은 계속해서 고민거리로 남을 것이다. 그리고 앞으로 이 현상은 과거 어느 때보다도 더 도시형 노이로제 환자와 인터넷 노이로제 환자들에게 어려움을 안겨줄 것이다.

| 에필로그 |

행복을 어디에서 찾을 것인가

:: 다람쥐 쳇바퀴에서 벗어나라

자연은 우리가 원해서 선택한 것이 좋은 효과를 발휘하도록 이끈다. 달리 말해 (궁극적으로) 우리 스스로 행복해지는 쪽으로 결정을 내리도록 만들고 있다. 그런데 왜 실상은 정반대로 가는 것일까? 왜 자연은 우리에게 파멸로 향하는 결정 또한 하게 만드는 것일까? 왜 이토록 우리는 행복하기가 힘든 것일까?

우리를 행복하게 하는 것이 자연의 소임이 아니라고 할지라도, 자연이 어느 정도 우리를 배려하는 측면은 있다. 우리의 몸은 영양분이 부족하면 허기를 느끼고 먹을 것을 찾아 먹는다. 물이 부족하면 물을 마신다. 우리의 본능은 자신이 형성된 전제조건하에서만, 즉 만성적으로 부족한 환경에서만 제 기능을 발휘한다.

우리는 이러한 만성적인 부족을 만성적인 과잉으로 대체해왔다. 이로써 자연의 논리도 와해되었다. 우리는 과잉의 세계에서 더 많이 먹고 마시며(우리 몸에 좋은 정도보다), 덜 움직인다. 우리는 담배를 입에 물고 일광욕 소파에 몸을 기댄다. 우리는 모든 것이 마련되어 있는 슈퍼마켓을 방문해 어슬렁거린다. 그러고는 어떤 행동을 하는가? 풋풋한 당근이 아닌 과자봉지를 손으로 집는다. 육체적인 건강에 관해서라면 우리는 석기시대의 유전자를 가지고 있음에도, 슈퍼마켓에서는 늘 우리에게 유리하지 않은 결정을 내리고 만다.

정신적인 건강도 이와 마찬가지다. 경제학자들이 '통근자의 역설'이라고 말하는 단순한 예를 들어보겠다. 거주지를 선택할 때, 매일 아침 차를 타고 회사에 가는 것을 과소평가하는 사람들이 많다. 하지만 출근길 러시아워 때마다 꽉 막힌 도로에서 느릿느릿 기어가는 것만큼 고역스런 일도 없다. 저녁에는 반대 방향으로 다시 한 번 똑같은 일을 반복해야 한다.

그럼에도 우리는 주거지를 선택할 때 이러한 사항을 고려하지 않는다. 도시의 저 멀리 떨어진 멋진 집을 보면 마음을 빼앗기고 만다. 독특한 건축에 큰 정원 또는 손님 접대용 방이 하나 더 있는 집이 직장에서 도보로 고작 5분 거리에 있는 가까운 집보다 훨씬 멋지게 보이는 것이다. 따라서 우리는 통근 시의 고역은 감안하지 않고 멋진 집을 선택한다.

물론 어느 정도 고역을 감수할 만한 이유가 있을 수 있다. 하지만 손님 접대용 방이 하나 더 있다고 그러한 집을 선택하는 것은 원칙적으로 효율적이지 못하다. 손님 접대용 방은 시간이 얼마 지나면 대수롭지 않게 여겨질 사항이지만, 도로상에서 매일매일 겪는 고역은 시간이 지나도 없어지지 않기 때문이다.

스위스 경제학자 알로이스 슈투처와 브루노 프라이의 계산에 따르면, 하루에 통근 시간이 44분 걸리는 사람이 통근하지 않는 사람과 비교해 행복의 손실을 보상받기 위해서는 한 달에 470유로(약 35퍼센트)를 더 벌어야 한다고 한다. 독일인들의 통근 시간은 평균 약 45분에 달하는 것으로 조사되었다. 서유럽 국가들 중에서 독일은 네덜란드 다음으로 통근 시간이 길다(벨기에인, 핀란드인, 덴마크인, 스웨덴인, 스페인인, 영국인, 아일랜드인, 프랑스인, 오스트리아인, 룩셈부르크인, 그리스인, 이탈리아인, 포르투갈인, 이 모두는 독일인보다 통근 시간이 더 짧다).[1] 왜 유독 독일인들만 통근 시간이 더 긴 걸까?

이는 아마도 독일인들이 집을 선택할 때 주변 사람들에게 뒤처지지 않으려 하기 때문인 것 같다. 독일인들은 절대적으로 나아 보이기를 원한다. 경우에 따라서는 상대적으로 나아 보이는 것이 매우 중요하다. 매일매일 겪는 고역(긴 통근 시간, 목을 조이는 은행 융자금, 실망스런 직업 등)을 감수하고라도 지위 경쟁을 위해 '절대적인' 욕구를 희생한다.

자연의 시각에서 볼 때 이러한 경쟁과 희생은 의미가 있다! 번식과 관련해서 생각할 때, 우리가 절대적으로 좋은 위치에 있는 것은 중요하다. 그러나 이웃보다 조금 더 앞서 있다는 상대적인 부분도 결정적인 역할을 한다. 우리의 직장이나 파트너를 빼앗아 가는 것도 이들이다. 우리의 이웃이 항상 가장 힘겨운 경쟁자인 셈이다. 이는 아무리 부유해도 달라지지 않는다. 하지만 역사상 그 어느 때보다도 부유한 오늘날과 같은 상황에서 지위 경쟁이 치열하게 벌어지고 있다는 것은 너무도 터무니없어 보인다. 우리의 이웃이 백만장자라면 우리는 무엇을 할 것인가? 그렇다면 백만 유로를 손에 넣기 위해 열심히 노력하는 수밖에 없다. 왜 우리는 이렇게 혹독하게 일하는 것일까? 무슨 목적으로? 어떤 대가로? 무엇을 위해? (많은 수의 외국인들이 우리를 보고 외칠지도 모른다. "당신들은 이미 백만장자가 된 지 오래야!"라고.)

우리는 경쟁의 대가를 지불하고 있다. 극단적인 경우, 우리는 주변 사람들과 경쟁하느라 한때 삶의 희망이자 꿈으로 여겼던 소중한 가치마저 잃어버리기도 한다. 다람쥐처럼 쳇바퀴를 돈 끝에 우리는 자신에게 별로 중요하지 않은 몇몇 사람들을 구워삶아 우리 편으로 만든다. 그리하여 이웃 사람들이 시기할 만큼 호화로운 생활을 할 수 있을지도 모른다. 그러나 우리는 항상 쓰고 싶어 했던 흥미진진한 소설은 결코 쓰지 못한다. 또한 우리가 꿈꾸어 왔던 3개월에 걸친 세계여행도 하지 못한다. 걸어서 나미비아 사막을 횡단하려는 야심찬 계획을 세웠는데 말이다. 정확하게 말하면, 우리가 원래 의도했던 일 중에 이룬 것은 너무도 적다는 사실을 깨닫게 될 것이다.

이 책의 2장에서 살펴본 하버드 대학의 연구를 기억하는가? 연구자들이 피실험자들에게 여러 가지 상황을 제시하고 어떤 경우를 더 선호하는지를 물었다. 주변 사람들의 연봉이 2만 5,000유로이고, 당신의 연봉은 5만 유로인 경우와 주변 사람들의 연봉이 20만 유로이고, 당신의 연봉은 10만 유로인 경우에 사람들은 절대적인 수입 또는 IQ보다도 주변 사람들과 비교했을 때 그들을 능가하는 것을 더 중요하게 생각한다는 사실이 드러났다.

이처럼 상대적으로 더 나은 경우를 선호하는 경향이 삶의 모든 분야에서 적용되는 것은 아니다. 예를 들면 다음과 같다. 다른 사람들이 1주일 동안 휴가를 가는데 당신은 2주 동안 휴가를 가는 경우와, 다른 사람들이 8주 동안 휴가를 가는데 당신은 4주 동안 휴가를 가는 경우 중에서 어떤 것을 더 선호하는지를 물었을 때, 압도적인 다수가 두 번째 경우를 선택했다. 휴가 기간에 관해서는 이웃에 개의치 않는다는 결과가 나온 것이다.[2]

생각해보면 이웃이 우리보다 1주일 더 북해에 머문다고 해서 우리의 휴가가 망가지는 것은 아니다. 이처럼 이웃[3]은 우리의 행복에 아무런 힘을 미치지 못한다. 우리는 사람들 상호간의 경쟁구역을 벗어났다. 절대적인 것이 상대적인 것을 이긴 것이다. 하지만 이와 반대로 만약 우리가 이 경쟁구역에 있다면, 우리의 행복은 우리가 내리는 결정이나 우리가 가진 것에 의해서가 아니라, 우리의 이웃인 누군가가 우연히 행하거나 가진 것에 의해서 결정된다. 따라서 경쟁구역에서는 우리의 행복이 이웃의 손에 달려 있다는 것을 의미한다.

우리의 삶에서 행복이 '이웃과 무관한' 부분은 많다. 우리는 이러한 부분들을 너무도 쉽게 지워 경쟁에 내맡겨서는 안 된다. 그것이 현명한 선택이다. 우리가 친구나 가족과 함께 있거나 취미생활이나 스포츠를 하며 시간을 보낼 때는 다른 사람들이 무슨 일을 하는지 별로 관심이 없다. 주말에 친한 친구들과 여행을 하거나 조깅을 할 때, 우리의 경쟁자 XY가 조깅을 하러 나왔든 말든, 심지어 XY가 앞질러 뛰어간다 해도(무려 우리보다 5킬로미터나 더 앞서 있어도) 우리는 대수롭지 않게 여긴다. 우리가 느끼는 만족스런 기분에는 아무런 영향도 주지 못하는 것이다.

절대적인 욕구를 충족시키는 것은 행복을 얻는 확실한 방법이다. 왜냐하면 행복은 다른 사람들이 무슨 일을 하든, 그리고 그 사람들이 우리가 가지고 있지 않은 어떤 것에서 더 유리한 상황에 있든 우리를 독립적으로 만들어주기 때문이다.

지위 경쟁과 무관한 활동은 행복을 절대적으로 확대시킨다. 이는 사회 전체로 퍼질 수 있고, 이로써 우리는 이러한 지위와 무관한 행복의 요인들에 더 집중할 수 있다. 많은 경제학자들이 스포츠카나 고급 승용차를 소유한 사람들에게 특별세를 부과해야 한다고 제안한다. 이는 그들이 유발하는 실제적인 환경오염에다 심리적인 손해를 고려하면 설득력이 있다. 휴가를 보내는 사람, 취미로 그림을 그리는 사람 그리고 열정적인 장거리 마라토너들은 자신들의 여가활동으로 주변 사람들에게 아무런 피해도 주지 않는다. 하지만 스포츠카 운전자들은 일반 승용차 운전자들에게서 차를 모는 즐거움을 빼앗아 갈 수도 있다. 일반 승용차는 주행시 스포츠카에 뒤처질 것이 뻔하기 때문이다. 이와 마찬가지로 성형수술에 세금을 부과하는 것도 생각해볼 수 있다. 성형수술은 이 수술을 원치 않는 사람들을 상대적으로 덜 젊고 덜 아름다우며 덜 섹시하게 보이게 만들기 때문이다.

나는 경제학자는 아니지만, 분주한 일상생활에서 잠깐 시간을 내어 다음과 같은 질문을 던져보는 것도 중요하다고 생각한다.

- 나는 어떤 이유로 이것 또는 저것을 선택하는가? (더 큰 집을 살 것인가, 더 가까운 집을 살 것인가? 혹은 승진할 것인가, 이직할 것인가? 이것과 저것 중에서 어떤 것을 살 것인가? 그리고 이것을 사기 위해 야근을 하거나 싫어하는 일을 감수할 수 있는가?)
- 이 이유들은 내가 충분히 납득할 수 있는 것인가?
- 과거에 내린 이와 유사한 결정들은 내 삶을 풍족하게 하고 나를 더 행복하게 했는가?
- 지금 내 지위는 주변 환경으로 인해 마지못해 선택한 것은 아닌가? 또한 이 지위는 내가 진정으로 원하는 것을 점점 멀어지게 하고 있지는 않는가?
- 지금 내가 하고 있는 행동 또는 하지 않는 행동의 대가는 얼마나 높은가? 내가 앞으로 10년 또는 20년 동안 지금과 같이 행동할 경우 잃을 것은 무엇인가?

이와 같이 자기성찰을 하면서, 어떤 것에 우선순위를 두는 것이 더 만족스러운지 그리고 어떤 결정에 더 만족감을 느끼는지에 대해 질문해보자. 그러다 보면, 꽤 오래전부터 자신의 욕구나 소망 그리고 삶의 꿈과는 무관한 생활을 해왔다는 결론을 내리게 될지도 모른다.

나는 많은 사람들에게 일을 끝에서부터 거꾸로 생각해볼 것을 권한다. 당신이 하늘나라에 있다고 가정하고 당신의 지나간 삶을 되돌아보라. 당신은 무슨 일을 더 하고 싶은가? 또는 무슨 일을 덜 하고 싶은가? 당신이 반드시 해야 하는 일은 무엇인가? 또는 하지 말았어야 하는 일은 무엇인가? 만약 이때 당신이 "제기랄, 사무실에서 더 오래 일할걸!"이라고 말한다면, 당신은 무엇을 해야 하는지를 아는 셈이다. 그렇지 않고 어린 시절의 꿈 또는 구체적인 모험이 눈앞에 아른거린다면, 당신의 모험을 가로막은 것이 무엇인지 질문해보라. 그리고 그 이유가 있다면, 그것이 정말 가치가 있는 것인지 질문해봐야 한다.

:: 돈이냐, 사랑이냐

능률사회는 능률을 중시한다. 이 경우 친구나 가족을 위하는 것은 덜 중요한 일이다. 국내총생산의 시각에서 보면, 직장을 위해 친구나 가족을 떠나야 하는 상황에서 직장을 선택한 자가 보다 나은 결정을 한 셈이 된다.

그러나 이 문제를 국내총행복의 시각에서 보면 상황은 달라진다. 이는 간단하게 설명하기 어렵다. 행복의 시각에서 보면 일뿐만 아니라 우정과 가족도 결정적인 역할을 한다. 이러한 행복의 요인 중에서 어떤 것이 가장 중요한지 학문적으로 입증할 수 있는가? 답은 긍정과 부정, 둘 다 가능하다. 각자가 어떤 것에 우선순위를 두는지에 따라 답은 달라지며, 삶의 단계마다 이러한 우선순위도 달라질 것이기 때문이다.

그렇다고 학문이 이 문제와 관련해 우리에게 해줄 말이 없는 것은 아니다. 앞에서 살펴보았듯이, 독일인들의 삶에 대한 만족도는 지난 수십 년에 걸쳐 점차 낮아졌다. 이는 행복도가 평균적으로 낮아진 것을 의미한다. 하지만 최근 연구 결과에서 보듯 상당히 높은 행복도를 보이는 사람들도 존재한다. 독일에서는 일반적인 트렌드와는 달리 삶에 대한 만족도가 지난 몇 년간에 걸쳐 점차 높아진 사람들도 상당히 많다(지난 20년간 총 인구의 약 6퍼센트가 0에서 10까지의 행복지수가 2점 또는 그 이상 높아졌다). 하지만 같은 기간에 삶에 대한 만족도가 떨어진 사람들이 더 많아졌으므로(총 인구의 13퍼센트) 이들은 행복의 예외집단인 소수파를 형성한다.[4]

이러한 결과를 놓고 본다면, 다음과 같은 흥미로운 질문을 던져볼 수 있다. 어떻게 행복한 사람과 불행한 사람을 구분할 수 있는가? 이를 위해, 최근 연구자들은 '사회경제패널' 자료를 분석했다. '사회경제패널'은 전 세계적으로 가장 광범위한 장기 연구 중 하나다. 1980년대 초부터 독일에서 조사팀이 구성되어 삶의 여러 영역을 탐사하고 있다. 2010년에는 500여 명의 인터뷰어들이 독일의 1만 1,500가구를 방문해 2만 4,225명에 대한 다양한 정보를 수집했다.[5]

예를 들어 '사회경제패널'은 매년 동일 인물에게 삶에 대한 만족도나 목표에 대해 질문한다. 삶의 목표는 다음과 같이 3개의 주요 카테고리로 요약할 수 있는데, '가족', '사회' 그리고 '돈과 커리어'다. 많은 사람들이 파트너십과 결혼 그리고 자녀에 큰 가치를 부여한다. 그들은 삶의 목표 카테고리 중에서 단연 '가족'에게 가장 큰 점수를 매긴다. 하지만 어떤 이들은 우정을 매우 중요시 여긴다. 그들은 당연히 '사회' 카테고리에 가장 높은 점수를 매긴다. 이 카테고리에는 주변 사람들을 도우려는 욕구와 사회·정치적으로 참여하려는 욕구 등이 들어간다. 또 어떤 사람들은 필요한 것을 많이 가질 수 있고, 자신의 잠재력을 실현해 직업적으로 성공하는 데에 높은 가치를 부여한다. 이들은 '돈과 커리어'의 카테고리에 높은 점수를 매기고, 개인적인 성공을 가장 중요하게 여긴다.

'사회경제패널' 자료 분석 결과, 행복은 이 3개의 분야 중에 우리가 우선순위를 어디에 두는지에 따라 좌우되는 것으로 드러났다. '가족'과 '사회' 카테고리에 높은 가치를 부여한 사람들은 행복 보너스를 얻었다. 세월이 지날수록 이들의 삶에 대한 만족도는 점점 높아졌다. 이와 반대로 돈과 커리어에 집중하는 사람들은 만성적인 불만을 느꼈다. 세월이 지나도 삶에 대한 만족도 역시 높아지지 않았다. (또 하나, 파트너의 우선순위도 우리의 행복에 영향을 미친다. 특히 여성들은 가족 카테고리에 높은 가치를 부여하는 남성과 짝이 될 때 만족도가 높다는 결과가 나왔다!)[6]

이 결과에서도 수치는 평균값을 나타낼 뿐이다. 돈과 커리어에 높은 가치를 부여하며 이를 위해 다른 것들을 포기한 사람들도 행복해질 수 있음은 부인할 수 없다. 역으로 누구나 결혼을 원하는 것은 아니며 친구 없이도 잘살 수 있는 사람은 많다. 하지만 이 자료를 놓고 보면, 독일인들은 대체로 돈과 개인적인 성공 그리고 커리어를 중시하고 있음이 드러난다. 마치 능률사회, 소비사회가 우리에게 다음과 같이 주입시키기라도 한 듯이 말이다. "당신이 성공하면(이 프로젝트를 완수하면, 커리어를 쌓아나가면, 돈을 더 많이 벌어 원하는 것을 살 수 있으면) 당신은 이 모든 근심을 떨쳐버리고 행복해질 수 있을 것"이라고 말이다. 하지만 이러한 가정과 약속은 (적어도 이렇게 단순화된 형태로는) 거짓일 수밖에 없다. 오히려 다음과 같이 말하는 것이 진실에 더 가까울 것이다. "이렇게 삭막하게 경쟁하는 대신, 우정과 사회적 참여 그리고 가족에 더 높은 가치를 부여하면, 다수에게 훨씬 더 좋은 여건이 마련될 것"이라고 말이다.

:: 후회와 변명은 이제 그만

부유한 사회에는 선택지가 많다. 그리고 선택지는 꿈을 꾸게 한다. '나는 항상 이것만 한다. 하지만 다른 것도 할 수 있는데…… 다른 걸 했더라면 어떻게 되었을까?' 수많은 삶의 가능성들 앞에서 우리의 머릿속은 늘 이런저런 생각들로 복잡하다. '시끄러운 대도시에서의 삶보다 시골에서의 삶이 더 행복했을 텐데……', '이전에 쓰려고 했던 소설을 썼더라면 내 삶은 완전히 달라졌을지도 모르는데……'.

이러한 가정법으로 골머리를 앓고 있는 이에게 나는 과감히 제안한다. 그럼 "한번 해봐!"라고. 이 말은 너무도 많이 들었다고? 뜬구름 잡는 이야기로 들린다고? 좋다. 그렇다면 다음과 같이 3개월 규칙을 제시하겠다. 올해 안으로 1개월, 2개월 또는 가능하다면 3개월의 시간을 내어 당신이 꿈꾸어오던 것을 실천해보기 바란다. 첫 단계는 당신의 꿈을 최종적으로 실현하는 단계가 아니다.

우선 간단한 예를 들어보겠다. 만약 당신이 개를 키울지 말지 고민한다면? 그렇다면 몇 주 동안 당신의 친구나 지인의 개를 빌려라(만약 그들이 휴가를 간다면 오히려 당신에게 고마워할 것이다). 데려온 개가 당신의 방을 엉망진창으로 만들더라도, 그럼에도 개가 지금까지 당신에게 부족했던 그 무엇이라는 결론이 내려진다면 원더풀! 그러나 개가 더 이상 꼴도 보기 싫다는 생각이 든다면 과감히 포기하라! 그렇다고 이것이 최악의 결과는 아니다. 긍정적인 뉴스도 있다. 당신의 머릿속에 맴돌던 "이걸 했더라면……"이라는 생각은 꼬리를 감추게 될 것이다.

만약 당신이 소설가나 아동작가의 꿈을 꾸고 있다면, 4~5편의 짧은 이야기부터 먼저 써보라. 아이디어를 모으고 이야기를 떠올리며 글을 쓰는 것이 재미있는가? 아니면 그냥 작가로서의 삶에 매력을 느끼는가? 당신이 창작활동에 재미를 느낀다면, 시간을 내어 계속 써야 한다. 그러다 보면 어느 날엔가 멋진 이야기가 나올 것이다. (물론 이는 간단한 일은 아니다. 하지만 그저 '간단하게' 되는 일을 원한단 말인가? 힘들이지 않고 단번에 이룰 수 있는 일을? 훈련 과정 없이는 아무것도 배울 수 없다.)

만약 당신이 시골에서 사는 꿈을 꾼다면? 농가, 자연, 고요……. 이 꿈이 당신의 뇌리에서 계속 떠나지 않는다면? 그렇다면 당장 짐을 꾸려 아이들과 함께 3개월 동안 시골에서 살아보라. 이 기간 동안 시골 생활이 정말 마음에 드는지 알아보는 것이다. 이때 시골 사람과 집을 바꿔 생활하면 경제적인 부담을 줄일 수 있다. 머릿속으로만 꿈을 꾸지 말고 현실에서 직접 테스트해 보는 것이 더 바람직하다.

왜 이러한 실천 테스트가 중요한가? 첫째, 우리의 사고력이 제한되어 있기 때문이다. 하지만 이보다 더 결정적인 사실이 있다. 우리의 상상력은 사물을 미화하는 습관이 있다. 과감한 실천 테스트만이 진정 우리에게 기쁨을 주는 일이 무엇인지, 그리고 그 일이 우리에게 맞는지, 우리가 할 수 있는 일인지를 말해줄 수 있다.

앞 장에서 설명했듯이, 우리의 꿈은 자유와 부가 확대됨에 따라 점점 미국식 꿈이 되었다. "모든 것이 가능하다! 누구나 언제든 모든 것을 할 수 있다! 당신의 꿈을 실현하라! 당신 속에 있는 모든 것을 끄집어내라! (그렇다. 당신도 캘리포니아 주지사가 될 수 있다.)" 이렇게 희망찬 메시지가 우리에게 울려 퍼진다. 이 메시지가 의미가 있는 것은 허구에 바탕을 두지 않았기 때문이다. 아널드 슈워제네거, 조앤 롤링, 빌 게이츠 등은 허구적인 인물이 아니다. 게다가 이 메시지는 자극을 주고 힘을 북돋아준다.

그런데 자유사회의 약속은 유감스럽게도 개별적인 경우에만 (엄청난 행운이 따라야만) 완전히 실현될 수 있는 이상이다. 따라서 실천 테스트에서는 자신이 좋아하는 것뿐만 아니라 자신의 한계에 대해서도 명확하게 아는 것이 중요하다. 나의 강점과 약점은 무엇인가? 삶의 선택지가 많을 때에는 이 질문에 대한 답이 큰 도움이 된다. 자신의 능력과 한계에 대한 통찰은 삶에 대한 올바른 방향을 제시해줄 수 있다. 당신은 원하는 것에 적절한 틀을 부여해야 한다.

자신의 약점과 한계를 명확하게 아는 것은 쉬운 일이 아니다. 하지만 알고 난 후에는 수많은 삶의 선택지 앞에서 판단이 훨씬 쉬워진다. 자신의 한계를 의식하면 유연해질 수 있다. 이제 우리는 원칙적으로 많은 선택지가 있어도 우리가 선택할 수 있는 게 소수에 불과하다는 것을 안다. 우리는 모든 것을 선택할 수는 없다. 그렇게 깨닫고 나면 세상의 소음과 유혹이 한결 약해져 있음을 느낄 것이다.

우리가 좋아하는 것이 무엇인지, 우리의 약점과 강점이 무엇인지를 알기 위해 친구나 지인 그리고 동료들의 도움을 받을 수도 있다. 그들은 우리의 행동만 볼 뿐, 우리의 머릿속을 맴돌며 우리가 실현해야 한다고 생각하는(이를테면 부모님을 기쁘게 해드린다는 생각에 마음에도 없는 특정한 직업을 염두에 두는) 다양한 이상들은 보지 못한다는 장점을 지니고 있다. 그래서 때로는 친구들이 우리가 제대로 할 수 있는 일과 좋아하는 일에 대해, 나아가 우리가 누구인지까지도 더 명확하게 아는 경우가 있다. 자, 책을 덮고 친구들에게 물어보자!

:: **버릴수록 행복해지는 것들**

나는 지나친 자기절제를 좋아하지 않는다. 지나친 절제로 삶의 기쁨을 포기하는 것은 바람직하지 않다고 생각한다. 내가 다른 시대 그리고 다른 세계에서 살았다면, 자기절제와 자기규율을 찬양하진 않을 것이다. 하지만 우리는 외부나 위로부터의 제한이 거의 없는 과잉사회에 살고 있다. 우리 스스로 어느 정도 제한을 감수한다면 더 좋은 결과를 초래할 수도 있다. 금욕을 위해서가 아니라 행복을 위해서 말이다.

내가 겪은 일화를 예로 들어보겠다. 글을 쓰는 직업을 가진 사람은 책을 많이 읽어야 한다. 나는 논문이나 책을 읽다가 빠른 템포로 몇 페이지를 그냥 넘어가는 일이 있다. 그러다가 스스로의 태도에 불만을 품고 내가 왜 이렇게 하는지를 자문하곤 한다. 답은 간단하다. 가능한 한 빨리 책을 읽은 후 다음 책을 손에 넣기 위해서다. 다음 책도 마찬가지로 스캔하듯이 페이지를 넘긴다. 엄청난 속도를 내지만 결국 좌절감만 느낄 뿐이다.

물론 책이 재미가 없다면, 책 읽는 시간을 낭비하지 말고 빨리 읽어버리는 게 더 나을 수 있다. 하지만 원인과 결과가 뒤바뀌었을 수도 있다. 책이 흥미롭지 않는 이유는 바로 스캔하듯이 빠르게 읽었기 때문일 수도 있는 것이다(우디 앨런은 속독을 배운 후,《전쟁과 평화)를 20분 만에 읽었다고 한다. 그가 이 책에 대해 말한 총평은 "이 책은 러시아와 관련이 있다"였다).

'더 적게'가 때로는 '더 많은' 효과를 낸다. 참된 향유는 부족함에서 생기는 것이다. 금이 가치가 있는 이유는 빛나기 때문만이 아니라 보기 드물기 때문이기도 하다. 이와 반대로 우리 사회는 부유하고 풍족하다. 모든 사물들을 너무도 쉽고 값싸게 가질 수 있기에 그 가치가 떨어지는 것이다.

부에 의한 평가절하 효과에 관한 연구에서, 어떤 피실험자들에게는 평범한 사진을, 또 다른 피실험자들에게는 지폐 사진을 보여준 다음 초콜릿을 먹게 했다. 두 명의 관찰자는 이 실험의 의미와 목적에 대해서 전혀 아는 바가 없는 피실험자들의 초콜릿 먹는 시간을 측정했다. 그 결과, 평범한 사진을 본 피실험자들이 초콜릿을 먹는 데 걸린 시간은 평균 45초였다. 반면 지폐 사진을 본 피실험자들은 초콜릿을 먹는 데 평균 32초가 걸렸다. 평범한 사진을 본 피실험자들이 더 오랜 시간 초콜릿을 먹었고, 훨씬 더 맛있게 먹었다!

실험 연구자들이 짐작한 대로, 우리는 돈을 보면서 상상의 나래를 펼친다. 머릿속에선 가능성의 세계가 재빨리 확대된다. 미셸린 평가에서 별 3개를 받은 레스토랑이나 카리브해의 20미터짜리 요트가 아른거린다. 일상 속 평범한 사물들(일을 끝낸 후에 마

시는 시원한 맥주, 햇빛, 초콜릿 한 조각 등)은 모락모락 피어오르는 상상력 앞에서 빛을 잃어버린다.[7]

우리 사회의 사람들도 지폐 사진을 본 피실험자들과 유사하다. 과잉은 일상 속 평범한 사물들을 평가절하한다. 점점 더 화려한 것을 찾고, 평범한 것은 외면한다. 이러한 악순환에는 어떻게 대처해야 하는가?

한 가지 방법은 의식적으로 일상생활에 부족함을 도입하는 것이다. 이를테면 '한정판'과 같은 상품을 제공하는 것이다. 예를 들어 식사를 할 때 스스로 절제하여 음식의 가치와 향유를 효과적으로 높일 수 있다.

절대적인 금욕 시간을 가지는 것은 극단적인 방법이다. 이보다 유연하면서도 선택적인 방법이 있다. 갈비를 아무 생각 없이 먹어치우는 대신, 우리가 먹는 이 고기가 어디에서 왔는지, 동물들이 어떤 조건에서 살며 도살당할 때 얼마나 큰 고통을 겪는지를 알아보는 것이다. 고기라면 다 먹는 것이 아니라 조심스럽게 선별해서 먹는 것도 한 방법이다.

느림의 가치를 발견하고 패스트푸드 대신 슬로푸드를 선호하는 사람들도 있다. 어떤 사람들은 텔레비전 시청을 줄이고, 선별한 일부 영화나 방송만을 보기도 한다. 이렇게 해서 얻은 시간을 다른 중요한 활동에 활용하는 것이다.

또 다른 사람들은 온라인 활동과 이용 시간을 줄이기도 한다. 이메일 체크도 하루에 두 번만 한다. 이렇게 함으로써 이들이 잃는 것은 거의 없다. 대신 놓치고 있었던 세계, 즉 오프라인 세계를 다시 얻게 된다. 어쩌면 우리는 그동안 온라인 세계에만 몰두함으로써, 이전에는 유일했던 오프라인 세계의 가치를 너무도 쉽게 무시하고 있었는지도 모른다.

이제 넘치는 사회적 의무들도 정리할 필요가 있다. 이에 대해 알랭 드 보통은 다음과 같이 말한다.

"병원에서 환자복을 입고 죽음을 기다릴 때 우리는 우리의 지위를 조건 삼아 우리를 사랑했던 사람들에게 격분한다. 그들이 냉정하게 유혹의 책략을 썼다는 사실 때문이 아니다. 우리 자신이 그들에게 유혹을 당할 만큼 허영심이 컸다는 사실에 더 화가 나는 것이다. 죽음을 생각하면 인간관계에 진정성이 찾아온다. 아는 사람들 가운데 과연 누가 입원실까지 와줄 것인지를 생각해보면 만날 사람을 정리하는 데 큰 도움이 될 것이다."[8]

여기서 말하는 것이 상당히 엄격한 정리 기준이라 생각된다면, 개인적인 욕구나 선호에 따라 충분히 수정할 수도 있다. 우리가 아는 사람들 가운데 과연 누가 우리에게 전화를 해줄 것인지, 누가 우리의 부재를 알아차릴 것인지 등등 개인적인 기준을 정할 수 있을 것이다.

또한 우리가 건성으로 하는 멀티태스킹을 의식적인 싱글태스킹으로 바꿀 수도 있다. 친구와 대화를 나누거나 낭만적인 주말을 보낼 때는 잠시 핸드폰을 꺼두는 것이다.

물론 이 모든 예들이 얼핏 보기에는 칼뱅주의적인 자기학대의 냄새를 풍기기는 한다. 하지만 의도는 전혀 다르다. 만성적으로 물자가 부족한 세계에서라면 무엇이든 손에 넣으려고 욕심을 부리는 것이 당연하다. 우리에게 주어진 일이 무엇이든 망설이지 말고 붙잡아야 한다. 그리고 무슨 일이든 끼어들어 함께하고 봐야 한다. 내일 무슨 일이 생길지 누가 알겠는가!

하지만 과잉사회에서는 상황이 달라진다. 우리의 육체적·정신적인 건강은 넘쳐나는 과잉상태 속에서 얼마나 절제를 성공적으로 수행하느냐에 달려 있다. 우리는 단념하고 포기하는 것을 배워야 한다. 우리가 진정으로 원하는 것을 놓치지 않으려면 "노"라고 말할 수 있어야 한다.

그런데 과잉이라는 말은 정확히 무엇을 의미하는가? 너무 적은 것과 너무 많은 것 사이의 경계를 어떻게 설정하는가? 어느 정도에서 포기해야 우리에게 이익이 되고 또 손실이 되는가? 이러한 질문에 보편타당한 답이 있다고는 생각하지 않는다. 바로 이것이 우리 시대가 직면한 중요한 도전 중 하나다. 각자가 이 질문에 균형 있는 답을 찾아야 한다.

우리 사회에서 행복이란 거리 곳곳에 놓여 있는 것일 수도 있다. 우리는 이 행복을 붙잡기만 하면 된다! 우리 사회처럼 특권을 누릴 수 있는 사회에서 만족을 느끼지 못한다면 더 이상 어떻게 해볼 도리가 없다. 이러한 사람은 연민의 대상만 될 뿐이다.

나는 이 책이 이러한 일차원적인 시각의 문제점을 충분히 밝혔다고 생각한다. 자유롭고 부유한 사회조차도 행복을 보장해주지는 못한다. 이러한 사회에도 모순과 리스크는 엄연히 존재하는 법. 우리 사회에 문제점이 많다는 사실은 부인할 수 없다. 그러나 우리가 특권을 누리는 시대에 살고 있다는 사실 또한 분명하다.

과거 어느 시대에도 이러한 특권은 흔치 않았다. 우리가 누리는 특권은(스스로 선택해 포기할 수 있는 특권까지 포함해서) 누구나 누릴 수 있는 것이 아니며, 또한 극도로 제한되어 있다. 그렇기에 이 특권의 소중함을 되새기고, 현실의 삶 속에서 절제와 포기의 미덕을 발휘하는 자세가 필요하다. 이런 시대가 언제까지 지속될지는 알 수 없는 것 아닌가!

| 주 |

PART 1 왜 자유로운데도 원하는 대로 살지 못할까

1. 과다한 선택지가 주는 고통

1. 타냐는 채플린이 마지막으로 아이를 가진 나이를 잘 모르고 있었다. 이는 채플린은 54세 때 당시 18세였던 여성과 네 번째 결혼을 해서 8명의 아이를 낳았다. 막내는 채플린이 73세 때 태어났다. 웹사이트 http://en.wikipedia.org/wiki/Charlie_Chaplin에서 확인할 수 있다.
2. 이 연구는 2009년에 공식적으로 발표되었지만, 이미 2007년에 인터넷에서 유포되었다. 자료는 http://www.marginalrevolution.com/marginalrevolution/2007/10the-significanc.html에서 찾을 수 있다.
3. Stevenson, B., & Wolfers, J., The paradox of declining female happiness, American Economic Journal: Economic Policy, 2009.
독일 여성들이 처한 상황에 대해서는 Schultz-Zehden, B., Lust, Leid, Lebensqualität von Frauen heute, Springer, Heidelberg, 2005 참조. 독일 사람들의 행복도가 낮아지는 것에 대해서는 이 책의 2장 참조.
4. Goldin, C., The quiet revolution that transformed women's employment, education, and family, American Economic Review, Papers and Proceedings, 2006.
5. http://news.blogs.nytimes.com/2007/09/25/a-happiness-gap/#comment(meine Übersetzung).
6. Stevenson, B., & Wolfers, J., The paradox of declining female happiness, American Economic Journal: Economic Policy, 2009.

7. 정확하게 말하면, 이 과정을 지켜보는 실험조수가 한 명 더 있었다. Iyengar, S., & Lepper, M., When choice is demotivating: Can one desire too much of a good thing?, Journal of Personality and Social Psychology, 2000.
8. Iyengar, S., & Lepper, M., When choice is demotivating: Can one desire too much of a good thing?, Journal of Personality and Social Psychology, 2000.
9. Iyengar, S., & Lepper, M., When choice is demotivating: Can one desire too much of a good thing?, Journal of Personality and Social Psychology, 2000., Iyengar, S., The art of choosing, Little, Brown, London, 2010[이 책은 국내에 《쉬나의 선택실험실》(21세기북스, 2010)이라는 제목으로 번역, 출간되었다—옮긴이]].
10. 베를린 알렉산더 광장에 있는 갤러리아 카우프호프 백화점에서 준 자료 참조.
11. Shah, A.&Wolford, G., Buying behavior as a function of parametric variation of number of choices, Psychological Science, 2007.
12. Reutskaja, E., & Hogarth, R., Satisfaction in choice as a function of the number of alternatives: When goods satiate, Psychology & Marketing, 2009.
13. Reutskaja, E., Experiments on the role of the number of alternatives in choice, Dissertation, 2008.
14. Scheibehenne, B., et al., Can there ever be too many options? A meta-analytic review of choice overload, Journal of Consumer Research, 2010.
15. Schwartz, B., Anleitung zur Unzufriedenheit, Ullstein, Berlin, 2004a., Reutskaja, E., & Hogarth, R, Satisfaction in choice as a function of the number of alternatives: When goods satiate, Psychology & Marketing, 2009.
16. Miller, G., The magical number seven, plus or minus two: Some limits on our capacity for processing information, Psychological Review, 1956.
17. 연, 월, 일은 태양, 달, 지구에 의해 결정되지만, 주에 대해서는 아직 명확하게 밝혀지지 않았다.

18. Christakis, N., & Fowler, J., Connected!, S. Fischer, Frankfurt, 2010. 친구는 페이스북 사이트에 서로 상대방의 사진을 올리는 사람으로 정의된다. 연구에 따르면 페이스북에서 친구의 수는 평균 110명인데, 페이스북은 현재 130명이라고 발표하고 있다. http://www.facebook.com/press/info.php?statistics 참조.
19. Binswanger, M., Die Tretmühlen des Glücks, Herder, Freiburg, 2006.
20. 실험을 통한 증명은 Diehl, K., & Poynor, C., Great expectations?! Assortment size, expectations, and satisfaction, Journal of Marketing Research, 2010 참조.
21. Schwartz, B., Anleitung zur Unzufriedenheit, Ullstein, Berlin, 2004a.
22. Iyengar, S., The art of choosing, Little, Brown, London, 2010.
23. http://www.txtpost.com/playboy-interview-steven-jobs/.
24. 이 분석은 남자에만 한정되었다. 일반적으로 남자보다 자살률이 낮은 여자의 경우(중국은 예외)에는 해당되지 않는다. Eckersley, R., & Dear, K., Cultural correlates of youth suicide, Social Science & Medicine, 2002.
25. 그래픽의 왼쪽 위에 표시된 R^2은 결정계수(Coefficient of Determination)를 뜻하는데, 앞으로 이 책의 그래프에서 자주 등장한다. 간단히 설명하면 다음과 같다. 어떤 국가들에서 젊은이들의 자살률이 다른 국가들의 경우보다 높다고 가정해보자. 이 차이는 어떻게 설명할 수 있는가? R^2는 이 차이를 표본과 변수와의 관계를 통해 설명하는 척도다. 이 척도는 0에서 1까지의 값을 갖는다. 0은 상관관계가 전혀 없는 것을 말하고, 1은 상관관계가 완벽함을 의미한다. 이 그래프에서 표본은 국민이 자신의 삶을 자유롭게 결정할 수 있다고 느끼는 감정, 즉 자유감정이다. R^2가 0.5면, 국가들 사이의 자살률의 차이를 50퍼센트 설명할 수 있다는 것을 의미한다. 이는 자살이 복잡한 문제임을 감안하면 상당한 적합성을 보여주는 셈이다. 따라서 한 국가의 자유감정에 대해 어느 정도 안다면, 이 국가의 자살률을 어느 정도 예측할 수 있다. 결정계수가 높을수록 이 예측의 정확도도 높아진다. 물론 상관관계는 인과관계와 다르다. 한 국가의 자유감정과 젊은이들의 자살률 사이에 상관관계가 있다고 할지라도 자유감정이 자살을 유발한다고는 말할 수 없다. 자유감정이 팽배할수록 이혼율이 높을 수 있고, 이혼율이 높을수록 청소년들의 자살률 또한 높을

수 있다.
26. Eckersley, R., & Dear, K., Cultural correlates of youth suicide, Social Science & Medicine, 2002.
27. 페이스북에서 설문조사를 실시했는데, 의뢰인 중 3분의 2가 여성의 관심 스펙트럼과 재능스펙트럼이 더 넓다는 의견을 피력했다. 단 두 사람만이 남성에게 표를 던졌다. (나의 한 지인은 '아이'라는 카테고리를 추가했다.) 남성의 관심스펙트럼이 여성의 관심스펙트럼보다 더 좁다는 사실을 증명하는 연구에 대해서는 Baron-Cohen, S., Vom ersten Tag an anders, Walter, Düsseldorf, 2004 참조.
28. http://blog.elitepartner.de/beliebter-denn-je-elitepartner-hat-uber-zwei-millionen-milglieder-29092117.
29. 연방통계청, 웹사이트 www.destatis.de 참조.

2. 왜 만족하며 살지 못하는가

1. Gilbert, D., & Ebert, J., Decisions and revisions: The affective forecasting of changeable outcomes, Journal of Personality and Social Psychology, 2002., Gilbert, D., Ins Glück stolpern, Riemann, München, 2006[이 책은 국내에 《행복에 걸려 비틀거리다》(김영사, 2006)라는 제목으로 번역, 출간되었다—옮긴이].
2. Gilbert, D., Ins Glück stolpern, Riemann, München, 2006.
3. 각도가 0도일 때 나방은 곧장 광원 쪽으로 향하고, 90도일 때는 광원 주위를 맴돈다. 둔각일 때 나방은 나선형을 그리며 광원에서 멀어지고 어둠 속에서 자취를 감춘다. 이론상으로는 이렇다. 하지만 나방이 실제 이렇게 움직이는지의 여부는 명확하게 밝혀지지 않았다.
4. Schwartz, B., Anleitung zur Unzufriedenheit, Ullstein, Berlin, 2004a[이 책은 국내에 《선택의 심리학》(웅진지식하우스, 2005)이라는 제목으로 번역, 출간되었다—옮긴이].
5. 다음의 http://www.searo.who.int/LinkFiles/Regional_Medical_Services_jan2010.pdf 참조.
6. Dar-Nimrod, I., et al., The maximization paradox: The costs of seeking alternatives, Personality and Individual Differences, 2009.
7. Iyengar, S., et al., Doing better but feeling worse, Psychological

Science, 2006.
8. Schwartz, B., Anleitung zur Unzufriedenheit, Ullstein, Berlin, 2004a., Offer, A., The challenge of affluence, Oxford University Press, 2006., Markus, H., & Schwartz, B., Does choice mean freedom andwellbeing?, Journal of Consumer Research, 2010.
9. 자신이 좋아하고 자신에게 매우 큰 의미를 띠는 일은 이와 유사한 효과를 미칠 수 있다. 하지만 아이나 연인, 배우자, 가족구성원에 대한 사랑은 일에 대한 사랑보다 훨씬 더 영향력이 크다. 이에 대해서는 이 책의 2장 참조.

PART 2 왜 부유한데도 행복하지 않을까

1. 풍요 속 빈곤, 과잉 속 불만

1. Rath, T., & Harter, J., Wellbeing, Gallup, New York, 2010.
2. http://www.easternct/edu/~pocock/MallsWorld.htm.
3. http://www.louisvuitton.com/en/flesh/index.jsp?direct1=home_entry_gb0.
4. Burkholder, R., Chinese far wealthier than a decade ago – but are they happier?, Siehe, 2005.
5. Burkholder, R., Chinese far wealthier than a decade ago – but are they happier?, Siehe, 2005., Kahneman, D., & Krueger, A., Developments in the measurementof subjective well-being, The Journal of Economic Perspectives, 2006., Brockmann, H., et al., The China puzzle: Falling happiness in a rising economy, Journal of Happiness Studies, 2009 참조.
6. 2010년과 2011년의 통계는 포브스가 발표한 자료와 일치한다. http://blogs.forbes.com/russellflannery/2010/03/10/its-chinas-year-on-the-2011-forbes-billionaires-list/.
7. http://china.usc.edu/App_Images/Dollar.pdf 참조.
8. Easterlin, R., et al., The happiness-income paradox revisited, PNAS, 2010. 이와 반대되는 입장에 대해서는 Stevenson, B.,

&Wolfers, J., Economic growth and subjective well-being: Reassessing the Easterlin paradox, Brookings Papers on Economic Activity, 2008 참조.
9. Easterlin, R., et al., The happiness-income paradox revisited, PNAS, 2010.
10. Diener, E., et al., International differences in well-being, Oxford University Press, 2010의 6장 참조.
11. http://www.iwkoeln.de/Publikationen/IWDossiers/tabid/126/articleid/30053/Default.aspx).
12. 국내총생산은 연방통계청의 자료를 인용했고, 삶의 만족도는 유로바로미터의 자료를 인용(0에서 10까지의 점수로 표시)했다. http://world-databaseofhappiness.eur.nl/도 참조.
13. Diener, E., et al., International differences in well-being, Oxford University Press, 2010의 6장 참조.
14. 독일경제연구소에서 주관하는 사회경제패널의 자료 분석에 따르면 독일 사람들의 행복도는 낮아지고 있다고 설명한다. Bartolini, S., & Bilancini, E., If not only GDP, what else? Using relational goods to predict the trends of subjective well-being, International Review of Economics, 2010 참조.
15. 자료는 http://www.bmbf.de/pub/soep_leben_in_deutschland.pdf 참조.
16. Kessler, R., et al., Development of lifetime comorbidity in the World Health Organization world mental health surveys, Archives of General Psychiatry, 2011.
17. 그래프에서 정신장애에 대한 자료는 Kessler, R., et al., The global burden of mental disorders: An update from the WHO world mental health surveys, Epidemiologia e Psichiatria Sociale, 2009의 표II에서 인용된 것이다. 빈도는 지난 12개월 동안 장애를 앓은 사람들의 퍼센트다. 세계보건기구의 세계정신건강 관측콘소시엄(2004) 표3도 참조. 여기서 부유한 나라는 1인당 국내총생산이 1만 달러 이상인 국가를 말한다. 이와 같은 기준은 자의적이긴 해도 국가들을 비교하는 데 장점을 갖는다. 또한 부유한 사회에서 부가 점점 증가하는 것이 어떤 영향을 미치는지를 살펴보는 이 장의 주제를 부각시키는 데에도 도움이 된다.

정신질환의 통계는 세계정신건강 관측콘소시엄(2004)에 따르면 2001년에서 2003년까지의 기간 동안 조사한 것이다. 이 때문에 나는 국내총생산도 이 기간의 자료를 선택했다.

18. Twenge, J., et al., Birth cohort increases in psychopathology among young Americans, 1938-2007: A cross-temporal meta-analysis of the MMPI, Clinical Psychology Review, 2010.
19. 독일 국내 연구는 정신질환의 비율이 상당히 높다고 평가한다. Jacobi, F., et al., Prevalence, co-morbidity and correlates of mental disorders in the general population: Results from the German Health Interview and Examination Survey (GHS), Psychological Medicine, 2004. 참조.
20. Jacobi, F., Nehmen psychische Störungen zu?, Report Psychologie, 2009.
21. http://wido.de/uploads/media/wido_pra_pm_krankenstand_0209.pdf.
22. Lane, R., The loss of happiness in market democracies, Yale University Press, New Haven, 2000.
23. Bünger, B., The demand for relational goods: Empirical evidence from the European Social Survey, International Review of Economics, 2010.

2. 어떤 삶이 행복을 불러오는가

1. 재세례파라고 부르는 이유는 이들이 관례와는 다르게 (유아를 '원죄'에서 벗어나게 해 교회공동체로 받아들이기 위한) 유아세례를 부정하기 때문이다. 재세례파는 유아가 아직 어떠한 죄를 짓지 않았다고 보고 성인의 나이로 접어드는 시기에 세례를 한다. 이 나이가 되어야 비로소 자유로운 결정으로 세례를 받을지의 여부와 교회공동체에 들어갈지를 결정할 수 있다는 것이다.
2. 아미시파에 대한 서술은 Kraybill, D., The riddle of Amish culture, Johns Hopkins University Press, Baltimore, 1989과 Längin, B., Die Amischen, List, München, 1990 참조.
3. Marglin, S., The dismal science, Harvard University Press, Cambridge, 2008.

4. Längin, B., Die Amischen, List, München, 1990.
5. 일부 연구서에 따르면, 독일에서 삶의 만족도가 떨어진 데는 70세 이상의 사람들이 큰 역할을 한다. 이들의 행복도는 지난 몇 년에 걸쳐 크게 낮아졌다. Bartolini, S., & Bilancini, E., If not only GDP, what else? Using relational goods to predict the trends of subjective well-being, International Review of Economics, 2010 참조.
6. Luthar, S., & Sexton, C., The high price of affluence. In: Kail, R. (Hrsg.). Advances in child development, 32, 126-162, Academic Press, San Diego, 2005.
7. 이 질문들은 나름대로 타당성이 있다. 이 책을 쓰는 동안, 42살의 영국 여성인 시몬의 이야기가 전해졌다. 그녀는 페이스북에 자살을 예고했다. 어떤 일이 생겼는가? 별다른 일이 없었다. 그녀에게는 1048명의 페이스북 '친구들'이 있었지만, 어느 누구도 나서는 사람이 없었다. 그 대신 일부 '친구들'은 "그건 당신이 결정할 문제다"와 같은 냉소적이고 무관심한 반응을 보였다. 경찰이 이 여성의 집에 들이닥쳤을 때 그녀는 이미 죽어 있었다. http://www.spiegel/de/panorama/0,1518,789022,00.html.
8. Längin, B., Die Amischen, List, München, 1990에서 인용.
9. Längin, B., Die Amischen, List, München, 1990.
10. Längin, B., Die Amischen, List, München, 1990.
11. Biswas-Diener, R., Material wealth and subjective well-being. In: Eid, M., & Larsen, R. (Hrsg.). The science of subjective well-being, Guilford, New York, 2008.
12. Miller, K., et al., Health status, health conditions, and health behaviors among Amish women: Results from the central Pennsylvania women's health study, Women's Health Issues, 2007.
13. Miller, K., et al., Health status, health conditions, and health behaviors among Amish women: Results from the central Pennsylvania women's health study, Women's Health Issues, 2007.
14. Kraybill, D., The riddle of Amish culture, Johns Hopkins University Press, Baltimore, 1989., http://www2.etown.edu/amishdies/Population_Trends_1991_2010.asp 참조.
15. 아미시파는 산업시대의 기술문명에 대해 열린 자세를 보이기도 한다. 이러한 자세는 전등이나 전자계산기 또는 트랙터를 이용하는 데에서 드러

난다. 대체로 아미시파는 문명의 이기를 제한적으로 이용하면서 주로 "이 기구들을 허용하면 어떤 일이 생길지 살펴보면서, 우리에게 별로 쓸모가 없고 공동체를 파괴하는 것으로 드러나면 배제시킨다". (아미시파의 한 지도자의 말) 이에 대해서는 Kraybill, D., The riddle of Amish culture, Johns Hopkins University Press, Baltimore, 1989 참조.

16. http://www.clairefontaine.ws/.

3. 돈은 어떻게 정신을 변화시키는가

1. Vohs, K., et al., The psychological consequences of money, Science, 2006.
2. Scherer, S., Proxemic behavior of primary school children as a function of their socioeconomic class and subculture, Journal of Personality and Social Psychology, 1974.
3. Kraus, M., & Keltner, D., Signs of socioeconomic status: A thinslicing approach, Psychological Science, 2009. 또한 Kraus, M., et al., Social class as culture: The convergence of resources and rank in the social realm, Current Directions in Psychological Science, 2011도 참조.
4. Vohs, K., et al., The psychological consequences of money, Science, 2006.
5. Piff, P., et al., Having less, giving more: The influence of social class on prosocial behavior, Journal of Personality and Social Psychology, 2010.
6. Vohs, K., et al., The psychological consequences of money, Science, 2006. 카트린 포의 강연도 참조. http://csi.gsb.stanford.edu/money-and-mind.
7. 네덜란드의 암스테르담 소재 뉴로사이언스 연구소의 크리스티안 카이저스 교수가 전해온 내용이다. Eisenberger, N., & Lieberman, M., Why rejection hurts: A common neural alarm system for physical and social pain, Trends in Cognitive Science, 2004와 Burchiel, K., Surgical management of pain, Thieme, NewYork, 2002의 64장도 참조.

8. Eisenberger, N., et al., Does rejection hurt? An fMRI study of social exclusion, Science, 2003.
9. Zhou, X., et al., The symbolic power of money, Psychological Science, 20, 700-706, 2009.
10. Zhou, X., et al., The symbolic power of money, Psychological Science, 20, 700-706, 2009.
11. Delgado, M., Reward-related responses in the human striatum, Annals of the New York Academy of Science, 2007.
12. Izuma, K., et al., Processing of social and monetary rewards in the human striatum, Neuron, 2008.
13. Izuma, K., et al., Processing of social and monetary rewards in the human striatum, Neuron, 2008.
14. Simmel, G., Philosophie des Geldes, Anaconda, Köln, 1907/2009 [이 책은 국내에 《돈의 철학》(한길사, 1990)이라는 제목으로 번역, 출간되었다―옮긴이].
15. http://www.platinumcardtravel.at/lifestyle/index.php.

4. 가족 vs 사회

1. Offer, A., The challenge of affluence, Oxford University Press, 2006.
2. 행복에 관한 자료는 Diener, E., et al., International differences in well-being, Oxford University Press, 2010의 12장에 수록된 로널드 잉글하트의 논문 참조. 행복지수는 다음과 같은 요소로 구성된다. 한 국가의 피실험자에게 삶의 만족도에 대해 묻는다. (1에서 10까지의 점수로 표시한다. 1=전혀 만족하지 않음. 10=매우 만족함) 또한 현재 얼마나 행복한지를 묻는다. (1에서 4까지의 점수로 표시한다. 1=매우 행복함. 4=전혀 행복하지 않음) 행복지수는 이 두 가지 수치를 다음과 같이 계산한 값이다. 행복지수=삶의 만족도−2.5 x 현재의 행복도. 예를 들어 국민의 100퍼센트가 삶에 매우 만족하고 현재 매우 행복하다면, 이 국가는 10−2.5 x 1=7.5의 최댓값을 가진다. 삶에 대해 만족하지 않거나 불행한 사람이 더 많다면, 음(−)의 값이 나온다. 행복지수는 1995년과 2007년 사이에 측정된 것으로, 이를 위해 나는 이 기간의 국

내총생산을 조사했다(구 동독 지역과 구 서독 지역의 행복지수를 조사하고, 각 지역의 인구를 감안했다). 특수한 경우인 홍콩에 대해서는 Sing, M., The quality of life in Hong Kong, Social Indicators Research, 2009와 Delhey, J., From materialist to post-materialist happiness? National affluence and determinants of life satisfaction in cross-national perspective, Social Indicators Research, 2010 참조.
3. Oishi, S., & Schimmack, U., Culture and well-being: A new inquiry into the psychological wealth of nations, Perspectives on Psychological Science, 2010은 라틴아메리카 국가들의 행복도가 매우 높다는 것은 사실에 부합하지 않는다고 주장한다. 라틴아메리카인들은 설문지에 답할 때 무턱대고 가장 높은 점수를 매기는 경향이 있다는 것이다.
4. Diener, E., et al., International differences in well-being, Oxford University Press, 2010의 12장에 수록된 로널드 잉글하트의 글 참조.
5. 라틴아메리카인들이 가족에 대해 느끼는 애정은 뇌스캔에서도 관찰할 수 있다. Telzer, E., Gaining while giving: An fMRI study of the rewards of family assistance amongWhite and Latino youth, Social Neuroscience, 2010에서 연구가들은 라틴아메리카 혈통의 젊은이들을 대상으로 자기공명영상을 촬영해 미국의 백인 젊은이들과 비교했다. 촬영 전에 젊은이들로 하여금 자기 자신 또는 가족을 위해 돈을 벌게 했다. 이때 자기 자신을 위해 돈을 번 사람은 소액의 돈을 가족을 위한 모금함에 넣었고 그 반대의 경우도 마찬가지였다(예를 들어 3달러를 벌면, 그 중 1달러는 가족을 위한 모금함에 넣었고, 가족을 위해 3달러를 벌면, 1달러를 자기 자신을 위한 모금함에 넣었다. 어느 쪽이든 이익이 손실보다 더 커졌다). 이 실험에서도 선조체라고 하는 '보상' 부위를 관찰했다. 결과는 미국 젊은이들의 선조체가 자기 자신을 위해 돈을 벌 때, 가장 크게 활성화된 것으로 나타났다. 라틴아메리카 젊은이들의 경우는 이와 달랐다. 이들의 선조체는 가족을 위해 돈을 벌 때 가장 왕성하게 활성화되었다. 이는 심지어 자기 자신을 위해 돈을 어느 정도 뺄 때도 마찬가지였다.
6. 점수는 설문조사 결과를 조합한 것이다. 점수가 가장 낮은 국가(리투아니아)는 0점에, 점수가 가장 높은 국가(나이지리아)는 100점에 위치한다. 리투아니아에서 오스트레일리아까지는 값이 50점 이하이고, 뉴질랜드

부터 50점 이상이다. 파올라 귈리아노는 이 책을 위해 1990년부터 2005년까지의 자료를 제공해주었다. 이 자리를 빌어 감사드린다.

7. Alesina, A., & Giuliano, P., The power of the family, Journal of Economic Growth, 2010.
8. 나는 특수한 경우에 속하는 홍콩을 그래픽에 추가했다. 중국의 한 자녀 정책이 적용되지 않지만, 홍콩은 세계에서 출산율이 두 번째로 낮다(중국의 출산율은 1.54이다). 자료는 CIA 월드 페이스북이 2011년에 조사한 것이다. http://www.cia.gov/library/publications/the-world-facebook/rankorder/2127rank.html 참조.
9. 자녀 관련 자료는 Currie, C., et al., Young people's health in context: International report from the HBSC 2001 / 02 survey. Health Policy for Children and Adolescents, 4, WHO Regional Office for Europe, Copenhagenm 2004에서 인용했다. 조사 시기는 2001년과 2002년이고, 자녀의 나이는 11세, 13세, 15세다. 국내총생산도 이 기간에 맞춰 조사했으며, 국내총생산이 1인당 1만 달러 이상 되는 국가만 고려했다. 1만 달러 미만의 국가들에서는 체계적인 연관성이 나타나지 않았다. 벨기에도 제외했는데, 이는 플랑드르어를 쓰는 지역과 프랑스어를 쓰는 지역으로 구분해서 조사되었기 때문이다. 이 두 지역의 수치는 9.2 대 16.1으로 큰 차이를 보였다. 영국에서는 잉글랜드(16.9퍼센트)만 고려했다. 하지만 잉글랜드는 웨일스와 큰 차이를 보이지 않았다.
10. Offer, A., The challenge of affluence, Oxford University Press, 2006.
11. 일반적으로 말하자면, 이러한 문제는 부유한 사회에만 퍼져 있다. 이에 대해서는 Hamilton, C., & Denniss, R., Affluenza, Allen & Unwin, Crows Nest, 2005 참조.
12. Dorbritz, J., Germany: Family diversity with low actual and desired fertility, Demographic Research, 2008. 이와 유사한 설문조사와 그 결과에 대해서는 다음을 참조. http://www.stiftungfuerzukunftsfragen.de/de/newsletter-forschung-aktuell/231.html?PHPSESSID=bb9176f18e197e4379648ba20bf3faed.
13. Solnick, S., & Hemenway, D., Is more always better?: A survey on positional concerns, Journal of Economic Behavior & Organization, 1998.

14. Brockmann, H., et al., The China puzzle: Falling happiness in a rising economy, Journal of Happiness Studies, 2009.
15. Frank, R., Luxury fever, Princeton University Press, 1999[이 책은 《사치 열병: 과잉시대의 돈과 행복》(미지북스, 2011)이라는 제목으로 번역, 출간되었다—옮긴이].

PART 3 왜 바쁠수록 더 불안할까

1. 불안은 어떻게 생기는가

1. TK(의료보험사)와 FAZ(프랑크푸르터 알게마이네 차이퉁) 연구소의 위탁을 받아 실시한 포르자의 연구 결과다. http://www.tk.de/centaurus/servlet/contentblob/164766/Datei/4064/TK_Pressemappe.pdf.
2. http://www.bkk.de/arbeitgeber/bkk-finder/bkk-gesundheitsreport/.
3. 사회적인 가속화 현상에 대해서는 Rosa, H., Beschleunigung, Suhrkamp, Frankfurt, 2005 참조.
4. 괴테는 1825년에 다음과 같이 말했다. "우리는 다음 순간에 바로 앞의 것을 없애버린다. 그리고 하루가 채 흐르지 않았는데도 하루를 없었던 것으로 생각하며 성급하고 바쁘게 시간을 보낸다. 이런 태도야말로 여유를 전혀 주지 않는 우리 시대의 가장 큰 해악이다. 신문만 해도 이제 조간과 석간은 물론이고 삼시 세때에 맞춰 발행된다. 정말이지 조금만 머리를 쓰면 어떤 판이라도 찍어낼 기세다. 이렇게 해서 어떤 일이든, 무슨 작품을 써도, 또 어떤 일을 계획해도 곧바로 대중에게 전달되는 것이다. 기뻐하거나 슬퍼하는 사람도 없다. 그저 시간에 따라 모든 게 착착 흘러가고 있다. 집에서 집으로, 도시에서 도시로, 제국에서 제국으로, 세계에서 세계로, 모든 게 벨로치퍼리시하게 진행된다." 여기서 '벨로치퍼리시(Veloziferisch)'라는 말은 '빠른 이동(라틴어 ferre에서 유래함)'을 뜻한다. 이 말은 당시 프랑스에서 빠른 마차/수레 또는 오늘날의 자전거의 초기 형태를 가리켰다. 괴테를 비롯한 당시 사람들은 새로운 이동수단을 '악마적으로 빠르다'고 느꼈던 것 같다. 괴테의 이 말은 카르스텐 로데의 《반영과 움직임》(2006)에서 인용했다.

5. Nietzsche, F., Die fröhliche Wissenschaft, Insel, Frankfurt, 1882/1982[이 책은 《즐거운 학문》(책세상, 2005)이라는 제목으로 번역, 출간되었다—옮긴이].
6. Botton, A. de, Statusangst, S. Fischer, Frankfurt, 2004[이 책은 《불안》(은행나무, 2011)이라는 국내에 제목으로 번역, 출간되었다—옮긴이]].
7. Frank, R. Luxury fever, Princeton University Press, 1999.
8. Rosa, H., Beschleunigung, Suhrkamp, Frankfurt, 2005.
9. 막스 베버의 인용문은 http://www.zeno.org/nid/20011440473 참조.

2. 익명성이 분주함을 유발하는 이유

1. ladwell, M., Überflieger, Campus, Frankfurt, 2009[이 책은 국내에 《아웃라이어》(김영사, 2009)라는 제목으로 번역, 출간되었다—옮긴이]. 로제토 사람들에 관한 내용은 Bruhn, J., &Wolf, S., The Roseto story, University of Oklahoma Press, Norman, 1979와 Wolf, S., & Bruhn, J., The power of clan, Transaction, New Brunswick, 1993 참조. 나는 Putnam, R., Bowling alone, Simon & Schuster, New York, 2000에서 처음으로 로세토 사람들에 대한 정보를 얻었다.
2. Stout, C., et al., Unusually low incidence of death from myocardial infarction, JAMA, 1964 참조.
3. http://articles.chicagotribune.com/1996-10-11/news/96101 10254_1_satellite-dishes-outsiders-town.
4. Wolf, S., & Bruhn, J., The power of clan, Transaction, New Brunswick, 1993.
5. Wolf, S., & Bruhn, J., The power of clan, Transaction, New Brunswick, 1993에서 인용.
6. Bruhn, J., &Wolf, S., The Roseto story, University of Oklahoma Press, Norman, 1979.
7. 그래픽의 숫자에 대해서는 Egolf, B., et al., The Roseto effect: A 50-year comparison of mortality rates, American Journal of Public Health, 1992 참조. '로제토 효과'를 입증하는 새로운 자료에 대해서는 Kim, D., et al., Do neighborhood socioeconomic deprivation and low social cohesion predict coronary calcification?, American

Journal of Epidemiology, 2010 참조.
8. Meckel, M., Brief an mein Leben, Rowohlt, Reinbek, 2010.
9. http://www.spiegel.de/spiegel/vorab/0,1518,778746,00.html.
10. Bruhn, J., &Wolf, S., The Roseto story, University of Oklahoma Press, Norman, 1979와 Wolf, S., & Bruhn, J., The power of clan, Transaction, New Brunswick, 1993 참조.
11. 성형수술을 받는 사람을 욕할 수 있는가? 이러한 트렌드를 허영심의 발로라고 몰아붙이는 대신, 우리 사회에서 점점 더 많은 사람들이 자발적으로 이런 수술을 받는 이유에 대해 질문을 던져야 한다. 왜 우리는 스스로에 대해 만족하지 못하는 것일까? 이런 수술을 통해 기대하는 것은 무엇일까? 이런 기대가 어느 정도로 정당한 것일까?
12. Veblen, T., Theorie der feinen Leute, Kiepenheuer & Witsch, Köln, 1899/1958[이 책은 국내에 《유한계급론》(우물이있는집, 2012)이라는 제목으로 번역, 출간되었다—옮긴이].
13. Smith, A., Theorie der ethischen Gefühle, Meiner, Hamburg, 1759/2004[이 책은 국내에 《도덕감정론》(비봉출판사, 2009)이라는 제목으로 번역, 출간되었다—옮긴이].

3. 주의력결핍 사회

1. Turkle, S., Alone together, Basic Books, New York, 2011.
2. Green, C., & Bavelier, D., Action video game modifies visual selective attention, Nature, 2003.
3. ADHD와 관련된 자료는 Fayyad, J., et al., Cross-national prevalence and correlates of adult attention-deficit hyperactivity disorder, British Journal of Psychiatry, 2007 참조. 조사한 기간은 2001년에서 2003년까지다. 여기서도 국내총생산이 1인당 1만 달러 이상 되는 국가만 고려했다.
4. 자료에 대해서는 http://www.cinemetrics.lv/database.php 참조. 〈에비에이터〉에 대해서는 내가 직접 자료를 조사했고 발표된 수치가 다를 경우에도 직접 확인했다.
5. Cutting, J., et al., Visual activity in Hollywood film: 1935 to 2005 and beyond, Psychology of Aesthetics, Creativity, and the Arts,

2011.
6. Gonzãlez, V., & Mark, G., 》Constant, constant, multi-tasking craziness《: Managing multipple working spheres, Proceedings of ACM Conference on Human Factors in Computing Systems, 2004.
7. Carr, N., Wer bin ich, wenn ich online bin ……Blessing, München, 2010[이 책은 《생각하지 않는 사람들》(청림출판, 2011)이라는 제목으로 번역, 출간되었다-옮긴이]].

4. 방황하는 도시형 노이로제 환자

1. Milgram, S., The experience of living in cities, Science, 1970.
2. Glaeser, E., Triumph of the city, Penguin, New York, 2011의 책에서 도시에 관한 글 참조.
3. 이산화탄소 배출량에 대한 자료는 http://www.siemens.com/press/pool/de/events/2011/corporate/2011-06-germany/german-gci-report-d.pdf. 이와 유사한 체계적인 분석은 미국의 주요 도시를 표본조사한 Glaeser, E., & Kahn, M., The greenness of cities: Carbon dioxide emissions and urban development, Journal of Urban Economics, 2010 참조.
4. 그래프의 자료에 대해서는 Porter, R., & Brand, M., Cellular oxygen consumption depends on body mass, American Journal of Physiology, 1995 참조.
5. 그래프의 자료에 대해서는 Brown, M., et al., Metabolic rate does not scale with body mass in cultured mammalian cells, American Journal of Physiology, 2007 참조.
6. Bettencourt, L., et al., Growth, innovation, scaling, and the pace of life in cities, PNAS, 2007., Bettencourt, L., et al., Why are large cities faster?, Universal scaling and self-similarity in urban organization and dynamics, The European Physical Journal B, 2008.
7. Bornstein, M., & Bornstein, H., The pace of life, Nature, 1976., Bornstein, M., The pace of life: Revisited. International Journal of Psychology, 1979., Wirtz, P., & Ries, G., The pace of life-reanalysed: Why does walking speed of pedestrians correlate with city size?,

Behaviour, 1992., Morgenroth, O., Zeit und Handeln, Kohlhammer, Stuttgart, 2008.
8. Dekker, J., et al., Psychiatric disorders and urbanization in Germany, BMC Public Health, 2008.
9. Lederbogen, F., et al., City living and urban upbringing affect neural social stress processing in humans, Nature, 2011.
10. 페이스북의 세계지도. http://www.facebook.com/note.php?note_id=469716398919, 페이스북의 통계. http://www.facebook.com/press/info.php?statistics.
11. 설문조사. http://www.pewinternet.org/Reports/2011/Technology-and-social-networks/Part-3/SNS-users.aspx.
12. Lee, K., et al., Does collocation inform the impact of collaboration?, Plos One, 2010. 한 건물 안에서도 상호교류 정도의 차이가 심하다. 같은 층에서 일하는 사람들은 접촉빈도가 높다. 따라서 직접적인 교류를 촉진해 회사원들의 생산성과 창의성을 높이려는 방안이 강구되고 있다. 스티브 잡스는 애니메이션 스튜디오 픽사를 건축할 때, 픽사에서 일하는 예술가, 작가, 컴퓨터 과학자 등이 서로 다른 곳에서 일을 하다가도, 언제나 쉽게 만날 수 있도록 중앙에 커다란 만남의 광장을 조성했다. 나아가 회의실도 빌딩 중앙에 모았으며, 카페테리아나 편의점 등도 설치했다. 심지어는 화장실도 몰아서 배치할 정도였다. 이런 환경을 만들고 나니, 사람들은 어쩔 수 없이 방에서 나와서 우연한 만남을 가질 수밖에 없었다. 이러한 만남과 대화는 상호간의 아이디어를 교환하는 촉진제가 되어 창의성과 생산성을 높이는 계기로 작용했다. 이에 대해서는 http://www.mckinsey.it/storage/first/uploadfile/attach/140140/file/inle08.pdf, http://www.youtube.com/watch?v=OeGCOWi8K-E 참조.
13. http://www.pewinternet.org/Reports/2011/Technology-and-social-networks/Part-3/SNS-users.aspx 참조.
14. 그래픽의 자료에 대해서는 http://esa.un.org/unpd/wup/ 참조.

에필로그 - 행복을 어디에서 찾을 것인가

1. Stutzer, A., & Frey, B., Stress that doesn't pay: The commuting paradox, Scandinavian Journal of Economics, 2008.

2. Solnick, S., & Hemenway, D., Is more always better?: A survey on positional concerns, Journal of Economic Behavior & Organization, 1998.
3. 여기서 '이웃'이라는 개념은 문자 그대로 이해할 것이 아니라 우리와 비교 대상이 되는 그룹의 사람들에 대한 비유로 이해해야 한다. 이 그룹은 살아가면서 항상 달라지며, 그들을 능가한다는 목표는 결코 달성되지 못한다. 10만 유로를 버는 사업가는 항상 자신보다 더 많이 버는 사람과 비교한다. 유감스럽게도 그는 20만 유로에는 도달하지 못한다. 혹여 도달하더라도 그의 목표는 곧 다음 단계로 옮겨간다. 그러다 언젠가는 빌 게이츠가 자신의 시야에 들어오면, 스스로에 대한 초라함을 또 다시 느끼게 되는 것이다.
4. Headey, B., The set point theory of well-being has serious flaws: On the eve of a scientific revolution?, Social Indicators Research, 2010., Headey, B., et al., Long-running German panel survey shows that personal and economic choices, not just genes, matter for happiness, PNAS, 2010.
5. http://www.diw.de/documents/dokumentenarchiv/17/diw_01.c.366487.de/soep_bdw_artikel2011.pdf.
6. Headey, B., Life goals matter to happiness: A revision of set-point theory, Social Indicators Research, 2008.
7. Quoidbach, J., et al., Money giveth, money taketh away: The dual effect of wealth on happiness, Psychological Science, 2010.
8. Botton, A. de, Statusangst, S. Fischer, Frankfurt, 2004.

선택의 조건
사람은 무엇으로 행복을 얻는가

지은이 | 바스 카스트
옮긴이 | 정인회
펴낸이 | 김경태
펴낸곳 | 한국경제신문 한경BP
등록 | 1967년 5월 15일(제2-315호)

제1판 1쇄 인쇄 | 2012년 10월 15일
제1판 1쇄 발행 | 2012년 10월 25일

주소 | 서울특별시 중구 중림동 441
전자우편 | bp@hankyungbp.com
홈페이지 | http://www.hankyungbp.com
전자우편 | bp@hankyungbp.com
T | @hankbp F | www.facebook.com/hankyungbp
기획출판팀 | 02-3604-553~6
영업마케팅팀 | 02-3604-595, 583   FAX | 02-3604-599

ISBN 978-89-475-2876-4   13320

값 14,000원

* 잘못 만들어진 책은 구입하신 서점에서 바꾸어드립니다.